哲 学 教 育 丛 书

道德责任九章

[美]尚克澜(Sean Clancy) ◎著

华东师范大学出版社
·上海·

图书在版编目（CIP）数据

道德责任九章／（美）尚克澜(Sean Clancy)著.—上海：华东师范大学出版社,2022
ISBN 978-7-5760-3226-0
Ⅰ.①道… Ⅱ.①尚… Ⅲ.①道德—研究 Ⅳ.①B82
中国版本图书馆CIP数据核字(2022)第169530号

哲学教育丛书
道德责任九章

著　　者　尚克澜(Sean Clancy)
责任编辑　朱华华　王海玲
责任校对　刘伟敏　时东明
装帧设计　卢晓红

出版发行　华东师范大学出版社
社　　址　上海市中山北路3663号　邮编 200062
网　　址　www.ecnupress.com.cn
电　　话　021-60821666　行政传真 021-62572105
客服电话　021-62865537　门市（邮购）电话 021-62869887
地　　址　上海市中山北路3663号华东师范大学校内先锋路口
网　　店　http://hdsdcbs.tmall.com

印 刷 者　上海昌鑫龙印务有限公司
开　　本　787毫米×1092毫米　1/16
印　　张　17.5
字　　数　256千字
版　　次　2022年10月第1版
印　　次　2022年10月第1次
书　　号　ISBN 978-7-5760-3226-0
定　　价　58.00元

出 版 人　王　焰

（如发现本版图书有印订质量问题，请寄回本社客服中心调换或电话021-62865537联系）

丛书序

这是一个英雄的时代，一个过渡的时代，一个需要哲学也必定会产生哲学的时代，一个召唤哲学教育应运而起的时代。哲学者何？爱智慧是也。过渡者何？转识成智，从"知识就是力量"的现代转向"智慧才有力量"的当代是也。英雄者何？怀抱人类最高的希望，直面人类最根本的困境和有限性，在虚无和不确定中投身生生不息的大化洪流是也。

自有哲学以来，它便与教育有着不解之缘。哲学史上的大哲学家往往也是大教育家，如孔子、苏格拉底，如王阳明，如雅斯贝尔斯，如杜威。我们身处一个前所未有的新时代。在这样一个时代，哲学教育的重要性亦是前所未有。在这个时代，科学技术迅猛发展，既带给我们无穷的想象空间，又让我们真切感受到大地与天空的承载包容极限，感受到人与自然的相处之道亟待改善。在这个时代，世界文明新旧交替，它既是波谲云诡的，又是波澜壮阔的，人与人、群与群、国与国的相处之道亟待改善。一言以蔽之，社会生活的彻底变革逼迫我们做出哲学的追问：我们关于人与世界的基本观念和理想需要进行哪些调整？易言之，我们需要在基本观念和理想层面反思现代性，开创出与新的时代相匹配的当代哲学。然而，基本观念和理想的"调整"显然不能局限于理论层面，它必然要求从理论走向实践：通过教育调整人们的基本观念和理想，进而通过人的改变实现社会的改变。在这里，哲学、教育和社会改造携手并进。此套"哲学教育"丛书，其立意正在于此。

华东师范大学以教育为本，自立校以来便追求"智慧的创获，品性的陶熔，民族与社会的发展"。华东师范大学以哲学强校，其哲学系自创立以来便追寻智慧。哲学学科奠基人冯契先生早年从智慧问题开始哲学探索，晚年复以"智慧"名其说，作《认识世界和认识自己》等三篇，以"理论"为体，以"方法""德性"为翼，一体两翼，化理论为方法，化理论为德性，最终关切如何通过转识成智的飞跃获得关于性与天道的认识以养成自由人格。理想人格或自由人格如何培养，既是一个哲学理论问题，也是一个哲学教育实践问题。在几代人探索育人的过程中，"化理论为方法，化理论为德性"逐渐成为华东师范大学哲学学人自觉的教育原则：在师生共同探究哲学理论的过程中，学习像哲学家那样思想（化理论为方法），涵养平民化的自由人格（化理论为德性）。我们深信，贯彻这样的哲学教育原则，有助于智慧的创获，理想人格的培养，以及中国和世界文明的发展。

是为序。

华东师范大学哲学系

2021年，岁在辛丑

目录

第一章	导论	1
第二章	道德	23
第三章	道德责任和道德理由	59
第四章	道德责任的反实在论立场	85
第五章	自由意志和决定论	113
第六章	自由意志和认知科学	147
第七章	意志的品格	183
第八章	精神疾病和精神病	211
第九章	进一步的问题	249
参考文献		265
后　记		271

第一章
导论

在介绍某个哲学主题的时候，从一个或若干个**思想实验**（thought experiments）出发往往有所裨益。思想实验是一些虚构的例子，哲学家用它们来引导对某些哲学观点的论证。尤其当我们旨在导入某些主题时，运用思想实验就显得特别有用，因为它可以用具体的形式提出抽象的哲学问题。道德责任在哲学研究中所产生的一系列问题可能是非常抽象的。对于即将讨论的问题，一开始我更倾向采用**展示**的方式而非纯**描述**的方式。因此，且让我们一起思考一系列的思想实验。

我们可以从下述这个案例出发：

> 地点为购物中心的停车场。有人看见艾伯特（Albert）在砸车窗，便报了警。当警察到来时，艾伯特正坐在被损车辆旁的路边。烈日之下的他汗流浃背，甚是狼狈。他向警察解释了事情的来龙去脉：那时他正穿过停车场，看见一个婴儿被绑在一辆停着的车的后座上。天气非常炎热，车是锁着的，且车主不见踪影。艾伯特想起了那些被单独留在后座上的婴儿因高温而死亡的新闻报道，他认为这个婴儿很可能也会面临同样的危险。于是，为了救出孩子，他砸碎了车窗。然而，与艾伯特的解释不同，后座根本就没有孩子，只有一个栩栩如生的玩具娃娃。原来，他误以为这是真的婴儿（警察认为艾伯特所陈述的是事实，因为他们搜查了车辆并发现了那个逼真的娃娃）。艾伯特对自己误损他人车辆深感愧疚。

警察该如何处置艾伯特呢？人们可能很自然地认为，他们应该把艾伯特带到警局去做笔录，但也应该告知他不会因其行为而面临严重的惩罚。或许，赔偿车主的损失就可以了（无论如何，艾伯特感到愧疚，是愿意赔偿的）。但如果为此而把他投入监狱就**不公平**了。这听上去是不是很合理？

我认为是合理的。但为什么艾伯特砸碎人家车窗而不应受到严厉惩罚呢？可能的解释或许是：尽管艾伯特最终办了坏事，但**他当时认为自己在做一件正确的事**。严厉惩罚一个做自己认为正确之事的人，这是不公平的，哪怕从最终结果来看他做错了。

现在我们来考虑第二个案例：

> 地点仍是购物中心的停车场。有人看见比阿特丽克斯（Beatrix）在砸车窗，便报了警。当警察到来时，比阿特丽克斯正坐在被损车辆旁的路边，看起来一副得意的样子。她向警察解释了事情的来龙去脉：她看到司机停下车就走了，她看得很清楚这位司机是个移民。比阿特丽克斯觉得移民就如同寄生虫一样是劣等种族，而作为一个本土公民，她有道德义务驱逐这些移民分子离开自己的国家。于是，她认为砸车窗的做法可以部分地起到劝离的作用。她告诉警察，她对自己的行为感到自豪。

假设警察把比阿特丽克斯的案子送到法院来裁决。在法庭上，她的律师做了如下辩护：把她送进监狱是不公平的，原因是什么呢？因为**她认为当时自己在做一件正确的事**。如果某个人做了他自己相信是正确的事情结果却得到严厉的惩罚，这是不公平的，即便最终他的信念被证明是错的。这听上去是一个好的辩护吗？法官会因此被说服吗？

包括我在内的绝大部分人都会给出否定的回答。或许是这两个案件之间的一些区别致使大家觉得惩罚艾伯特是不公正的，而惩罚比阿特丽克斯则相当公平。但如果要采取这种观点，我们最好找出一些令人信服的论据来回应比阿特丽克斯的律师，也就是说，我们应该解释清楚**为什么**这两个案子有所差异。正如律师所言，比阿特丽克斯**确实**坚信她破坏汽车的行为是一件正确的事情；并且，值得注意的是，比阿特丽克斯这样的人物不是凭空捏造出来的，现实世界中有许多穷凶恶极的罪犯都是受到意识观念的驱使而犯罪，也就是说他们**确信**自己所做的是正确的事。如果我们还有理由继续惩罚战犯或者这类作恶多端的怪物，则需要去理解这类案例与艾伯特案例之间的区别在哪里。

还有一个案例如下：

> 夏洛特（Charlotte）含泪去警局自首。她向警察坦白：挚友在工作中获得了提拔而她却没有，心怀嫉妒的她萌生杀机。于是，她的挚友返家后，她伺机朝其住所开了六枪。幸运的是，夏洛特的手抖个不停，没有一颗子弹击中她的挚友或别人。但警察认为夏洛特的所作所为情节严重。无论她是否击中都犯了蓄意谋杀的大罪。警察乐见她的自首行为，可能会减刑，但最终还是将她的案子转交法庭审判。可以预见的是，夏洛特最后可能会被送往监狱。

警察对夏洛特案件的处理方式正确吗？有人可能会站在为夏洛特辩护的立场上表示，她实际上没有做错任何事。她的挚友最终没有被杀害，毫发无伤。但我认为这不是一个很好的辩护，大部分人应该会同意我的观点。夏洛特**试图**去谋杀她的朋友，并且**相信**她的行为可能会得逞，也就是说，她具有谋杀的内在**心理状态**。她的挚友仅仅是幸免于夏洛特那颤抖的双手。如此看来，惩罚夏洛特似乎是公平的，尽管她的罪行比那些杀人既遂者的罪行要轻微些。

但如果我们将戴维（David）的例子与夏洛特相比较的话，就会感到差别：

> 戴维含泪去警局自首。他向警察坦白：昨夜，他在梦中杀死了他的挚友。戴维梦到是他的朋友而不是自己得到了梦寐以求的晋升。于是，在其友人的寓所外，心怀嫉恨的他伺机开了六枪，杀死了他的朋友。当然这一切都发生在梦里。戴维说他感到愧疚，并且认为自己应该被判蓄意谋杀罪。总之，戴维的理由是：他（至少在梦里）相信自己杀死了他的朋友，并且他试图实施谋杀行为。他的挚友简直是太走运了，因为这一切都发生在梦境中，而非现实中。警察打电话确认戴维的朋友安然无恙后，愤怒地把戴维赶出了警局，警告他不要再来浪费他们的时间。

我想大部分人都会认可警察对待戴维案例的处理方式。然而，问题是：戴维所给出的理由究竟错在哪儿呢？毕竟，在梦里他确信自己杀害了他的朋友。和夏洛特一样，他似乎也拥有谋杀的心理状态。那么，这两个案例的区别又在哪里呢？

或许戴维的案例看起来傻里傻气的，这里有一个更现实的例子。在此案例中，梦境中主人公的行为造成了现实中的麻烦。让我们来思考下面这个关于帕克斯（Ken Parks）的真实案件：

> 1987年5月24日深夜，帕克斯从沙发上起身，穿上鞋子和外套，走向他的车，然后驾驶20公里来到他岳父岳母家。进房子后，他将岳父

勒至昏迷,并多次刺伤岳母。之后他驶离岳父母家来到警局,告诉警察自己可能杀人了……最后帕克斯没有认罪,给出的理由是他正处于"非精神错乱的无意识状态"。他说自己当时正在梦游。①

这个案例引起了一系列问题。像帕克斯所声称的那种梦游杀人行为,对一个正常的行为主体而言,是可能的吗?如果可能,又是怎样的呢?就算他的所作所为都是真实的,那他在法庭上的辩护是有效的吗?也就是说,帕克斯应该受到惩罚,还是得到免刑?②

我们来看看最后一对案例:

> 在大家眼里,埃里克(Eric)是个彻头彻尾的混蛋。他从小就不遵守各种规则。随着年龄的增长,他的行为问题也逐步地恶化。到了青少年时期,他不仅犯过各种譬如破坏公物这样的小罪行,而且逐渐实施了像盗窃这种更为严重的罪行。迄今为止,他尚未犯过足以将他送进监狱的罪行。然而,最终他还是让自己陷入大麻烦:在酒吧里无缘无故开枪杀死了一个人。这样重大的罪行需要在审判前对被告做一个全面的医学和心理检查。在检查过程中,医生发现了一些值得注意的事情:埃里克的大脑中有一个巨大的肿瘤,这个肿瘤是缓慢增大的,可能在他孩童时期就已经开始生长。这可能是埃里克出现早期行为问题和后来走上犯罪不归路的原因。医生在法庭上作证:这部分脑区的肿瘤会明显地对患者人格带来负面影响。如果没有肿瘤,埃里克可能不会犯下任何罪行。有鉴于此,法官认为惩罚埃里克是不公正的,因为他的行为很可能是大脑生理机制的问题所导致的。最终,法院判他进医院接受医学和精神病学治疗,而非进监狱。

---

① 尼尔·利维(Neil Levy)的《意识和道德责任》(Consciousness and Moral Responsibility, 2014),第71页。
② 结局是,法庭相信帕克斯的经历,对他所有的指控都不成立,他最终获得赦免。关于此案的简介,参见 Broughton, R., et al. (1994)。

许多人可能会同意法院的判决是正确的。但如果把埃里克的案例和下面这个相比较，又会有所不同：

> 弗兰克（Frank）是一个成功的商人，之前没有犯罪记录，他刚刚被指控谋杀妻子。起因似乎是，妻子准备同他离婚，为了防止离婚带来的数百万分手费的损失，他残忍地杀害了她。弗兰克并没有否认罪行，但他的律师认为惩罚他是不公正的。律师辩护道："现在，科学家知道我们的大脑如同计算机一样，关于我们心灵与人格的一切事情都以某种方式储存在我们大脑内部的微观生理结构之中。比如，如果我相信法国的首都是巴黎，那么这个信念就以某种方式储存在细微神经元（脑细胞）间的生理联结之中。同理，弗兰克的心理状态也是如此。他的贪得无厌、他的人性沦丧，甚至是他的杀妻企图——所有的这些（心理状态）都以某种方式储存在其大脑的生理结构之中。这些结构太微小了，因此我们并不能通过扫描脑肿瘤那种方式轻易看到。但无论我们是否能够看见，这些结构必然在弗兰克大脑内存在，并且一定是促成他犯罪的原因。可以说，弗兰克大脑的生理结构才是导致他犯罪的原因，就此惩罚他是不公平的。"因此，律师总结道，应该送弗兰克去接受医学和精神病学治疗，而非进监狱。

这位律师的辩护能令人信服吗？请仔细思考，因为你的答案所牵涉的影响甚远。弗兰克的案例并没有什么特别之处：如果**他**所有的行为都是由他大脑的生理结构所导致，那么对**我们**所有人的行为来说亦是如此。如果弗兰克的律师是正确的，这可能会导致惩罚**任何人**都是不公正的。

我暂时不会对这些案例所产生的任何问题给出答案，提供答案并不简单。但在随后的章节，我会给出一些解决建议。在你完成阅读的时候，或许可以形成某些自己的观点。我之所以在一开始就介绍这些案例，是为了让你对还会在本书中继续探讨的问题有个大致的了解。

稍后，我会提供一个详细的全书内容概述，包括每一章节的说明和我所要辩护的观点总结。在此之前，我们先来看看读者很有可能会提出的两个问题：第一，本书是一部论述西方哲学的书吗？第二，谁是本书的目标读者？

这是一部论述西方哲学的书吗？

设想我们在一场鸡尾酒会上相遇。闲谈之际，你告诉我你学的是核物理学。"这太棒了！"我说，"那好，请告诉我，你学的是**西方**核物理学，还是**中国**核物理学呢？"

我猜你也会觉得以这种方式去问一个核物理学专业的学生太可笑了。但是，出于某些原因，许多人**并不认为**以同样的问题去问一个哲学研究者或者哲学专业的学生是可笑的。许多人会认为，中国哲学和西方哲学之间有着很明显的界线，就好像它们是两个完全不同的领域。然而，我认为这是一种错误的态度。当然，有必要追问，人们对待哲学的方式与他们看待像物理学那样的硬科学的方式之间的差异是如何产生的。

我认为，主要有三种观点导致了这种态度上的差异。

（1）硬科学探索客观真理，但哲学是否探索客观真理就很难说了。

像物理学这样的硬科学旨在探索关于宇宙的客观真理。无论人们所处的文化环境如何，**这些**真理都是一致的；我们不能说引力或量子力学在西方和在中国的作用方式是不同的。但有些人认为，哲学与物理学不一样。哲学就好比文学，或者文化研究。在他们看来，哲学并不旨在探寻客观真理。或许哲学是为文化服务的，而根本不是为了探寻真理。或者说，哲学可能也探寻真理，但是与物理学真理所不同的是，哲学真理因文化而异。

我认为，这一常见的观点是错误的。在我看来，哲学**是**（至少**应该是**）

以探寻客观真理为宗旨。就这一主张，要想给出直接论证有点困难，但当你读完本书的时候，我希望你会逐渐赞同，或者至少能够理解我这样思考的理由。我希望读者在接下来的阅读过程中会注意到这样的情形：当你在思考那些棘手案例的时候，你会发问，因其所作所为而惩罚那些在一系列特定环境下的人是否**真的**公平。（或许这种情形在你阅读上文的过程中已经出现！）如果你这样问自己，那么你就是在客观地思考。你不仅仅想知道在某个社会中或在某个法律体系下惩罚一个人是否合理，而更想以一种"以宇宙观之"的方式来考察这是否合理。而我们当然生活在同一个宇宙之中。我认为哲学真理——包括道德真理——都是客观事实。因此，如果一个哲学真理在中国行之有效，那么在西方也同样有效；反之，亦然。

（2）中西哲学史上的伟大人物是不同的，他们各自哲学研究的方向也大相径庭。

这样的观察是正确的。但这并不意味着在 21 世纪的今天，中西哲学还应该被视为两种截然不同的学科！充其量，这只是表明，研究哲学史的学者专精中国传统或西方传统。但**哲学史**并非**哲学**。①

不妨打一个比方。牛顿是物理学史上非常重要的人物之一，他发现了万有引力和其他一些基本的力学规律，这为数百年的物理学研究奠定了基础。但 21 世纪的物理学家并不会花很多时间去谈论牛顿。（事实上，如果许多物理系的学生读过牛顿原著，倒会令我感到吃惊。）为什么呢？答案是，物理学家所感兴趣的是新知的产出，而非固守历史中的旧知。毫无疑问，关于牛顿是如何发现那些定律的故事确实**有些**用处，也有人希望现代物理学专业的学子们至少对这些故事有个大体了解。② 但牛顿本人并不是

---

① 需要指出的是，那些研究哲学史的专家往往就职于哲学系，并且他们自己也会做一些哲学研究的工作。当然，研究哲学史的人可以研究哲学，哲学家也可以研究哲学史。我所主张的不过是，哲学史研究和哲学研究是两类不同的研究活动。

② 据说牛顿发现万有引力是拜坠落到他头顶的苹果所赐，这显然是杜撰。真实的故事更加有趣，但也更复杂。如果你有兴趣了解包括牛顿在内的 16—17 世纪物理和天文学理论的发展，可参阅托马斯·库恩. 哥白尼革命——西方思想发展中的行星天文学［M］. 吴国盛，张东林，李立，译. 北京：北京大学出版社，2003。

第一章 导 论 9

现代物理学实践的核心人物。关于牛顿，最重要的是他的发现以及那些可以通过简单的方程式让现代学生能够理解的东西。只要那些方程式有效，我们就可以继续使用它们；而那些已被广义相对论或量子力学所取代的东西，则舍弃不用。

出于一系列原因，相较于物理学，哲学更强调历史人物。我认为这部分地反映出一个错误预设——哲学较之科学更像文学。这种观点倾向于重视文本本身，而非思想（参见我在第一点里的讨论，就可以看出我为什么认为这是错误的）。或许，这在一定程度上是合理的，即这些**思想**确实很重要。但也有可能是历史上的这些哲学家在表达方面十分出色（可能一些哲学家的表达比任何一个现代的总结都要清晰①），因而阅读原典是有意义的。

阅读哲学原典有一个更深刻而实际的原因：在一个使用特定哲学语言的群体中，有一些文本是大家都读的，这是好事。例如，大部分西方哲学研究者大概都知道亚里士多德的很多观点。这就提供了一个非常有用的参考点：当有人提出一个新理论时，我就可以问他："你的理论和亚里士多德的有什么区别？"有时，这样的方式会帮助他更加方便地描述自己的理论，且有助于我们理解。他可以说："我的理论与亚氏相近，但是在这个或那个方面又有所不同。"但这只能说明这是一个便于交际的实用性惯例，并不意味着亚里士多德的观点具有**内在的**重要性，或者说它们就是西方思想的"基础"。至于其中**哪部**著作为大众所熟知，或者说哪部著作有多好，这都不重要，只要它们是这个群体中的大部分人所熟知并且可以被用来实现比较的目的即可。

如果我的看法是对的，那么中西哲学之间的历史差异显然不足以成为我们现在区别对待它们的理由。对一个道德哲学的研究者来说，他的主要兴趣不应该是去了解亚里士多德如何看待美德，孔子如何看待美德这类问题，而应该是：对美德而言，什么才是**真**的？

---

① 休谟就属于这类哲学家。

(3) 中西哲学研究者近期的著作很少被相互翻译，这意味着两个语言群体的哲学研究是相对独立的。

这样的观察当然也没错，但这并不构成将中西哲学一分为二的理由。相反，这是当下症结之所在，并且我希望这种二分只是暂时的。事实上，这也正是我撰写这部著作的主要原因之一！通过一部中文著作来总结最近英语世界中关于道德责任问题的讨论，我想让中文读者也能够很方便地理解这些研究。如果这样的工作在中西双方间足够频繁的话，我认为，语言隔阂的问题就能够得以解决。

值得注意的是，像物理学或生物学这样的领域就不存在哲学这样的境遇。如果中国物理学家有一项新的发现，他们的作品会立即被翻译出来，西方的物理学家就能很方便地了解；反之，亦然。可见，物理学知识是共享的，相比两个相互隔绝的研究群体，其新知的产出要容易很多。我希望本书能够或多或少地为打破两个群体之间的隔阂做一点工作。

我想，上述三点能够代表大多数认为中西哲学是相独立的两个领域的人的观点。我也证明了这些理由并不能很好地支持中西哲学之间的两分。不过，即使赞同我对上述三点的讨论，有些人可能还会提出下面这一点，即使用西方语言的当代哲学研究者与使用中文的当代哲学研究者的世界观截然不同。

我不确定这样的说法是否正确。不妨先假设这个说法是正确的。在我看来，这仍然不是中西哲学二分的很好的理由。理由是：这样的观点本质上相当于说，用中文工作的哲学家和用西文工作的哲学家接受不同的观点，持有不同的信念。这是一个在哲学中**一直存在**的现象，然而这并不意味着哲学理应按此被划分为两个不同的领域。

兹举一例。本书接下来的部分会讨论关于自由意志的不同观点。有些哲学家认为，如果我们的行动遵循因果决定论，那么我们就缺乏自由意志。有些哲学家接受这一看法，并认为我们的确**有**自由意志，因为我们的行动**不是**被决定的。这类哲学家我们称之为**自由意志论者**。另一些哲学家则认为，即使我们的行动遵循因果决定论，我们也仍然具有自由意志。这类哲学家被称为**相容论者**。这是两种完全不同的观点。然而，我们并不会问某个哲学家究竟是在研究"自由意志主义哲学"还是在研究"相容论哲学"，而是问他究竟认为哪一种观点是**正确**的。

也就是说，自由意志论者和相容论者之间的区别并不是不同学科之间的那种差异。这只是关于看待世界的方式的一个寻常分歧，需要通过哲学或带有哲学性的方法来解决。自由意志论者与相容论者可以并且确实是在就某些观点是否正确争来争去，他们可以通过这种方式最终达到真理。（但愿如此！）如果当代中西哲学研究者之间**确实**存在系统性争议的话，那么他们之间的论争同样也能通过研究和论证得到解决。我们的目标不应该是把它们想象为两个不同的学科；相反，应该把两者看作从事共同哲学事业的不同派别。

谁是本书的目标读者？

简洁而又直接的回答是："这本书适合所有人！"但对我而言，这听起来似乎野心勃勃。或许这样的回答不够具体，以至于那些驻足于书店浏览本书导论的读者无所获益。因此，我将在这里详细解释一下本书的目标，以及它们是怎样让读者受益的。

本书中所呈现的内容和我所开设的哲学课程是一致的，都以"道德责任"为主题。因此，和我教学的模式一样，我将遵循多层级的方式来展示材料。在大学中有一个常见的现象，一个班级通常包含具有不同背景、不同层次的学生。如果可以的话，教师应该尝试因材施教，从而让每一位学生都有所获益。有时做到这一点很难，但在大多数情况下，只要稍加留意，也不是完全不可能的。按照层级的区别将不同论点层层嵌套，从而展示一个特定主题的教学方法是可行的。对那些毫无背景知识的学生而言，他们能对该主题下的一系列问题形成一个大致的轮廓；对中阶知识水平的学生而言，他们能察觉到之前未曾意识到的一些细微之处；对高阶知识水平的学生而言，他们甚至能够去处理那些精微的问题。

当然，以上仍只是非常抽象的描述。下面，我将结合本书的实际情况给出具体解释。我会对本书所讨论的每个主题提供一个**简介**，这样的话，即使没有相关背景知识的读者也能够理解。（事实上，我希望那些毫无哲学背景的读者也能够把握本书所讨论的内容！）我将就一些主要的议题及它们之间的相互关联做一个概述，这样将有助于加深已经大致熟悉这些议题的读者们的理解；我还会重点介绍当下对道德责任及其相关议题的论争，那些有相当程度背景知识的读者应该会对这部分感兴趣，因为这部分是以典型的论证方式来进行的专业哲学写作。

至于所涉及的不同层次任务该如何实施，我不会给出清晰的描述。这就意味着每一章包含上述所有的三个层次。我鼓励那些没有背景知识的读者尽可能沿着论证读下去，因为他们可能会发现这些论证和其他部分同样易懂且有趣。至于那些高阶知识水平的读者，我希望即使是我的那些导论性质的陈述也足以吸引他们的兴趣，重温熟悉的领域，尤其是以阅读一本新的导论书的方式是有益的，我们可以借此引出先前从未被注意到的兴趣点。

值得注意的是，尽管我鼓励那些毫无哲学基础的读者尽可能多读，但对他们而言，特定的部分可能确实会存在困难。如果你发现有些部分阅读起来有困难，我希望你能够牢记：**无法做到理解一部哲学作品的方方面面是再正常不过的**。我经常对我的学生强调这一点，这一点甚至适用于专业哲学研究者。即便你无法完全吃透一部哲学著作，也依旧可以获益良多。即便你无法把握到一部哲学著作的整体结构，也大致能够辨别哪些细节与你的兴趣相关。至于那些更为重要的细节，你可以回过头来重新温习。如果你确确实实感到困难，可以尝试以下方法：浏览全书并关注其中的思想实验（我在书中列举了相当多的思想实验，而且在排版格式上都进行了缩进处理，并以楷体字显示，以便于与其他文本区别开来）。通常，了解思想实验有助于你对行文有一个更为清晰的理解。

随后，当你阅读正文的时候，就可以更好地理解其中讨论的问题了。

所以，你为什么应该读这本书呢？我希望绝大多数人是因为本章开头所描述的那些有意义且重要的问题而选择继续阅读下去。至少这是**我**决定专攻伦理学的原因——我认为上述问题的答案很**重要**，而寻找这些答案的唯一方法就是做大量的哲学研究。当然，如果你**不**认为这些问题是重要的，我觉得你也**应该**读这本书。即使你对道德责任的相关问题没有兴趣，你也应该去关注它。我对这个观点的论证将在后续章节逐步展开。

另一方面，如果你想知道近年来英语世界的哲学工作者是如何思考道德责任问题的，如果你想了解他们目前的兴趣所在，那么你也应该读读这本书。对于把本书描述为一部纯粹的西方哲学著作，我还是有些犹豫的，至于原因，我在上一节已经做出了解释。我不认为本书带有鲜明的西方色彩：不论东方还是西方，我们所有的人都在努力理解我们共同的道德世界。即便如此，目前仍存在着一些非英语读者难以理解的哲学文献。我相信会有更多的人，尤其是你们当中有哲学基础的人，有兴趣致力于弄清楚在这些文献中不断产生的问题。

在我对本书的内容给出概述之前，另有两点需要说明。第一，你会注意到我使用的语言在某种程度上是日常语言，我也经常使用第一人称来指代自己，这是英语哲学写作中相当标准的惯例。请务必注意，**日常语言**写作同样可以很**精确**。也就是说，它仍然可以准确传达我们想要表达的想法。我们从事哲学写作的目的不是以我们的风格打动任何人，而是尽可能清晰、准确地传达有关思想。① 有时日常语言恰好可以**帮助**我们实现这一目标。比如说，第一人称的使用让读者更容易分辨何时**作者**发表的是他自己的观点。

---

① 我有时把哲学写作比作窗户。一扇好的窗户，你甚至根本注意不到它。你看到的并不是窗户本身，而是另一边的景色。同样，如果是一个好的哲学写作，你有时会完全忘记你在阅读著作或论文，你所关注的是文字呈现出来的想法。窗户可能因弄脏而变得不那么透明，写得不好的哲学作品同样如此。但是，窗户太漂亮也可能起到反作用——有时，教堂内的彩色玻璃窗看起来十分精美，但无益于我们想要看到窗外景色的目的。这就好比那些竭力做到辞藻华丽的哲学写作。

第二点与第一点相关：在本书中，我经常表达自己的观点。这在哲学课上很普遍，很有用，我认为在哲学写作中也是如此。我保证，在表达自己的观点时，我会努力做到**公正**和**清晰**。也就是说，我不仅会试图准确地展示就特定争论所产生的讨论的现状，这包括许多哲学家可能就特定议题与我相左的事实，还会尽可能充分地展示他们反驳我的论证。我会尽可能明确地把我自己的意见标记出来。当然，我做出的判断不可能都是正确的①，如果你认为我有错，甚至完全错了，那可就太棒了！通过指出他人论证中的问题，我们就能在哲学上取得进步②。哲学翻译的一个好处就在于此，它可以使更广泛的读者看到这些哲学论点，也就意味着让更多的人有机会发现问题。

内容概述

我们终于来到了内容概述部分。首先，我将简要描述一下我所要辩护的立场。（那些有一点哲学基础，想知道我最终会支持哪种观点的人应该对此有兴趣。）我将支持**道德实在论**（**moral realism**），并诉诸**无条件性**（**categoricity**）来定义道德理由。我将通过负责任的行为对他人的道德理由所造成的影响来定义**道德责任**。尽管我并不坚持，但我会建议一种关于**应得**（**desert**）的实在论形式，我也认为惩罚的诸种根据中，至少有一部分是**报应论的**（**retributivist**）。关于道德责任，我还会批评**效用论者**（**utilitarian**）和**斯特劳森主义者**

---

① 这是摩尔（G. E. Moore）悖论的一种变体。一般来说，我说"我确定'我相信命题 P'，但命题 P 可能为假"是完全合理的。但是，如果我持这样一个**特别**的判断——"即使我知道命题 P 为假，我还是相信它"——这就显得很愚蠢。欢迎感兴趣的读者思考为什么会出现这样的情况。（这种特殊的变体有时被称为"序言悖论"，因为作者会普遍在书的简介中做出这种警告性的陈述。）

② 给哲学研究生的建议是：如果你苦于寻找学位论文或研讨会论文的主题，你可以考虑别人提出的而你认为错误的论证。好的哲学研究往往是从指出别人论证上存在的问题开始的。

(Strawsonian)的立场,并论证行动者的**意志品质**取决于他对"从物的"道德①的态度。我还将为自由意志和道德责任的**相容论立场**作辩护,根据这一立场,一方面要应对传统观点所带来的冲击,另一方面要反驳目前基于认知科学的挑战。

接下来,我将对这本书各章进行简要概述。

第一章"导论":正是你在读的章节!

第二章"道德":为了理解道德**责任**,我们首先应该理解**道德**是什么。实际上,如果我们对道德的**本质**做出某些预设,特别是,如果我们预设存在关于"对与错"的客观事实,它们在任何时候、在任何文化中都是正确的,那么讨论道德责任就非常有意义了。第二章将解释上述这种观点——它有时被称为**道德实在论**——并讨论一些反对它和支持它的理由。最后,我将论证道德实在论优于其他观点;而且,我会论证,无论其正确与否,为了接下来的讨论,我们应该**假定**它是正确的。

第三章"道德责任和道德理由":为了理解道德责任,我们要先理解道德理由,因为要理解道德责任就要理解其道德后果:如果某人对一个行为负有道德责任,那么我们指向他的道德理由也就随之改变。对道德理由的这一影响是道德责任最有意思的一个特征,它应该在我们对道德责任的定义中居于核心地位。我也会引入相关的"应得"概念。"应得"是一种特殊的属性,正是因为它,行动者应该得到某些东西或某种待遇。

第四章"道德责任的反实在论立场":并非所有人都认同应当以这种方式来刻画道德责任。第四章将讨论其他一些进路。最简单的一种就是效用论(utilitarian)的进路;按照这一进路,只有当判决一个行动者负有道德责任对社会是有用的,我们才应该这么做。以其开创者命名的"斯特劳森"(Peter Strawson)主义进路则要更为复杂一些,近几十年来也十分热门。我认为,尽

---

① "从物的"道德(morality de re),关乎道德本身;与之相对的是"从言的"道德(morality de dicto),关乎道德表达。

管其结构复杂精巧,但斯特劳森主义的进路与效用论进路在某些关键的地方具有相似性。这两种进路都不是实在论,都否认存在关于道德责任的客观事实,因此二者都与我们的目标不相适应。

第五章"自由意志和决定论":一个行为主体是否对一个行动负有道德责任似乎至少取决于两件事:第一,取决于这个行动是否自由;第二,取决于这个行动所表达的意志品质。本章及下一章讨论"自由"。本章将概述围绕自由意志问题的争论,主要聚焦于有关决定论的"传统"问题。最基本的担忧在于,我们的行动似乎是由物理规律所决定的。进而,这似乎意味着我们无法以其他方式行动,因此我们的行动不是自由的。(这有点像前文弗兰克案例中律师进行辩护时的论证方式!)我会讨论有关这一问题的一些主要观点,但我最终会支持相容论,也就是说,决定论不妨碍我们拥有自由意志。

第六章"自由意志和认知科学":近年来,越来越多的人开始关注对自由意志的非传统威胁,它们主要来自**认知科学**的最新成果。按照主流的科学观点,我们的大脑是由许多部分(或"模块")组成的,它们能够自主完成许多工作而无需我们的意识参与其中。那些包括上文已经提及的帕克斯在内的惊人案例所引发的担忧是,我们的行动,可能是由那些大脑模块在控制着。虽然我们有意识的心灵可能参与其中,但它的任务只是对已经完成的行动编造出一个合理的解释。传统相容论者对自由意志的辩护并不能有效应对这一新的挑战。我认为,尽管认知科学向我们展示的图景是正确的,但我们仍然可以自由行动,并为此承担道德责任。

第七章"意志的品格":道德责任要求自由意志,但这对道德责任本身来说还不够充分。行动者被要求能够在任何意义上承担道德责任(从而我们对行动者的道德理由随行动者的行动结果而改变),他还必须表现出一定的意志品质。对一个应受责备(或因做了坏事而应负道德责任)的行动者而言,他行事时的心理状态一定会有不好的一面。在本章中,我们试图找到行动者心理状态中坏的那一部分究竟何在。我会为这个问题的一个回应进行辩护,它在最近的文献中很引人注目。根据这一观点,应受责备的那种"恶意"包含对道义上极重要之物的漠视,以及对"从物的"道德的漠然。(剧透一下:这就能解释在本章所给出的案例中,为什么可以惩罚比阿特丽克斯,却不应该惩罚艾伯特。)

第八章"精神疾病和精神病":与道德责任相关的最困难、最有意义和实际上最为重要的问题涉及精神病患者或其他心理上异常的行动者。本章将讨论这些问题。精神疾病的发作虽然**可能**使行动者免于承担道德责任,但并非总是如此。只有当精神疾病确实妨害了患者的行动自由,或致使他做出恶意的行动,精神疾病才能让行动者免责。有些精神疾病会产生这样的影响,有些不会,还有一些则只在某些时候才会这样。最后,我将讨论**精神病患者**。这是有关道德责任的文献中最引人入胜,同时也最令人感到困扰的一类人物。精神病患者的精神在很大程度上处于"道德盲"或对道德理由不敏感的状态。精神病患者是否在道德上负有责任,这是一个备受争议的话题。在这里,我会回顾一些主要论争,并就如何评估这些异常的行动者提供一些建议。

第九章"进一步的问题":本书以一系列思想实验开始,这些思想实验旨在介绍随后会涉及的问题并且强调这些问题的重要性!但还存在许多其他与道德责任相关的开放性问题。其中,有些问题需要借助一些背景知识才能理解。因此,我将以另一套思想实验结束本书,旨在介绍这些更为复杂的问题。我会对它们进行简要的评论。但我也希望在本书的结尾处,即便是以前从未接触道德责任这个主题的读者,也能独立地思考这些问题,并给出自己的答案。

在继续本书的正文前,我将讨论把哲学从一种语言翻译为另一种语言时可能出现的一些问题,以作为本章导论的总结。

翻译所面临的挑战

在一场有关"动物的道德地位"的讲座上,我对我的一些中国学生的反

应感到惊讶。我只是用英语做出以下论断:

"Some philosophers believe that dolphins are persons."

我的学生被这个说法逗乐了,他们似乎认为这很荒谬。但这反应实在出乎我的意料。我说这句话并不是在开玩笑,英语母语者也不会觉得这句话特别奇怪或令人惊讶。

我和学生们进行了一些讨论,很快就发现了问题的根源。他们内心对这句话的翻译是:

有些哲学家认为海豚是人。

这似乎是一个合理的翻译。毕竟"人"和"person"通常情况下被认为是等同的。(比如电梯里的警示就用这两种语言明示:"Maximum occupancy 12 persons/定员12人"。)并且在**大多数**语境下,"人"**可以**被"person"替代。然而,正如进一步的讨论所揭示的,这两个术语在道德或哲学的语境中的含义并不完全相同。

"人",就我对其理解而言,指的是生物界的成员,也就是人类这一物种。这就是为什么我的那句话在翻译后看上去很荒谬:**在生物学意义上**,海豚当然不是人类的一员!但"person"所指并非如此。有关"person"的确切含义争论不断,许多哲学文献尝试对这一术语做出分析。但是我认为一个较为标准的观点是:我们使用"person"来指代具有特殊**道德地位**的生物。这意味着一个"person"是指一个具有特定权利的生物,或意味着它有权得到特殊的对待。我们通常把生物学意义上的成年人作为"persons"**最清晰**的**例子**。**我**绝对是一个"person",**你也是**;因此,我们可以参考自己来使得我们对"person"的定义更加精确。实际上,我恰好认为"person"一词的含义是这样的:"与你我都具有相同特殊道德地位的存在。"①

或许,对于这里的细节,我弄错了。(我的确说过,这个问题是有争议

---

① 因此,"person"的含义在某种程度上是"实指的",因为它涉及**指向**某些事物。你可以边指向那些成年人,边说"person"是"与他们具有同等道德地位的生物"。

的!)但重点是,英语中的"person"可以潜在地指涉非人类的生物,但是中文中的"人"就不能。让海豚成为"persons",就使它们具有与我们同等的道德地位。当然,它们也许实际上真的具有这种特殊的道德地位,也许没有;但,当我们预设它们的确具有这种道德地位,进而说它们是"persons",这并不**荒谬**。①

这本书用英语写成,然后译为中文。上文介绍的有关"person"和"人"的故事旨在说明,哲学论点被从一种语言翻译为另一种语言时,会引起一些潜在的且未被设想的风险。所有人都知道我们需要谨慎对待翻译。但有时含义上的差异并不明显,直到当我们遇到那些听起来荒谬的翻译时,才能发现这些差异。

我对翻译困难的普遍立场如下:尽管它们会带来问题,尤其是如果我们没有**意识**到特定的英语和汉语术语间的含义不同,但它们绝非**无法克服**。我的意思是,只要有足够的努力,就能克服任何潜在的翻译问题。我不相信有哪一个英语哲学术语根本**无法**翻译成中文;只是在某些情况下,翻译可能会有些困难。"persons"和"人"提供了一个很好的例子。在哲学的语境中,"人"原来不是"person"的好翻译;这太糟糕了,因为如果有一个简短的中文单词作为翻译,就会很方便。但是我希望,经解释,"person"的**概念**就很容易理解:"person"就是具有与我们相同的道德地位的生物。我希望你能够在这个意义上谈论和理解"persons",你得牢记:"person"的含义很复杂,

---

① 我在这里通过强调"person"和"人"来说明翻译中可能出现的潜在的意外挑战,但我认为这本身就是一个独立的有意思的问题。我发现,关于这一现象还没有相关的研究文献,我鼓励学生和研究者,特别是对实验哲学感兴趣的人,考虑对此进行研究。一个可能的话题是这种词义上的差异对道德推理的影响。就英语世界的道德论证而言,将一个生物的实际地位(或假定地位)规限为 person 以作为某些道德结论的支撑在某种程度上来说是普遍的。例如,有人认为胎儿是 person,因此堕胎在道德上是错误的。有趣的是,是否意味着用"人"而不是"person"在中文相对应的词语能让汉语母语者对不同类型的道德论证感到更加具有说服力。另一个可能的话题是"人"这一术语的确切外延。例如,我的学生无法就胎儿或脑死亡患者被描述为"人"是否恰当达成共识。

与"人"并不相同。①

有个哲学术语的翻译**已经**引起了人们的关注，并且这一翻译在这本书中非常重要，那就是将"moral"翻译成"道德"。尽管这两个术语通常被认为是等同的，但是最近有人对这种等同性提出了质疑。在2018年的一篇论文中，德兰塞卡（Vilius Dranseika）、伯尼（Renatas Berniūnas）和希留斯（Vytis Silius）认为，这两个词的意思并**不**相同。

他们的论证基于他们进行的实验的结果，在此我简要描述一下。他们要求英语母语者列出一些他们认为是"immoral"的行为（也就是说，并**非**"moral"），他们的清单上列出了诸如谋杀、强奸和盗窃等行为。汉语母语者也被要求列出他们认为是"不道德"的行为，他们在表中列出了包括乱扔垃圾、大声叫喊和在公共场合随地吐痰等行为。两张列表完全不同，表明这两个术语具有不同的含义。②

我个人并不完全相信这个实验的结果。假设我让你列举出面试的雷区，和其他回答这个问题的人一样，你可能会给出以下答案：看自己的手表，喃喃自语，紧张地玩弄头发。当人们想到求职面试的"减分行为"时，就会想到这些事情。

但是，抢走面试官的订书机，并把他的领带系在桌子上呢？这不也是求

---

① 我不知道还有哪个较短的中文术语能更全面地体现英语中"person"的含义。我的观点是，"具有与我们相同的道德地位"这个相对**长**的术语**确实**抓住了"person"的含义。有时，当没有短术语来指代给定的哲学概念时，为它**引进**一个新的短术语会很有用。于是我向我的汉语母语同事提了个问题，即引进一个简短的中文术语来表达"person"的哲学含义是否一个好主意。

② 这里我简化了德兰塞卡等人的实验，感兴趣的读者可以看看这里：作为实验的一部分，他们还要求汉语母语者列出他们认为是"不文明"的那些行为，而英语母语者要列出他们认为是"uncultured"的行为，通常"uncultured"被认为等同于"不文明"。大多数讲英语的人将"immoral"的行为和"uncultured"的行为区分得很清楚，他们所写的两个术语的清单大不相同。但是汉语母语者列出的"不道德"行为的清单和"不文明"行为的清单相当相似，并没有这么明显的区分。德兰塞卡等人提出的关于"immoral"和"不道德"之间含义差异的论点实际上有些模糊，并且与"uncultured"和"不文明"在各自母语者所掌握的含义差异相联系。但最终，我认为他们的论点仍然以"immoral"行为和"不道德"行为清单之间的差异为证据。在下文中，我会提出一个对其有效性表示怀疑的理由。

职面试的雷区吗？在求职面试中做出这样的行为固然令人咋舌，但是，当你被要求列举求职面试的雷区时，这个类型的事情并不会首先映入你的脑海。（如果一个人最先想到的是这些行为，我反倒可能会有点担心！）无论出于什么原因，当我们被要求考虑求职面试的"减分行为"时，即使有关它们的完整列表很长，且包含我们一开始不曾想到的内容，我们仍习惯于考虑**一些特定的例子**。

在我看来，类似的现象可以解释德兰塞卡等人的实验结果。如果将"immoral"行为和"不道德"行为**完整**列出，大体会是差不多的。实验中列表的差异可能是由于英语母语者和汉语母语者倾向于想到不同的**例子**。无论出于何种原因，说中文的人可能会想到日常生活中不良行为的例子①，而说英语的人则可能首先会想到不良行为的最坏情况或者那些严重的恶行。②

这个对德兰塞卡等人的回应代表了我的推断，我不会做进一步的辩护，也不会揣测可能会导致习惯差异的原因。为了论证，假设"immoral"和"不道德"的确有不同的含义。对我们而言，这似乎是一个重大的问题，因为本书的其余大部分内容会涉及英语中被称为"moral"的问题。

但我认为这个问题是可以克服的。因为即便"moral"没有一个简便的中文翻译，我们仍然可以对英语概念给出精确的解释。也就是说，我们可以给"moral"下一个**定义**，就像我们对"person"所做的一样。我认为，这样一个浅显易懂的定义可以成为一个较长（稍有不便）却精准的翻译。下一章的主要任务就是对"morality"的含义做出这样一个解释，我希望这会使它的含义变得清楚。在开始任何关于道德责任的严肃讨论之前，理解这个词是必不可少的。

---

① 汉语清单上的行为是"现实的"，这些行为与正常人的决策相关：很有可能你或我某一天认真考虑把垃圾扔在地上，而懒得扔到很远的垃圾桶里。但是（我希望！）我们大多数人永远不必认真考虑是否要谋杀某人。

② 另一种解释这一点的方式：如果你或我被要求列出几种不同种类的动物，我们可能会说"狗、猫、鱼、鸟、蛇"等。如果要求一名海洋生物学家（从事研究生活在海洋中的动物的工作的人）列出不同种类动物的清单，那么他首先想到的动物可能是"鲸鱼、海豚、海牛、海豹、儒艮"等。这并不意味着他所认为的"动物"的含义与我们不同！只是他对某些种类的动物更感兴趣，并且在列出清单时更倾向于先考虑它们。

第二章
道德

要讨论道德**责任**（responsibility），我们需要对**道德**（morality）有一个共识。本章的目的就是获得这种共识。我认为最好的方式是先间接地接近主题，所以我还是会以一系列假想的案例为引子。首先，考虑下面这个例子：

> 每天早上，格雷斯（Grace）都会在上班途中路过城市博物馆。这天早上，她发现某些不寻常之处：几幅好看的图画被挂在博物馆外的围栏上，正对着街道。格雷斯可以近距离观察这些画，它们不是层压印刷品或任何类似的东西——它们是绘画原作，一旦下雨就会被损毁。看到头顶的乌云，格雷斯急忙到博物馆入口提醒相关人员。一定是出了什么错，她想，这些画应该立刻被带进室内。但是，当她把这些解释给前台的人，他们却笑着告知她，把这些画带进室内是没有理由的。这里正在举办一场特殊的概念艺术展览，这些画是参展的作品；艺术家特意要让这些画损毁，他们有一个理念：这些画作遭到雨水侵蚀后，将启发路人去思索自然的变化无常。

格雷斯原本意欲断言，博物馆的相关人员**应该**把画带进室内。换句话说，格雷斯相信，把画带进室内是有**理由**的。尽管这两种表达在哲学化的英文中有几分不同的含义，但它们还是密切相关。当我们断言某人**应该**做某事，常常意在说，基于**全面考虑**，他应该做那件事——我们的意思是，如果所有的情况都被考虑到了，那么恰当的结果就是去做那件事。相反，当我们断言，某人做那件事是**有理由**的，这并不是他必须基于全面的考虑而应该做某事。做某事的理由**和不**做的理由都是存在的。例如，我有理由早睡，因为我疲倦了；但我同样有理由继续熬夜，因为我需要给一些试卷打完分。行动者基于全面考虑究竟应该做什么，这取决于哪个或哪些理由是最强的。然而，有理由做某件特定的事，就意味着至少有**某些东西**可以用于支持那个行动。

　　如果我们聚焦于**理由**，那么下面的讨论将会更加清晰，所以我们就用这种形式讨论吧。在大多数情况下，人们有理由把画保留在室内而不受雨水侵蚀。然而，博物馆工作人员已经告诉格雷斯，在**这种**特定情况下，没有上述理由。问题是格雷斯是否应该同意他们的说法。格雷斯应该在获得这一新信息后道歉，并承认把画带进室内是没有任何理由的吗？抑或是她应该不管工作人员的话，坚持认为**有**上述理由？

　　我认为格雷斯应该同意工作人员的说法，要是她坚持认为把画带进室内是有理由的，那是很傻的。但是，这个例子特别的地方是什么？也就是说，为什么通常存在的理由——把易损坏的画带进室内的理由——在这里不适用？答案是，在一般情况下，画的主人**想**保护它们以免受损。而在这个例子中，画的主人**不想**保护他的画免于受损。

　　这揭示了，在诸如"你有理由把画保留在室内"的主张中，有某种重要的东西。我们大多数人，在一般的情形下，都预备去赞同这样的主张。但现在显而易见的是，我们不认为把画保留在室内**总是**有理由的。我们**真正接受**的是有条件的主张，比如：“**如果你不想画受到损毁，你就有理由把画作保留在室内……**"

换句话说，我们认为，**如果人们关心一个确定的目标**，就有理由以特定的方式行动。一旦我们发现某人**不关心**这个目标，我们就不再认为他有相应的理由。像这样的理由——只有在我们关心特定目标时才具备的理由——被称为**假言理由**（hypothetical reasons）。

生活中的许多理由显然是假言理由。**你**练习大提琴可能是有理由的，但这只是因为你想要成为专业大提琴手；我**不**想成为大提琴手，所以**我没有**理由练习；并且，如果你不想成为大提琴手，你也不会有理由练习。其他的理由可能最初看起来不像假言理由，但经过仔细考察仍然可以发现是假言性的。格雷斯的故事就是这样的例子。格雷斯假定博物馆有理由把画保留在室内，并且没有停下来去思考博物馆的经营者可能会关心什么目标。这是因为**几乎每个拥有画作的人都确实**想要保护它们——保存自身财产这一目标如此普遍，以至于我们会默认他人也具有。而我们可能不会注意到，想要保护画作的理由，其实只不过是偶适地依赖于（contingent upon）想要保护画作完好无损的愿望。

再考虑另一个例子：

> 多年以来，赫克托（Hector）的亲密朋友伊凡（Ivan）都是吸烟很凶的人。由于关心伊凡的健康，赫克托尝试说服伊凡戒烟。但伊凡否认自己有什么理由戒烟。他承认吸烟可能会损害健康和寿命，然而，他声称自己不想要拥有健康和长寿。因为伊凡不关心那些他可能通过戒烟来实现的目标，他说自己没有理由戒烟。

赫克托应该同意伊凡没有理由戒烟吗？在这个例子中，我估计大多数人都会说"不"——尽管伊凡做了相反的声明，赫克托还是应坚持认为伊凡**确**

实有理由戒烟。然而，我们这么说可能是出于以下事实：我们只是**不相信**伊凡。即便他**声称**不想要拥有健康和长寿，他也可能是在撒谎或是误解了自己。又或者，我们可能接受伊凡不关心这些事，但还是认为他**应该**关心它们。例如，某些伊凡所关心的其他事情可能恰恰需要健康和长寿才能完成；某些他在意的爱好可能恰恰需要他健康地活着才能去追求。如果是这样，他就确实有理由关心健康和长寿，而为了那些他所关心的爱好，他也就有理由戒烟。

然而，我们可以设想一下对上述情境的改编版本：

> 多年以来，珍妮特（Janet）的亲密朋友凯瑟琳（Katherine）都是吸烟很凶的人。由于关心凯瑟琳的健康，珍妮特尝试说服凯瑟琳戒烟。但凯瑟琳否认自己有什么理由戒烟。她承认吸烟可能会长久地损害健康，然而，她不关心自己的长期健康，并且进一步断言没有理由关心自己的长期健康。她给珍妮特看了一份早间新闻，头版是一则来自世界上全体科学家的宣言："据发现，一颗小行星将于明天撞击地球，所有生命都将终结。"

当然，为了让这个例子生效，我们需要假定这则新闻和科学家都是可信赖的，他们所说的也是真的。基于这些假定，珍妮特仍应该坚持认为凯瑟琳有理由戒烟吗？我认为我们中的大多数会同意，在这个例子中，她不应该这样做。如果你已经知道明天早上所有人都会死，那么任何试图维系自己的长期健康的努力，或者督促他人做这样的努力，都是很傻的行为。①

因此，我们行动的许多理由都是假言理由——我们具备这些理由仅仅是因为我们关心特定的目标，而以某种相关的方式行动，这些目标就能被实现。这些理由，即使是像不吸烟的理由，经过我们足够细致的考察，也最终被证

---

① 给即将被枪决的人递烟曾是一种传统。有个老笑话说，死刑犯愤怒地拒绝了香烟："你不知道那些东西致癌吗？"更严格地说，医生有时候也会根据患者的年龄来选择慢性疾病的治疗方案。对年轻人可能有理由采取较为激进的方案来治疗癌症，因为它可能在未来 10 年内有致命的风险；但如果患者是一位很老的人，就可能不会有理由这样做。

第二章 道 德　　27

明是假言性的。这一观察有可能让人预估**所有**理由其实都是假言理由。那么有什么理由是非假言性的吗？是否存在那种**无论我们关心什么都肯定会具备**的理由？

考虑下面这个例子：

> 劳伦斯（Lawrence）在一座公园里走着，这是城市里最宽阔的公园之一。他走进一片林中空地时，看见一个大块头男人，莫蒂默（Mortimer），正坐在长椅上，挟持着一个婴儿。婴儿在哇哇大哭，而莫蒂默却在哈哈大笑。走近些，劳伦斯明白了原因：莫蒂默一只手抓着婴儿，另一只手拿着塑料沙拉餐叉反复戳婴儿的肚子。脆弱的叉子不足以对婴儿造成严重的损伤，但显然弄疼了他，而莫蒂默却认为这事很好玩。劳伦斯发现他的手机没有信号，周围也没有能求助的人，他也几乎不可能制服莫蒂默这种身形的男人。所以他打定主意，别无选择，只能试着和莫蒂默聊聊。

劳伦斯当然认为莫蒂默有理由停止对婴儿的折磨，他的目标是说服莫蒂默这样做。这个故事将继续下去：

> 首先，劳伦斯对莫蒂默说他应该停下来，因为他弄疼了婴儿。莫蒂默说他很清楚自己弄疼了婴儿，但他讨厌婴儿，而弄疼婴儿的行为恰好可以让他很愉快。

我们**如果**不想弄疼婴儿，当然就有理由不折磨婴儿，但是莫蒂默不想保护婴儿，使他免于疼痛。

> 之后劳伦斯告诉莫蒂默，这个婴儿的父母（我们可以假定，这个婴儿不是莫蒂默的孩子，而是他从无人看管的婴儿车里偷来的）会被他所

做的事情激怒。莫蒂默承认，的确会是这样，但他不在乎婴儿的父母生气与否。劳伦斯也提醒他，这样做的结果是他很有可能被警察抓起来，遭受严厉的惩罚。莫蒂默解释说，他刚被诊断出身患急症，医生预计他明天就会死，因此他不在乎自己的行为有什么法律结果。

如果我们在意他人的感受快乐与否，或者是想让自己免于牢狱之灾，我们都有理由不去折磨婴儿，但是莫蒂默并不关心这些目标。

最后，劳伦斯诉诸道德——莫蒂默应该停止戳婴儿的行为，把婴儿放回婴儿车里，因为这是**在道德上要做的正确的事**（morally right thing to do）。可预见的是，莫蒂默说他不想做道德上正确的事。但劳伦斯回复说，莫蒂默**应该**想做道德上正确的事。莫蒂默会问为什么。他所关心的什么目标会通过道德上正确的行为方式来实现呢？劳伦斯被难住了。他承认，尽管大多数人都会关心道德上的目标，但莫蒂默并不关心。

显然，通过一场相当详尽的对话，劳伦斯已确定莫蒂默不关心任何可能通过归还婴儿来实现的目标。（他也不关心任何可能通过实现这些目标来实现的其他目标。）劳伦斯应该像格雷斯应对博物馆工作人员那样做出反应吗？他是否应该修正自己的判断，承认莫蒂默没有任何理由归还婴儿？

我们有必要在这里暂停一下，考虑如果回答"是"的话，究竟是什么含义。它暗含的一个意思是，劳伦斯不能合法地批判莫蒂默，这有重要意义。一般来说，当我们声称某人行为不端时，那个被指摘的人可以问，**为什么**他有理由按其他方式行动。如果回答是他没有理由按其他方式行动，那么我们就不应该主张他本不应做其所为，因为那种判断将会是不公平或不合适的。所以，如果劳伦斯承认莫蒂默没有理由停止对婴儿的折磨，那么他就不能主张莫蒂默继续折磨的行为是错误的。他可以表达对莫蒂默的行为不赞同，但不得不承认莫蒂默正在严格意义上有最充分理由做其所为。

第二章 道 德

我希望你对这个例子的反应会截然相反！我希望你会坚持认为，莫蒂默**确实**有理由把那个婴儿还回去。但如果是这样，那么莫蒂默的理由一定是一种很奇怪的理由。它绝不可能和我们之前讨论的假言理由相似；毕竟，我们已经假定莫蒂默不关心任何归还婴儿所能实现的目标。既然在此前提下，他**仍然**有理由归还婴儿，那么这理由就必定以某种方式独立于莫蒂默所关心的东西。这种特殊类型的理由有时被称为**直言理由**（categorical reasons）。我将在这一章论证，直言理由对理解道德是必不可少的。实际上，直言理由正是道德所关切的全部内容。①

道德理由之为直言理由

通常，我们会依据**内容**来描述一个给定的学科或领域，这样做是有道理的。例如，如果描述"生物学"，人们自然就要着眼于生物学家研究的各种事物，以及在生物学教室学到的各类事物。由此，我们可能会产生这样的想法："生物学就是对生命的研究。"我们大多数人可能会认为这是一种正确的描述。因此，自然地，我们在描述"道德"时也应该采取大致相同的步骤，问大致相似的问题。哪些类别的情境或行动被我们一般地视为"道德上"重要的？哪些类别的行动被考虑为"道德上"错误的典型？

---

① 给有哲学背景的读者两点提示。首先，你可能将莫蒂默看作某种更普遍人物类型的例子，这种人物类型常被称为"非道德主义"——这些人不关心道德，并且似乎不关心任何能通过道德地行动来实现的目标。自柏拉图在《理想国》中对古格斯戒指的讨论开始，非道德主义者已成为道德思想实验的一个混合物。古格斯戒指指一个有魔法的戒指，别人看不见佩戴者，他可以从任何举止不端的后果中逃脱。第二，你可能也会将"直言的"看作与康德的道德哲学相联系的概念。的确，康德的主要贡献之一就是主张道德理由一定是直言的。然而，我认为最好在这里无视它与康德的联系。康德的道德哲学也有很多我们**不需要**假定的其他信念——任何功利主义者，或者其他持非康德主义的规范性理论的人，也可以毫无疑问地接受道德理由直言性的主张，而并不需要接受康德的其他道德信念。

在问过这些问题后，你可能会获得下面这个对道德的描述：

> 道德是关注行动对他人效果的实践推理领域。当我们的行动可能以某种重要方式对他人产生效果时，例如伤害他们或是对他们有益，道德的理由才出现。不关注行动对他人效果的理由不是道德理由——例如，我可能以让**自己**开心为理由去行动，但那些是审慎的理由（prudential reasons），而非道德理由。

我认为，如果要求人们描述道德，很多人最初想出的描述会和上面这些文字一致。（例如，很容易设想，如果一个孩子问他母亲什么是"道德"，这位母亲就会提供这样的描述，只是用词上更简单些。）然而，有理由认为，仅仅诉诸道德的内容来描述道德本身都是不够充分的描述。

这是因为，任何这样的描述都必然限制了我能有哪类或不能有哪类的道德理由。例如，上面的描述似乎会导致这样的结论：对**我自己**并没有道德上的理由。不是每个人都愿意接受这种限制。康德就认为，我们确实有道德上的理由以某种特定的方式对待自己，当代一些哲学家也同意这种观点。上面的描述还有另一个可能的结论，即如果某个行动不对任何人产生效果，这个行动就不能是在道德上错误的——也就是说，它表明一个错误的行动一定有**受害者**。这个流行的观点也不是每个人都会同意。想象一下，某人在周围无人注意时亵渎了一面国旗（或其他重要的象征物）。即使你不认为这真的是道德上错误的，至少也应该承认，会有其他人**确实**认为这在道德上是错误的。

要明白这里的问题在哪儿，请想象一下两个人对此颇有分歧。其中一个人认为我们拥有对自己的道德理由，另一个人认为并没有。很多人会感到，这是真正的、严肃的分歧——谁对谁错并不立刻显示出来，双方可以有一个真诚的讨论，并为各自的观点呈递证据。但如果上面给出的描述是正确的，情况就不是这样的了。因为那个描述会蕴含了这样的推论：第一个人**当然**错了，因为"道德"的**定义**排除了道德理由为我们自己而设的可能。上述描述表明，那些相信有这种理由的人只是误解了"道德"一词的意思——正像用"生物学"来指对岩石的研究一样糊涂。

为了回避这个问题，我们可以试着扩展上面的描述。例如，我们可以说，当我们的行动可能以某种方式对其他人产生效果时，**或者**当一些其他条件被满足时，道德理由才会出现。但是我们总能想象有些人的道德信念略微不同。这些人相信，他们的一些道德信念可能被有争议的、对道德的描述排除在外。并且在大多数情况下，他们是真诚地不同意我们在道德理由这一问题上的观点——而**不仅仅是**误解了"道德"的词义。①

我认为存在更好的描述——这就是根据理由所属的**种类**，而非其所关心的主题来描述它们。你可能已经猜到我心里的想法：我认为道德理由是直言理由。这里有必要表述得更为精确一些，因此我们提出一个对道德理由和道德本身的形式刻画：

> 在情境 C 中行动 A 是有道德理由的，仅当情境 C 中的行动 A 也有直言理由。并且，在情境 C 中行动 A 是有直言理由的，仅当情境 C 中的行动 A 也有道德理由。**道德**是关注直言理由的实践推理的领域。

换句话说，我的言下之意是，所有的道德理由都是直言理由，**而**所有直言理由也都是道德理由。莫蒂默的例子支持了这个主张的前半部分。在归还婴儿的行为上，**他**的理由当然可以被当作道德理由，我论证过它同时也是直

---

① 霍根（Terence Horgen）和蒂蒙斯（Mark Timmons）在 1991 年发表论文，用著名的"道德孪生地球"的思想实验，阐述了些许相似的观点。想象一个和我们所处世界相似的孪生地球，它与我们的地球仅有一处不同：居住在孪生地球的人使用道德术语，如"对"和"错"等，所指的行为类别区别于我们的使用。霍根和蒂蒙斯的观点是，即便如此，我们和那些人之间的分歧也更像是针对那些**事情**的对错，并不是说"对"和"错"这些**词**的**含义**有什么不同！

言理由；我主张进一步考察将表明所有道德理由也都是直言理由。① 这个主张的后半部分在先前的讨论中比较少地得到直接的支持。因为我对莫蒂默案例的分析并没有排除如下的可能性：存在**其他的**直言理由，其性质是非道德的。

不过，基于我们的目的，我们可以先合理地假定所有直言理由都是道德理由。而可供选择的另一种观点是说，尽管有的直言理由是道德理由，其他的直言理由却并不是。这里就有一个困难：我们可能需要根据直言理由的内容来区分道德的直言理由与非道德的直言理由。而我已经解释过了为什么不能这样做，我认为对道德的描述不应该以这种诉诸内容的方式进行。

然而，假定我在这一点上错了，有些直言理由被证明是非道德的理由，我也会认为这对实践的目的来说不太要紧。因为我们并不只是关心道德的直言理由，而随意地忽视非道德的直言理由。按照定义，任何直言理由都是我们**不能**忽视的——因为无论我们关心什么，它都适用于我们！所以，即使存在非道德的直言理由，它们和道德理由是一样普遍且**重要**的；它们因其"无条件性"（categoricity）而值得我们注意。所以，做出下述假定应该是能够成立的：任何直言理由要么是道德理由，要么和道德理由**足够接近**，以至于我们能像对待道德理由一样对待它。

我们且稍做停顿，先表述以下三个重要论点。第一，这一描述的一个优势在于，它应该完全可以理解，无需考虑任何翻译引起的争议。如果你理解直言理由是什么——我希望你理解了——那么你也理解我写的"道德"是什么意思。因此我们能回避非哲学家在使用"道德"（moral）这类术语时产生的任何术语之间关系的问题。

---

① 这不是说你不能**同时**具备道德行动的假言理由。在莫蒂默的案例中，每个人都会有直言的、道德上的理由去把婴儿放回婴儿车。而普通人（和莫蒂默相反）**也**会有非道德的、假言的理由这样做，例如他可能只是不想坐牢，或是想让其他人开心，等等。不过，我的主张是，在任何情况下，道德理由本身都是直言性的。

第二，我希望你能一下子想起，道德理由——它被描述为直言理由——揭示了一个有意义的、重要的范畴。在哲学里，我们自由地介绍我们喜欢的任何术语。例如，我们可以引入"李德"（schmoral）理由的概念，其定义如下：李德理由**要么**是在我们需要做某事来养活室内植物的时候出现，**要么**是在我们需要做某事来维持汽车有序运转的时候出现。在这一定义下，作为一个实践推理的领域，李德就是完全可理解的。但它很明显是人为的；在和植物护理、汽车保养相关的那些理由中，没有理由有**自然的范畴**，也很难看到李德如何能有意义地被谈论。相反，道德**不**应该是人为的概念。在道德理由和非道德的理由之间，应该有一个**自然的**区分。① 上述描述提供了这样的自然区分——直言理由依赖我们所关心的东西，假言理由不依赖我们所关心的东西，它们之间似乎确实有一个真正的差别。

第三，你肯定已经注意到，我对道德的描述用了一个重要的限定词，它和理由所在的**情境**（circumstances）有关。这是特意要反映出，行动的对错常常取决于背景情形。但这与道德理由的直言性并**不**冲突，这一点很重要。你和我可能有不同的道德理由，但这仅仅是因为我们的情境不同。我可能有道德理由去听朋友的讲座，你却没有，但这个差别必定是由于我们的情境之间有某种差异，比如我承诺要去但你未曾承诺这一事实。**如果**我们**都**承诺过——并且，如果我们的情境在其他方面也相同——那么我们都有理由去。至于我们中的任何一个人是否**想**遵守承诺，并**不会**对结果造成什么改变。不论我们是否想遵守诺言，我们都有理由遵守承诺，正是这一点使理由成为直言理由。

到目前为止，我的目标仅仅是解释"道德"的理由的意思，还没有讨论到任何**有关**道德的实质性主张。本章接下来的部分将会讨论一个这样的实质性主张。

---

① 有时哲学家会问，给定的一组术语是否"切中实在之肯綮"。这里的隐喻指的是切肉分解的过程——如果在肉的自然分界处（肯綮处）切肉，你就能把切肉这事做得更好。哲学家普遍对寻找现实中的自然分界处感兴趣，他们更喜欢运用以自然方式区分世界的术语。

道德实在论

在此，我假定**道德实在论**（moral realism）的观点为真。你可以在不严格的意义上将道德实在论理解为这样一种观点，即认为存在关于对和错或好和坏的客观真理。下述文字可能是用典型方式对道德实在论所做的更为正式的描述：

> 在我们的世界中，有些东西有道德属性。例如，一些行动可能有对的属性或错的属性，一些事态可能有好的属性或坏的属性。（这些道德属性全都能以某种和直言理由相关联的方式得到描述。例如，只有当我们拥有直言理由却不践行它的时候，一个行动才可能是错的。）对道德属性的分配由客观的、独立于心灵的道德事实决定。这可能是"偷窃是错的"抑或是"痛苦的出现让事态变坏"。它们都是道德的事实。一个给定的行动是不是错的，或者一个给定的事态是不是坏的，取决于这些道德事实。道德事实就像物理法则一样是客观宇宙的一部分，它们不取决于主观的意见或社会习俗。

在我们更进一步之前，有必要明确介绍两对概念——对和错，好与坏。它们全都是道德概念，但两对概念的含义略有不同。**对**（right）和**错**（wrong）更明确地与行动相联系。当我们说某事在道德上是对的，那么一般意味着我们在道德上应该做那件事（换句话说，我们有最充分的理由做那件事）；当我们说某事是道德上错的，那就是说我们在道德上**不**应该做那件事（换句话说，我们有最充分的理由**不**做那件事）。**好**（good）与**坏**（bad）则并不明确地和行动相联系。它们可以被用来评估事情的情形或状态，而这些情形和状态理论上和我们（或任何人）的行动都无关。例如，我们可以考虑杀死恐龙的小行星撞击，自问这是件好事还是坏事。

在某些道德哲学的语境中，这些区分——对和好的区分，以及错和坏的区分——非常重要。例如，那些为后果主义的规范性理论辩护的人主张，好和坏相对于对和错而言具有某种"优先权"。按照他们的观点，最基本的道德问题就是关注哪些事情是好的和坏的，行动的对错取决于行动所引发的事情的好坏。非后果主义者则正相反，主张行动的对错至少部分地独立于行动后果的好坏——有时，造成坏的事情也可以是对的，或者造成好的事情也可以是错的。

我们不准备在这本书里聚焦于规范性理论，但我认为在我们的讨论中这一区分并不会造成特别大的影响。把规范性理论的问题先放在一边，我认为我们大多数人直觉上会承诺，对和好有着相当密切的关联，错和坏同样如此。我认为，如果有什么是坏的，你就有道德理由**不**让它发生。（或者说，如果这个事件在你的控制之中，你就**会**有这样的理由。）反过来说，如果你有道德理由去做某事，那么那种行为方式——以及你以那种方式行动于其中的事态——至少在某些方面是好的。在本书的大部分地方，我准备用可以相互替换的方式使用"对的"和"好的"，以及"错的"和"坏的"，因为这样我们可以回避许多复杂的问题——也回避许多至少在英语里语法很棘手的句子。我也不会特别精确地区分行动和事态，所以我有时会写好的或坏的行动，而更传统的写法是好的或坏的事态。再说一遍，这全是为了保持简单，我们可以多关注在有趣的地方。

我需要先做如下澄清：基于我在导论中的观点，你可能已经明白为什么道德实在论的假设将在这本书中扮演重要角色。让我们预先给出一个简洁、明确的评述，指出这一讨论将在下一章走向何处。我将论述，道德责任的刻画应该以它对道德理由造成的效果为依据。如果某人在道德上对一个行动负责，这就会改变与这个人有关的道德理由。例如，一般情况下，伤害别人在道德上是**错的**，但是一旦一个人践行他在道德上对之负责的坏的行动，伤害他就可能变成道德上**对的**。正如我在导论中提到的，我认为，存在客观的事实来决定某人是否真的对其行动负责。这似乎意味着，我们具备有关这个人的客观的道德理由，并且有客观的事实决定了那些理由是什么，以及它们是否已经因为这个人的行动而改变。①

道德实在论是很有争议的，许多哲学家不接受它。所以我需要解释为什么我认为有理由假定它是真的。这将是本章接下来的任务。

区分以下两个不同的主张将是有益的。为了接受道德实在论，这两个主张我们都需要接受。第一个主张关心我们提出道德主张**意味着什么**。道德实在论者认为，当我们说"偷窃是错误的"时，我们就是在言说世界存在的方式。我们将错的属性赋予偷窃，就像我们可能将红色的属性或重500千克的属性赋予一辆汽车。因此，我们的道德主张非真即假，它取决于像偷窃这样的行动是否实际上具有那些赋予它们的道德属性。这是到目前为止最自然地理解道德主张的方式。但是，就像我们即将看到的，它不是唯一的方式。

第二个主张是，当我们将道德属性赋予行动或事态，这样做有时是**正确**的。例如，我们有时将道德上错误的属性赋予行动，而那个行动**确实**具有那个属性。正如我们即将看到的，这也可能被证明为并非如此。人们有可能会证明说，实际上并不存在所谓错的属性。如果是这样的话，那么无论何时我们将那个属性赋予行动，都是不正确的做法。

在接下来的两个部分，我将依次讨论这两个主张，同时讨论文献中已有的对这两个主张的挑战。在此之前，提供一张图，大家可以看得更清楚。

如果同时存在许多你需要记录的哲学立场，视觉的表现或许会很有帮助。我认为做这件事的最好办法通常是**决策树形图**。你可能已经对这类图很熟悉

---

① 道德实在论的假设也将在这本书的最后两章扮演关键角色，我在那里论证**敌意**（ill-will）——它对道德责任来说是必要的——需要行动者不关心在客观上和道德上具有实际重要性的东西。

了，但假如你不熟悉的话，我可以简洁地阐释一下。这张图列出了一系列问题。它的目标是，从最顶部的问题开始，你可以沿着与你的回答相符的路径下滑。在每个层级上，也就是在每一个问题上，你必须做出一个"决定"。依据你的决定，你会在不同的"结论"处结束，或在**加粗**显示的不同元理论观点处结束。

这张图的目标只是帮助你记录我们将讨论到的不同的元伦理学观点。要知道一个给定观点的提议者可能怎样回答这些问题，你只需要从图中的相应观点出发，"后退"或上移。你可以现在快速浏览这张图，也可以在接下来的阅读中参考它。

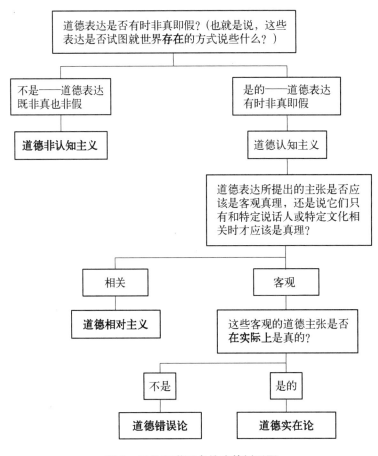

图1 元伦理学观点的决策树形图

道德非认知主义和道德相对主义

一个句子要成为非真即假的，就必须就世界的存在方式有所言说。举个例子：

在火星表面之下存在液体水。

这个句子把一个存在于世界之中的事物（火星）当作主语，并赋予它某种属性（在地表下拥有液体水的属性）。我不知道这个句子是真是假，但是我确信它一定是有真假的，并且我确切地知道，它是真的（和假相反）是什么意思。只有在火星**确实**有赋予给它的这个属性时，这个句子才是真的；只有在火星没有这个属性的情况下，这个句子才是假的。换句话说：它只有在**成功地**描述了实在的情况下才是真的，只有在它**未能**描述实在的情况下才是假的。

相反，许多被说出的东西（utterance）既不是真的，也不是假的。例如：

你周末过得好吗？
在周三前提交你的报告。
哎哟！

对于上面这些情况，我们都可以问说出的东西是否言说了世界存在的方式，借此来检验它是否有真假（与无所谓真假相反）。第一个说的是一个问题，所以它没有言说世界——而是体现了一种**确定**世界存在方式的努力。它可以有"是"或"否"的答案，却不能是真的或假的。第二个表达了一个命令，所以它也不是对世界的言说——相反，它表现了一种把世界**变成**某种样子的尝试。它可能是一个好的或不好的命令，却不能是真的或假的。最后说出的是一个感叹词。它有助于表达说话者的**感受**——在这个例子中，是一种不愉快的感受。但是，和其他的表达一样，它也没有对世界做出任何言说，因此既非真，也非假。①

考虑下面这个表达：

偷窃是道德上错的。

初看之下，这个表达当然是做了有关世界的言说。它有所言说的对象——偷窃，一种行动——并且它看起来给那个对象赋予了一种属性，即"道德上错误"的属性。所以它似乎必定是非真即假的。如果偷窃真的有道德上错误这种属性，这个表达就是真的；否则，就是假的。

但外表可能具有欺骗性。例如：

我期望你能在周三前提交你的报告。

在语法上，这个表达似乎说了些和世界有关的话。**我**是这个世界的一部分，这个表达似乎给我赋予了一个属性，即期望你在特定某天前提交你的报告。但这真正是这个表达应该做的吗？把这个表达理解为一种让你在周三前提交报告的尝试，不是更自然吗——也就是说，它是伪装了的命令，或以特定方式改变世界的努力。

或者：

花椰菜是**最差**的！

---

① 在一些例子中，可能为真或为假的表达是与之**相关**的。例如，"我现在很痛"就是一个有真假的主张。而喊"哎哟"的说话者可能也同意那个主张。

再一次，在语法上，这个表达似乎对世界有所言说。它把花椰菜作为自己的对象，似乎给花椰菜赋予了一个属性，即在某个参考等级中是最差的成员（在这个例子里，这个参考等级想必是食物等级，或更具体点，可能是蔬菜等级）。但这**真的**是说话者正在做的事吗？把说话者理解为一个只是在表达某种情绪反应的人，不是更自然吗——类似于"呸，花椰菜！"——尽管它被以某种方式伪装成对世界有所言说的主张。

现在，再考虑一下道德表达。当有人说"偷窃是错的"，他**真正**想做的是什么？或许，他并不是要试图说出关于这个世界的真相，而只是让其他人以某种方式行动？这就是说，道德的表达可能实际上是伪装了的命令，这才是它真正的含义，和"不要偷窃"这句话一样？甚至可以说，那些表达道德命题的人只不过是在表达他们的情绪——用"啊！小偷！"这样的语句传达出所沟通的意义？

道德表达其实是伪装了的命令或情绪表达，这种观点被称为**道德的非认知主义**（moral non-cognitivism），这种观点和道德实在论是不相容的。① 非认知主义认为道德主张既非真也非假，然而道德实在论者却承认至少有一些道德主张是客观为真的。过会儿我将讨论**拒斥**非认知主义的主要理由。但首先，先来介绍另一种和道德实在论不相容的观点。**道德相对主义者**（moral relativists）认为道德主张**可能**是真的，但不是**客观**为真。

考虑下面这个"谜题"：

> 内奥米（Naomi）和她的朋友奥利弗（Oliver）打电话聊天。内奥米顺带着抱怨了一整周都在下雨的事实。但是奥利弗对天气有不同的看法。他也讨厌下雨，但他断定，一整周都是晴天。实际上，内奥米和奥利弗都是对的。当内奥米说"一整周都在下雨"时，她断定某事是真的。当

---

① 最为人熟知的道德非认知主义是以**逻辑实证主义**（logical positivists）著称的哲学学派，他们活跃在20世纪早期。道德的非认知主义被假定为遵循他们的有关表达的意义的更普遍理论。这方面的重要论述是艾耶尔（A. J. Ayer）的《语言、真理与逻辑》（*Language, Truth and Logic*, 1936）。中文版见上海译文出版社2006年版。

奥利弗断定"一整周都是晴天"时,他也断定某事是真的。这怎么可能呢?

这个"谜题"不太难,我希望你已经获得了答案。内奥米和奥利弗住在这个国家的不同区域,当内奥米住的地方一整周都在下雨时,奥利弗住的地方一整周都在放晴。尽管这是一个非常简单的谜题,它还是在类似于"一整周都在下雨"的主张中发现了要点——存在一个隐藏起来的成分。为了评估这些主张的真假,就需要填补这个隐藏的空白。实际上内奥米的主张,意思就像是"**西雅图**下了一周雨"(假定她住在西雅图)。实际上奥利弗的主张,意思就像是"**凤凰城**一周都是晴天"(假定他住在凤凰城)。尽管最初看来,既下了一周雨又放了一周晴的主张是相互矛盾的。在西雅图下了一周雨,且凤凰城一周都是晴天的主张中,却是没有矛盾的。

道德相对主义者认为,道德主张需要以相似的方式被评估。也就是说,当一个人下了"偷窃是错的"这种断言,在这个主张可以被评价为真的或假的之前,还有一个隐藏的成分尚需填补。填补的具体细节会依据不同提议变化。一个流行的建议是,这类主张其实应该被解释为"偷窃**对我来说**是错的"①;还有建议说,它其实应该被解释为"偷窃**在我的文化中**是错的"。

这个主张仍然可以是真的或假的。假定我们以第二种方式,以暗中诉诸说话者文化的方式解释它,那么只有当偷窃真的**在说话者的文化中是**错的,"偷窃是错的"才是真的;只有在相反情况中,它才是假的。但是这种理解道德主张的方式和道德实在论并不兼容。如果道德事实是事关宇宙的客观事实——就像物理法则一样——那么它们对每个人和所有文化来说都是真的。②如果相同的道德事实对所有文化都是真的,那么就很难知道有什么东西可能

---

① 这有时被称为"主观主义",以区别于"相对主义"。后者的道德主张暗中涉及文化和社会。考虑到我们的目的,这不是重要的区分——两种观点**在结构**上是相同类型——我指它们都在"相对主义"这个总称之下。
② 想象一下,如果你问某个人是正在学习中国的还是西方的核物理学,那该是多么荒谬的问题。

"在"一种文化中是道德上错的,却在另一种文化中是道德上没错的。①

我已经提到这两种观点——非认知主义和相对主义——并且是一起提到的,因为我认为道德实在论者可以用基本相同的方式回应它们。在根本上,这两种观点都是关于人类心理学的主张,都是关于人们在提出道德主张时正试图做什么的主张。根据非认知主义,当人们提出道德主张时,他们正试图命令其他人或表达他们的情绪;根据相对主义,当人们提出道德主张时,他们正试图说真话,但只是相对于他们自己的文化而言的真话。就像其他关于人类心理学的主张,这些关于道德断言背后意图的主张也从属于经验研究。我们可以看看周围的人,然后尝试确定他们在提出道德主张时**真正**试图做的事。我认为,对人类行为的特定观察可提供相当强的证据,证明非认知主义和相对主义是假的。

为了明白为什么,请回到内奥米和奥利弗的故事。他们已经针对最近的天气提出了看似不相容的主张,但是当这些主张被理解为相对于特定地理位置的主张时,明显的矛盾就消失了。然而,请假定内奥米并不这么认为。

  尽管奥利弗指出他和内奥米住在不同地方,因此也经历了不同天气,内奥米还是坚持认为,这不能消解问题。的确,很可能**在西雅图**是雨天,**在凤凰城**却是晴天。但内奥米对相对于任何特殊位置而成立的天气没兴趣,她想知道**真正的、客观的**天气在过去一周是什么样的。此外,她还说,有很好的理由相信西雅图的天气是"真实的"天气,如果凤凰城的天气和西雅图的不同,它就只能是"不正确的"。她表达了这个主张中

---

① 道德实在论**可以**接受如下陈述,即在特定文化的环境中(或即使只是在特定个体周围时)以某种方式行动(在客观上)是错误的。例如,一些文化认为某人用手指指人是无礼的。**因此当某人在这种文化主导的地方**,用他的手指指人可能是错的,尽管在其他地方这不是错。但是这个事实并不表明以相对主义为形式的真理。道德实在论可以坚持说,无礼在**所有地方**都是错误的;由于文化环境的不同,无礼在不同的地方也会有不同的行为表现。(类似的,在图书馆大喊是错误的,但在专业的运动赛事中大喊常常不是错误的。这并不表明道德是相对的,只是表明,在不同的环境中,尊敬他人需要表现出不同的行为。)

似乎有争论的地方，但对奥利弗来说，这听起来就像是胡言乱语；他就这么和内奥米说了，内奥米生气了，挂了电话。

我希望你会同意，在这里奥利弗是理智的，内奥米是荒谬的。说一个地方的天气是"真实的"而另一个地方的天气是"不正确的"，这简直是胡说，内奥米论证它的尝试必定是荒唐的。如果你在面对这种情况时赞同我的看法，那么这是一项重要的观察，我们可以做一个预测：如果道德相对主义是正确的，并且道德主张只在它们暗中涉及一种特定文化时有意义，那么尝试论述跨文化道德的人看起来只能和内奥米一样荒谬。

让我们用一个相似的例子来检验这个预测：

> 这是 1855 年，彼得（Peter）和昆廷（Quentin）是来自美国不同地区的商人。彼得来自北方的马萨诸塞州，在那里蓄奴是违法的，且被广泛视为道德上错的。昆廷来自南方的亚拉巴马州，在那里蓄奴不仅是合法的，而且被普遍视为在经济和社会秩序中道德上可取的部分。这两个人在华盛顿①的会议中碰面了，尽管他们可以轻松地交谈，他们还是发现彼此之间有重要的文化差异。这场谈话的话题转向蓄奴，不难预料，彼得感到蓄奴在道德上是错的，然而昆廷不这样认为。昆廷表明，这个明显的分歧仅仅反映北方和南方有不同文化，蓄奴可能对北方人来说是错的，却对南方人来说是对的。
>
> 这个解释没有令彼得满意。他的兴趣不在于蓄奴是"对南方人"还是"对北方人"来说是对的，而在于蓄奴是不是**真正地**或**客观上**对的。他认为可以很好地论证蓄奴并非如此——也就是说，彼得认为他可以证明蓄奴在客观上是**错的**。昆廷说自己接受所有人都固定地拥有某些权利这

---

① 有趣的是，华盛顿多少可以说是严格位于传统地被视为"北方"和"南方"各州的分界线上。在美国内战期间，华盛顿以南的大多数州脱离美国组成南部联邦，然而华盛顿以北的各州没有这样做。

一被庄严载入美国宪法的观点。彼得的论证是，如果这一主张是真的，那么通过维持人的奴隶身份来剥夺他们的这些权利就是错的。然而昆廷却说他根本不明白彼得在说些什么，于是彼得气呼呼地中断谈话，离开了。

显然，彼得在这里扮演了内奥米的角色，而昆廷则扮演了奥利弗的角色。在先前的例子中，奥利弗是理智的，内奥米是荒谬的。但在这里谁是荒谬的？彼得坚持认为有"真正的"道德，论证这一点会是荒谬的举动吗？

我希望你会说"不"！我希望你会说彼得**不**是荒谬的。假如**你**碰到有人支持蓄奴或类似的事，我希望（并预计）你也会像彼得这么做。假如你碰到某个人为一种你认为是道德上邪恶的实践辩护，你可能会表明自己的立场。如果他试图诉诸相对主义来捍卫自己的观点而不是参与你的辩论，你会感到愤怒。

假定我在以下这点上是正确的——在产生跨文化道德分歧的情况下，最自然和最理智的行为是努力弄明白，什么是**真正地**在道德上是正确的。如果是这样，这就是反驳道德相对主义的最强证据。记住，相对主义是关于人们如何运用道德术语的主张；这一主张认为，当普通人提出道德主张时，这些主张只能是相对于特定文化而有真假的。如果真理只能是相对的，那么寻找客观真理就是没有意义的事。如果我们实际上想要寻找关于道德主张的客观真理，那就意味着我们**并没有**把道德真理视为相对的。在内心深处，我们大多数人认为，追问蓄奴的实践是否"真的"正确，乃是一件**确实**有意义的事。因此，如果我们提出"蓄奴是错的"主张，我们并不打算把这个主张限定"在我的文化里"，并不是试图说些和我们的文化相关的话，而是试图说些关于蓄奴的、客观上为真的话。①

---

① 侦探小说中有一个标准的主题，即谋杀嫌疑犯被警察询问受害者的相关问题。尽管嫌疑犯不应该知道受害者逝世，他还是会出口误，用过去时谈论受害者，说些诸如"她曾经很漂亮"的话。这被认为是揭发罪行的证据，它发现嫌疑犯已经把受害者想成逝世了的。我在这里想说的是，即使一些人**声称**相信道德主张是相对的，还是存在一些例子让他们"出口误"，并提出一些**客观的**道德主张。某些故事会让他们说出类似这样的话："但是我想向你展示蓄奴实际上是错误的！"我认为，那些声称是相对主义者的人也会犯这种类型的口误，这就揭示了他们在某种程度上也不能避免对客观道德实在的承诺。

那非认知主义的情况又当如何呢？彼得和昆廷的例子也提供了反驳这个观点的有力证据。因为如果道德主张实际上是伪装了的命令或情绪表达，那么诉诸道德**论证**就是荒谬的。彼得采用了以下形式的论证：他说有一条普遍的道德原则是真的；他论证说，**如果**这条普遍的道德原则是真的，那么蓄奴就是错的；他的结论是，实际上蓄奴**是**错的。如果道德主张被理解为关于世界的非真即假的主张，这就是完全有意义的，因为这是能推理出真理主张的一种有效模式。

但是，假如道德主张实际上是伪装了的命令，这么做就很傻。一个命令不需要任何支持它**证据**——它只是让其他人做某事的一种努力。（为了命令你在周三前提交报告，我不需要向你解释我**为什么**想要你这么做！）假如道德主张仅仅是伪装了的情绪表达，这么做甚至更傻些。我不需要解释我为什么不喜欢花椰菜，同样，我也不需要解释我为什么不喜欢蓄奴。重要的是，当有人主张诸如蓄奴的实践是错的，他们**确实**需要做出解释。也就是说，我们确实感到，有理由要求解释**为什么**某个行动是错的。此外，如果道德论证像彼得的论证那样足够好，我们就会感到**必须**接受它的结论。如果彼得成功显示蓄奴是错的，我们就会认为，昆廷**应该**赞同彼得的看法，并逐渐相信蓄奴是错的。很难想象这会对情绪表达有作用。如果有人**确实**喜欢花椰菜，那么是否有什么话，是我说了之后就可以说服（或应该说服）他人不再喜欢花椰菜的？①

实际上，彼得的这种论证似乎是思考道德的自然环节，这一事实表明，道德主张实际上是在陈述真理。也就是说，当某人断言蓄奴是错的，或把任何道德属性赋予其他对象，他是在就这个世界存在的方式提出某种主张。这就是为什么我们有资格要求证据，即我们可以要求说话者向我们**展示**世界真的是按他说的那种方式存在。如果道德主张无所谓真假，那么我们就不会用这种方式对待它们。

---

① 非认知主义面对的这个挑战有时也被称为弗雷格—吉奇问题，就是以弗雷格（Gottlob Frege）和吉奇（Peter Geach）的名字来命名的。

道德错误论

因此，当我们提出一个道德主张，就是把客观的道德属性赋予所谈论的内容。我们正**试图**就世界实际**存在**的方式说正确的话。但是，这并不意味着我们**成功地**做到了这一点。有可能的是，世界上没有任何东西实际具备道德主张所要求赋予的道德属性。在这种情况下，我们所有的道德主张都是错的——那些主张永远都不会正确地描述世界。因此，我们全部的道德话语都在这种意义上是一个错误，因为没有什么东西能实际地具备道德属性，这就是道德**错误论**（error theory）的观点。

乔伊斯（Richard Joyce）是最著名的道德错误论者之一，他用一个例子描述了错误论在概念上的可能性。① 例如，我们大多数人已经是巫术领域的错误论者。在中世纪晚期和文艺复兴时期的欧洲，人们普遍相信很多人是女巫。按照这一时期的主流观点，这些人是通过和撒旦达成某种协议而获得了超自然的力量，成为女巫的。巫术曾是流行且严肃的讨论主题，在这个领域展开过相当多理论工作；神学家和非神学家出版了大量书籍来讨论探寻女巫的最佳技术。

如今，几乎没有人相信女巫的存在。这是因为，几乎没人相信有获得超自然力量的可能（不论是通过和撒旦达成协议，还是通过其他方式）。要具备你是女巫这一属性，就需要有你拥有超自然力量这一属性。既然已经开始认识到超自然力量是不存在的，那么女巫当然也是不存在的。换句话说，我们已经变成女巫主题上的**错误论者**（error theorists）。我们已经逐渐把曾经在巫术主题下存在过的话语看作从根本上就错了。

---

① 这一点，和下文对乔伊斯观点的描述，都基于他的《道德之谜》（*The Myth of Morality*，2001）。

乔伊斯认为,我们可以也应该开始把道德话语看作在根本上是错误的。我们大多数人相信,道德属性常在世界中得到例证——例如,我们相信许多行动是道德上错的。我已经论证——乔伊斯也同意——如果有任何此类道德属性,那么它们的存在是出于直言理由的存在。因此,如果哪种行动是道德上错的,那么其道德错误就在于我们有不做它们的直言理由。然而,乔伊斯主张,直言理由是不**存在**的。一旦意识到直言理由不存在,我们就将被迫承认道德理由以及道德属性都是不存在的。最终,我们将被迫承认,道德就像巫术那样,是一个需要被遗弃的讨论领域。

显然,这个问题在很大程度上取决于是否真的存在直言理由。为什么我们可能像乔伊斯一样认为直言理由不存在?有的哲学家已经论证说,直言理由在概念上是成问题的。例如,威廉斯(Bernard Williams)就认为,任何理由似乎都不能完全独立于行动者关心的东西。① **行动的理由**(reasons for action)和**对行为的解释**(explanations for behavior)有非常密切的联系。如果一个行动者有理由做一件事,那么这个理由一定考虑了对他**为什么**这么做的解释(如果他实际上确实做了那件事)。对行为的解释似乎一定要诉诸行动者所在乎的东西。行动者的任何行动都是在追求某个目标——行动总是旨在实现行动者想实现的东西。但当我们断言,像莫蒂默这样的行动者有归还婴儿的直言理由,我们却是说他有理由做这样的行动,即**不**以他在乎的任何东西为目标。假如莫蒂默**确实**以这种方式行动了,在心理学中他的行动就无法得到解释;我们也无法回答**为什么**莫蒂默做了那个行动,无法回答他想实现的是什么。威廉斯认为,它们无法成为心理学解释的一部分,因而直言理由无法成为行动的真正理由。

麦凯(J. L. Mackie)论证说,规范性(prescriptivity)内置于道德属性之中,而这一点恰恰是成问题的。② 非道德属性一般是纯粹**描述性的**

---

① 详见威廉斯撰《内在理由与外在理由》("Internal and External Reasons",1981)。中文版收录于上海译文出版社 2007 年出版的威廉斯的《道德运气》一书第八章,第144—162页。
② "The argument from queerness"(1977).

(descriptive),即它们**仅仅**关注这个世界**存在**的方式。例如,如果我所知道的是这辆车重500千克,那么我就知道了这世界的一部分(即这辆车),仅此而已。在这里所谈论的仅仅是车的重量,而未谈及事情**应该**是怎么样的——它没有告诉我们这辆车相比它应有的样子是重些还是轻些,也没告诉我们,我或其他人应该对这辆车确实有此重量做出什么反应。相反,道德属性对这个世界应该是怎样的却**不**能避而不谈。实际上,除了言说世界怎样存在,似乎还必然言说世界应该怎样存在。如果我们知道偷窃是错的,就知道世界**不应该**有偷窃。在这个意义上,道德属性里有**规范性的**(prescriptive)成分。它们不同于其他种类的属性。麦凯相信这种奇异的性质不太可能存在。①

在这里我只是很简短、笼统地回应威廉斯和麦凯的挑战。摩尔(G. E. Moore)在对外部世界怀疑论的回应中,介绍了一种在许多其他语境里也有用的论证形式。摩尔的对手提出了一系列哲学主张,这些分开来看都各有几分道理的主张,合在一起就意味着我们无法认知外部世界,即外在于心灵的世界是否存在。摩尔指出,如果他们的论证是正确的,那么我们就不可能知道我们有手,因为我们的手是(或可能是)外在于心灵自身存在的物理对象。然而,摩尔说,较之于怀疑论用来支持他们论点的哲学主张,我们应该对我们**确实**知道我们自己有手这一主张**更加**自信。尽管这些哲学主张本身看似是有道理的,但还是不能比我们知道我们有手**更**可能是真的!所以,如果这些哲学主张会推论说我们不知道我们有手,那么就应该拒绝其中一个或更多哲学主张,而不是接受我们不知道我们有手。②

对我来说,摩尔的论证对回应威廉斯和麦凯也似乎是有用的。威廉斯论证行动的理由和对行为的解释密切相关,这是一个看似有道理的主张。麦凯

---

① 注意,麦凯把他的论证称为"奇异性论证"。他说,道德属性如果存在的话,就一定是"奇异的"或不寻常的性质——它有时仍被这样提及。然而,非英语母语人士应该意识到这一术语的使用有可能令人困惑。对"奇异性"的使用随着时间推移有所改变,特别是在美式英语中,它现在被更广泛地使用——作为一个术语,表示特定的生理性别或社会性别身份,有时带有贬义,有时不带有贬义。

② 有关摩尔论证逻辑的充分讨论,参见德罗斯(Keith DeRose)的《应对怀疑主义》("Responding to Skepticism",1999)。

主张规范的属性在哲学上十分可疑,这也是一个看似有道理的主张。但在这两种情况下,这些主张都意味着直言理由不存在,因此像莫蒂默这样的行动者没有不折磨婴儿的理由。问题是我们对哪一方的主张更有信心。我们对威廉斯和麦凯的哲学主张更有信心吗,还是我们更相信每个人都有理由不折磨婴儿?对我来说,我对每个人都有理由不折磨婴儿这一主张更有信心!我估计你们中的大多数有同样的感受。如果我们对后一主张的信心有正当的理由,那么我们似乎就也有理由推断威廉斯和麦凯一定是错的。

但是,我们对后一主张的信心**是**正当的吗?我认为,目前我们大多数人都会承认莫蒂默**似乎有**这个理由,但除此以外,我并没有更多的根据来证明莫蒂默确实有这个理由。在哲学语境中,这类"似乎"被称为**直觉**,诉诸直觉是哲学最古老和最有用的论证策略之一。在许多情况下,除了思考后获得看似为真的事实,我们很难有直接证据来证明一个哲学主张;在标准的哲学实践中,直觉 P 一般被当作 P 实际为真的证据。**为什么**我们的直觉应该作为事物实际如何的可靠指引,目前还没有定论,尽管这一主题已在文献中有过漫长探索。就本书的目标而言,我提议采纳这个被普遍接受的观点,即我们的直觉**确实**对实在提供了某些证据①——除非我有某些特别原因认为直觉是**不**可靠的。

问题在于,可能有理由认为,我们在道德问题上的直觉是不可靠的。乔伊斯和其他很多人已经指出,进化最可能在获得自然的道德意识的过程中发挥一定的作用。许多自然的心理能力之所以存在,就是进化选择的结果——对我们的祖先来说,以特定方式做出行为或思考是有用的,因此促进这类想法和行为的基因被传递给后代,最终传到我们这里。或许很多人已经熟悉了这种进化论心理学方法,但如果你不熟悉的话,下面这个简短的例子或许能帮助你理解。例如,许多人都自然而然,甚或有些不理智地怕蛇。对此可能有一个进化论的解释。在我们祖先生活的环境里,有许多非常危险的蛇。在

---

① 这**当然不**是说我们的直觉**总是**正确的。对一项主张的证据仅仅是相信这一主张为真的理由;尽管存在许多对某个主张的证据,但这个主张仍可以被证明是假的。

早期原始人中，那些怕蛇的人更不可能被蛇咬，也更可能活下来，把他们的基因传给下一代。即使我们的住处已经没有危险的蛇了，但我们仍可能体验到那种与生俱来的害怕。这是祖先传给我们的心理遗产，我们摆脱不了它，因为它曾对**他们**有用，不管它是否对**我们**依然有用。

直言理由的存在为什么对我们的祖先来说是有用的？关于这一点，乔伊斯讲了一个有趣的故事，我介绍一下它的简化版本。这个故事开始于一项观察，即有些特定行为类型对我们传递自己基因的能力非常有害，却又非常诱人。例如，早期原始人在游牧群体里生活，这些群体经常发生严重的食物短缺。婴儿在有些方面和他们有时吃的其他小型哺乳动物相像；杀死他们很容易，他们又富含蛋白质。你可以想象，在无法获取其他种类的食物时，早期原始人可能已经动了吃掉婴儿的心思。当然，如果他们做了这样的事，这从进化论的角度看是非常不利的：吃掉你的婴儿无益于传递你的基因给后代！

所以我们可以预期，进化论曾给早期原始人施加压力，使他们获得某些阻止他们吃婴儿的心理特征。一种可能有益的心理特征是对吃婴儿的纯粹厌恶。如果吃婴儿的想法让我们恶心，我们这么做的可能性就会降低。这类现象有一个先例；我们曾进化出一种相似的心理机制来阻止我们吃危险的腐烂食物。

但是有理由认为，这种简单的厌恶不会像理想的心理机制一样强大。相比简单的恶心，道德信念能给我们的行为施加更强的影响。你恐怕不会只因为好玩就吃掉一盘腐烂的食物。但如果拿到足够多的钱，许多人会这么做，或许你也会。（美国曾有一个电视真人秀差不多就是这么干的。）下面的内容将便于比较：如果有人给你足够多的钱，让你吃一个婴儿，你愿意吗？如果你认为自己愿意有偿地吃腐烂食物，却不肯有偿地吃婴儿（或者，如果你仅仅承认有许多人愿意有偿地吃腐烂食物却不肯有偿地吃婴儿），那么你就有证据证明，道德是比单纯的恶心更强的心理机制。如果早期原始人**极度**饥饿，恶心可能无法阻止他们吃婴儿，但如果他们感觉它是道德上错的，那就仍可能会阻止他们这样做。

乔伊斯基本上就是这样来解释,为什么直觉上感到直言理由是存在的。对我们的祖先来说,对某些行动似乎**无论如何都完全被禁止**的感觉是有用的;这种感觉粗略地说,就是对直言理由存在的感觉。它是一种非常强的心理机制,引导我们的祖先用一种有助于传递基因的方式行动。而我们作为他们遥远的后代,也遗传了对某些直言理由的感觉,就像我们遗传了对蛇的恐惧一样。

不过,为什么认为这种自然感觉是**不正确的**呢?毕竟,有些蛇**真的**危险。或许之所以我们在进化中变得相信有直言理由,是因为这些理由真的存在。但如果我们着眼于进化故事的细节,以上情况似乎就欠缺可能性。很容易看到,我们之所以进化出了对蛇的恐惧,是因为有些蛇实际上很危险——很危险的蛇咬死了那些不害怕他们的原始人,这解释了为什么那些活下来的原始人传递了他们那些害怕蛇的基因。想象一个蛇一点也不危险的世界,在那个世界中,我们很可能就不会进化出对蛇的恐惧,因为不曾有进化的压力使我们有那样的进化。

如果你试着用同样的思想实验对待直言理由,就会得出不同的结果。想象两个几乎完全相同的世界,二者只有一个差别:直言理由存在于其中一个世界,却不存在于另一个世界。你是否应该预期这两个世界进化出不同的信念?乔伊斯认为不应该有这样的预期。在两个世界中,吃婴儿对进化出的适应性施加了相同的效果——在两个世界中,它都阻止你传递你的基因。所以你应该预期,在这两个世界起作用的进化压力是相同的。你应该预期,**不论实际上是否有任何不吃婴儿的直言理由**,原始人都进化出一种一定不能吃婴儿的感觉。因此,对直言理由存在的感觉仅仅反映了对这类理由的信念在进化中是有用的,而不是反映任何潜在的道德实在。

我在开篇时就承诺,会诚实地评估和我自己的立场相对立的论证。我必须坦白,我发现上述论证——它常被称为**进化拆穿论证(evolutionary debunking argument)**——相当有力。针对进化拆穿理论有很多可能的回应,其中某种回应可能会取得最终的成功。但我完全不能确定!不论我们是否认为这些回应有可能取得成功,我认为都应该先**假定**道德实在论的真理。在下一节,我会花更多篇幅解释为什么。现在,我将对一些可能的回应做简要考虑。

最简单的回应是否认我们的道德直觉起源于进化的历史。一个相当前现代的观点认为,我们的道德直觉就其本性而言是知觉性的——也就是说,我们用某种方式**感知到(perceived)**某种行为在道德上错误的属性,这种方式在很大程度上和我们用眼睛感知到花的红色的方式是一样的。如果这是真的,我们就能回避上述问题;我们的道德直觉正是和我们的知觉信息一样可靠。不幸的是,很难知道这怎么能是真的。我们还不知道有什么机制能够让我们直接感知到道德属性;我们似乎至少要有某种特殊的道德感官,实际上我们并没有。

一个更有前途的回应是承认我们的直觉有进化起源,但是将直觉支持道德信念的作用最小化。可能我们对直言理由的信念不取决于我们的直觉,例如像对莫蒂默这样的行动者有这种理由的直觉;我们的信念是(或可以是)以其他某些来源为根据的,例如抽象思考的能力。对这一立场的最著名辩护来自康德,他论证直言理由的存在可以仅仅出自逻辑。在康德论证的细节中,许多问题已经被指了出来,也许我们可以怀疑这些细节是否像他提出的那样准确。但是道德哲学家尚未就康德的一般性工作是否可能有另外的成功版本达成一般共识。有许多现代的康德主义者致力于用类似的其他方式为道德真理溯源。① 当然,如果康德主义者被证明是正确的,那么道德实在论就**是**真的。如果你可以将客观道德真理的起源追溯到逻辑,那么客观的道德真理就是存在的。②

---

① 有一些现代的康德主义者也称自己是**建构主义者**(constructivists),例如沿着康德的脉络发展的现代建构主义,参见科斯加德(Christine Korsgaard)的《"自我"的建构》(*Self-Constitution*, 2009)。

② 但是我们逻辑推理的能力也来自进化吗?如果是这样,为什么我们应该认为**它**是可靠的?答案是,我们逻辑推理的能力可能由此种方式进化而来,最终成为一种导向实在的可靠的指引。逻辑在严格意义上是有用的,**因为**它帮助我们指出事物存在的方式。对早期人类来说,**要**把水果囤起来以待未来,**还是**现在就吃掉它,抑或**两者**都不做,理解这一点是有益的;我们的逻辑能力进化到可以帮助我们认出这种逻辑上的不可能,避免尝试这些不可能的选项。但需要注意的是,之所以我们说认出逻辑上的不可能性是有益的,只是因为那些选项正**是**逻辑上不可能的。我们的逻辑推理能力之所以帮助我们,正是因为它们自身就是实际上在追踪真理,或至少倾向于跟随真理。

第三种回应接受我们的道德直觉有进化起源，也承认这些直觉在我们的道德推理中扮演了重要的角色。然而，它否认进化拆穿论者的另一核心主张，即道德直觉的进化起源并不会让这些直觉不可靠。要使这类回应可行，就需要某种机制来让道德直觉的进化回应道德实在。这就是说，我们之所以进化出对直言理由的信念，一定是**因为实际上**就存在直言理由。尽管很难在严格意义上说清楚这是如何可能的，但要说它完全不可能也同样困难。许多哲学家已经论证过，道德的内容和生物生存、繁荣的条件有非常密切的关联。例如，依据亚里士多德的解释，正是我们人类作为生物的本性给我们提供了道德理由——我们是特定物种的成员，我们也有成为这个物种**良好**成员的直言理由，这一理由要求我们以特定的方式行动和生活。时至今日，这一观点的不同版本已得到发展和辩护，其中一个版本认为它提供了道德理由和生物进化之间的必然联系。① 但是这种观点需要克服许多许多困难，其中最重要的困难和它对生物学的依赖有关——一种立足于生物学的道德理论，要想成为合理的理论，就需要其所依赖的生物学事实是某种样子，但我们还不清楚生物学事实是否正是那样。②

假定道德实在论

因此我并非声称对道德实在论的真理感到确定。我认为道德实在论是真的。我认为某些替代选项——非认知主义和相对主义——可以在经验的基础

---

① 在这一进路上，对道德的更全面的描述，参见富特（Philippa Foot）的《自然善好》（*Natural Goodness*, 2001）。伊诺克（David Enoch）的《重视道德》（*Taking Morality Seriously*, 2011），第七章给出了一个对进化拆穿论证的狭义回应，诉诸善好性的事物和促进生存的事物之间的联系。
② 菲茨帕特里克（William FitzPatrick）在其《目的论与自然规范》（*Teleology and the Norms of Nature*, 2000）中讨论了其中一些科学上的困难。

上被断然拒绝。而对错误论论证的回应，我就不是那么有信心，但总的来说，我认为我们应该更加重视自己的这一直觉，即相较于反对直言理由的存在，我们更偏向于承认它们存在。

但是你可能会有不同的观点。无论如何，在这里我还不能完全**确立**道德实在论的真理。（即使完全相信它是真的，我也无法通过仅仅一章的篇幅来**证明**它是真的！）所以我将提出更进一步的主张并为它辩护，借此来总结这一章：我认为我们应该**假定**道德实在论的真实性，即使我们不确定它是否正确。

19 世纪的美国哲学家詹姆斯（William James）有一篇著名的论文《信仰的意志》（"The Will to Believe"），文章力图为宗教信念辩护并反驳批评者。与通常的宗教辩护者不同，詹姆斯并不是主张对宗教真理的**偏好**有令人信服的证据，但是他同样认为，**反对**这一真理也没有令人信服的证据。在这种情形下——詹姆斯认为你有时不得不**选择**相信或不相信这一主张。而他也不认为，选择接受宗教主张而非拒绝它们有什么错。

我对詹姆斯的论证并没有感到信服，至少在它关切宗教主张的范围内不够有说服力。一个问题是，詹姆斯低估了**反驳**宗教的证据已经是很可观的了（即使是在 19 世纪，反面的证据也同样可观）。还有一个更严重的，和我们的目的更密切的问题，它关系到宗教信念中蕴含的风险。如果你选择接受宗教信念却没有好的证据，那么你就是正在冒险——你正相信某些可能被证明为假的东西。要让詹姆斯的论证合理，他需要做一个更进一步的假定——假如你所选择的宗教信念最终被证明确实是假的，那也需要不会有坏事（或**非常坏的事**）发生。

詹姆斯没有在《信仰的意志》中明确做上述假定，但是我认为他必须接受它，因为在另一些情况下，相关的风险是纯粹的"选择去相信"本身明显就是错的。詹姆斯的文章是对另一位哲学家克利福德（William Clifford）的回应，克利福德在《信念的伦理》（"The Ethics of Belief"）一文中给出了这样的例子：一位船主不确定他的船是不是状况良好，他选择相信它状况良好。

这一信念后来被证明为假的，船驶入大海后沉没了，船上的乘客丢了性命。

因此，确保没有严重的风险和宗教上的假信念联系在一起，是詹姆斯必须做的事情。不幸的是，他的论证似乎就有这种风险。假的宗教信念有时会导致不好的行为，明显的风险就和这些行为相关。但是，另一种重要的风险可能就不那么明显。真与假很可能本身就是道德上重要的——这就是说，有真信念是道德上正确的，有假信念则是道德上错误的。① 如果这是对的，那么这是一个和宗教信念相关的、无可避免的道德风险——如果我们所相信的东西最后被证明是假信念，那么这种相信**本身**就是一个道德上的错误！

因此，至少在宗教信念这方面，我不认为詹姆斯的论证是成功的。但是请假定我们考虑的不是我们是否应该接受宗教主张，而是我们是否应该相信道德实在论。② 我们承认我们并没有信心去摒弃某些反对道德实在论的论证，但是也认为直觉上我们有理由相信道德实在论为真。如果我们选择相信的道德实在论正面对证据相冲突的情形，那么我们将冒假信念的风险。这是不是一个不相信道德实在论的理由呢？

我想用非常具体的例子表明，詹姆斯论证的一个版本会成功，那就是有关决定是否去相信道德实在论。如果我们选择相信道德实在论，即便道德实在论最后被证明为假的，那么我们的假信念就字面意义而言也不可能有任何道德上坏的后果。这是因为，即便道德实在论是假的，也**没有什么**道德上的错误！如果道德实在论是假的，那就是说没有什么行动或事态有道德属性。所以，那些出自我对道德实在论信念的行动也就不可能是错的，于是我的假信念本身也不是道德上坏的。在这种情形中——对我来说，这是**唯一一种**情况——我们既可以相信有可能为假的主张，又不需要担负任何道德意义上的

---

① 接受真信念不同于回避假信念。在某些情形下，你可以选择避免**任何**信念——这会阻止你去相信什么是真的，也会阻止你相信什么是假的。詹姆斯在他的论文中极为重视这一区分——他花了很大篇幅论证假信念的坏处可能没有我们想象得那么大，至少是相对于真信念的好处而言。从我自己的观点看来，这实际上不会在宗教信念的情形中造成差别，但是篇幅有限，我不能讨论詹姆斯的论证细节（这值得被讨论），对信念的伦理问题感兴趣的读者可以去阅读原始文本。

② 詹姆斯在他的论文中简洁地提到了这一应用，没有充分地展开论述。

风险。

这并未使我们免除极仔细地推断道德结论的义务。某些**其他的**道德信念——更具体的信念——如果是错的，就可能导致道德上坏的行动。例如，后面我会提出对报复主义的论证，它意味着我们有时有道德理由伤害那些对自己的坏行为负有道德责任的人。我们需要在接受**这个**主张之前极仔细地思考它是不是真的。如果道德实在论被证明为真但报复主义却是假的，那么我们对报复主义的信念很可能导致错误的行动——它可能让我们伤害那些在道德上不应受到伤害的人。在这里我的观点仅仅是，道德实在论**本身**的信念并不会导出错误的行动。如果道德实在论被证明为假的，那么用于惩罚的伤害就不是错误的行动——当然是这样，因为根本没有什么是错的。

诚然，在这一节的论证是很不同寻常的。① 如果你发现它没有说服力，我还会给出假定道德实在论真理的另一个辩护，一个更无趣但有可能被更多人接受的辩护。人们通常会暂时假定某个哲学主张，这是完全可行的。这就是说，为了搞清楚 P 为真的前提下会导出什么结论，我们总是可以在具体的讨论中先假定 P 是真的。如果你怀疑道德实在论的真理地位，并且你也并不愿意**按照**詹姆斯**的方式**相信它，那么我将邀请你暂时假定它。在接下来的章节，我们会阐明道德责任的理论如何在道德实在论的前提下得到发展。如果你发现这个理论有吸引力，那么这可能为它所依赖的道德主张的真理性提供了证据。

---

① 值得注意的是，有一个相似的论证，参见罗斯（Jacob Ross）的《拒斥道德紧缩论》（"Rejecting Ethical Deflationism"，2006）一文。

第三章

道德责任和道德理由

本章的主要目的是描述并捍卫思考道德责任的一种特殊方式，我认为最好的开场是先简要讨论下"**伤害**"（**harm**）。使他人遭受伤害通常是不好的，一种行为是有害的，通常意味着我们有不那么做的道德理由。起初，某些熟悉的例子可能代表这一原则的例外情况。例如：

> 丽贝卡（Rebecca）用了一些药物使西蒙（Simon）不能走动，然后用刀割开西蒙的皮肤，在西蒙身上留下永久的疤痕。随着伤口在几周内逐渐愈合，西蒙会有强烈的痛感。但这么做是为了救西蒙。丽贝卡是一名外科医生，她必须开胸才能对西蒙的心脏动手术。

我假定并希望你会同意，在人身上留下伤疤，或令人感到疼痛，这是伤害人的行为。我还假定并希望你会同意，尽管如此，丽贝卡对西蒙做的事在道德上是正确的。诸如此类的案例可以表明，造成伤害并不总是坏事，或者，我们不是总有道德理由来避免造成伤害。

但我认为那不是正确的反应。对于丽贝卡行为的道德处境，我的看法是：丽贝卡伤害了西蒙，伤害是不好的。但她救了西蒙，使西蒙受益，这是好的。总体看来，丽贝卡的行为是正确的，理由在于西蒙得到的好处超过了他受到的伤害。如果能避免死亡，经历几周的痛苦或留下一些伤疤就是值得的。由于丽贝卡做的事，西蒙最终获益。然而，从结果来看，尽管丽贝卡为西蒙手术是正确的，但鉴于这么做会对西蒙造成伤害，她仍有理由不这么做；只是这一理由没有胜过其他支持这么做的理由。

如果你不确信我对该案例的分析，你可以试着设想一个不同的场景，在这个场景中，丽贝卡有两种手术方式。两种方式将对西蒙的健康产生相同的、积极的影响，但其中一种创伤更大，它会带来更多的疤痕和痛苦。我希望你会同意，丽贝卡选择创伤更大的手术方式是错的；如果这么说是对的，那它似乎表明伤害在道德上仍是不好的，即使它带来的好处多于害处。

但我认为，对于"一种行为是有害的，通常意味着我们有不那么做的道德理由"这条道德原则，**另外**一些情况**是**真正的例外。这些情况不仅因行为带来的好处多于害处而得到辩护，还表明伤害本身就是**好的**——行为带来的伤害正是实施该行为的理由，而不是反对实施该行为的理由。以下是其中一个真实案例：

> 2001年6月11日，政府人员将33岁的健康男子蒂莫西·麦克维（Timothy McVeigh）绑了起来，给他注射了化学药品，意在使其心脏停止跳动，终结其生命。他们获得了想要的结果；注射药品后的短时间内，麦克维死了。
>
> 政府人员之所以这么做，是因为俄克拉何马城爆炸案，麦克维被判死刑。1995年，麦克维带着一车自制炸药，将炸药放置于俄克拉何马城

的政府大楼前。爆炸不仅毁坏了政府大楼,还导致168人死亡,以及更多的人受伤。麦克维承认这一罪行,并声明投放炸弹就是要市民恐惧,并影响美国政府的行为。

我将表明,对于麦克维,我们(和政府)的道德理由因其行为造成的后果而改变。特别是,因为麦克维**在道德上负有责任**的一个非常坏的行为,道德理由改变了。在麦克维承认这一行为前,伤害他是不对的,也有道德理由不这么做;在他承认这一行为后,伤害他是好的,事实是,给他带来伤害是支持处罚他的理由。

当然,关于道德责任的性质,麦克维的案例意在表明一个更普遍的主张。我正要捍卫接下来的描述:我的行为是道德上负有责任的行为,这会以某种方式改变他人对我的道德理由。这一章的主要任务是为这一描述补充更多的细节。

改变道德理由

我正好认为政府处决麦克维是对的。我们对他人的道德理由会因为道德责任的改变而改变,如果你同意,那么麦克维的案例就是阐明这一主张的令人印象深刻的实例。尽管你可能**不同意**,但麦克维的案例有助于表明,我对道德责任的描述并不要求我们对死刑有种特殊的感觉以支持死刑是合理的。在我们更进一步之前,麦克维案例中的一些复杂情况应得到处理。

首先,我假设,实际上,麦克维对俄克拉何马城的爆炸案负有道德责任。在某种程度上,我选择该案例是因为它看起来是直觉上最清楚的一个案例;大多数人会同意麦克维负有责任。但是,我们还没有讨论"一个行动者在道德上负有责任"这一断言所要满足的条件,我们将在后面的章节讨论这个问题，此处值得强调两个潜在的顾虑。一个是自由意志。自由意志可能是道德责任需要的，如果没人有自由意志，那么无论是麦克维还是其他人，都不需要对其行为负责。第二个则是麦克维的道德信念。让我们可能感到震惊的是，麦克维（像导论中的比阿特丽克斯）在某种程度上相信，他做的事在道德上是正确的。麦克维不断宣称，他放置炸弹是对的；在他看来，他正努力实现的政治目标证明了杀人的合理性。① 我将在第五章和第六章中表明，我们**的确**有自由意志；在第七章中表明，麦克维显露出的错误的道德信念**不会**成为行动者不用承担道德责任的理由。然而，从现在开始，我请你暂不考虑这些，而是和我一样假定麦克维在道德上负有责任。

其次，一个人也许认为政府处决麦克维的做法在道德上是正确的，却不认为处决造成的伤害本身是好的。一个人可能会主张，伤害本身是坏的，政府有理由不造成伤害，同时认为处决——这一行为的好处多于害处，从各方面来看，都是对的。

当然，这些好处是对其他人的好处，不是对麦克维而言的好处。有时候，我们认为作为公正合法的惩罚意在使受罚者获益。至少在理论上，刑期应使服刑者恢复正常生活，因此，服刑者可以为被释后过上一种非犯罪的生活而做准备；所以，人们可能认为罪犯因判决而受益。但我不认为有谁能够宣称，麦克维这个健康的年轻男子，在被绑在一个台子上并注入致命的化学品后会比以前更好。②

对麦克维的惩罚可能在一些方面有利于其他人或整个社会。也许，听到一个谋杀犯被处决，人们会很开心，又或许，那些直接受谋杀犯影响的人，例如受害者家属，会更开心。又或许，处决还具有威慑潜在罪犯的理想效果——也许有些人**想要**犯罪，却因为知道犯罪后会受到的惩罚而最终决定不

---

① 如果没有20世纪90年代美国政治的具体背景知识，这些目标很难以简明的方式得到概述。但他们通常被描述为右翼，并致力于限制联邦（国家的）法律强制控制某些事（比如持枪）的能力。

② 这是我选择作为必然结果的死刑来介绍我的主张的一条理由。更复杂的是，对受到处罚者而言的可能的益处，在该案例不会出现，但在其他案例中会出现。

第三章　道德责任和道德理由

犯罪。

惩罚只因其有益的结果胜过有害的结果而得到辩护,这个观点有时被称为**关于惩罚的效用论**（utilitarianism about punishment）。我们将在下一章更广泛地讨论它和效用论——更宽泛地说,效用论对道德责任的叙述——的关系。现在,我只想简要说两点。

第一,我们有理由怀疑像麦克维这类案子的威慑作用。当然,有些时候,惩罚罪犯的威慑力可以阻止犯罪。一个正在考虑是否偷税漏税的商人可能因为考虑到国家对偷税漏税的惩罚措施而不敢偷税漏税。不过,我的感觉是,在意识形态上受到刺激而考虑实施恐怖行为的人,他们并不倾向于仔细考虑其行为的潜在代价：被捕和受到惩罚。

第二,应当指出的是,效用论为他人或整个社会所带来的任何好处都与被处决的人是否真的有罪无关。假设当局没有能力找出爆炸的真凶,却可以逮捕无辜之人,诬陷那人有罪。如果当局使公众确信无辜之人有罪,随后处决无辜之人,受害者家属以及公众的情绪都会好转,这种情绪益处等同于处决真凶后带来的益处；也许它一样能威慑潜在罪犯。将无辜之人视为罪犯并处决他们,这看起来是对的吗？说"不对"的人相信,精神益处和威慑效果不会使我们认为处决无辜之人就是对的。处决一个人之所以是对的,是因为被处决的人在道德上的确对坏行为负有责任。

处理了这些复杂情况,我们可以转而关注道德责任对于道德理由的影响。我将在本章的其余部分捍卫如下主张：一个行动者对其行为负有道德责任,"负有责任"这一事实将对他人的道德理由产生一些影响。但这实际上是非常弱的主张,在哲学文本中,这意味着并不十分具体。① 他人的道德理由可

---

① 在哲学文本中,宣称一个主张是"弱的"（weak）,并不是说这个主张是坏的或不合理的,而是断言它是相对不明晰的（或它要表明的东西并不具体明晰）。一个主张的含义越少,那些含义越不具体明晰,表明它是错的方法（路径）也越少,因而,也就"越容易"表明它是对的。类似的,宣称一个主张是"强的"（strong）,并不是说这个主张是好的或是合理的,而是断言它有许多含义（或它暗含了非常多具体明确的东西）,也就有越多的方法来表明它是错的,因而,也就"越难"表明它是对的。

能会以许多不同的方式发生改变,以应对负有道德责任的行为。当然,我们不必对这里的细节予以特别说明。

例如,我们来考虑这样一个例子:

> 蒂尔达(Tilda)在银行上班,她刚结束一天的工作。她整理好办公桌准备离开时,注意到有个人——尤赖亚(Uriah),来到银行,试图推开上锁的玻璃门,想要进来。这情形很常见,客户常常在银行恰好关门后才到。对蒂尔达来说,让尤赖亚进来,帮他办理业务,这在理论上是可能的。蒂尔达的经理却建议她不要老是这么做。因为每天都有在银行关门后才来的客户,如果蒂尔达或其他职员试图帮助所有迟来的客户,这是不切实际的。当蒂尔达觉得迟来的客户需要得到宽厚的对待时,她偶尔会让客户进来并帮助客户办理业务,但她不是基于义务而这么做。尤赖亚不是这样的客户,所以蒂尔达按照她通常对其他客户做的那样——道歉,告诉尤赖亚可以在银行营业时间再来办理业务。
>
> 不过,很快,蒂尔达意识到她在新闻中见过尤赖亚。尤赖亚是当地名人,因为他近来救了一个从地铁站台掉入铁轨的小孩。① 尽管列车驶来,尤赖亚仍然跳入铁轨,将孩子背了起来,迅速爬上站台,避开了正在驶来的地铁。蒂尔达很惊讶,竟然在这种情况下有机会见到这样一位英雄人物,她决定破例在非营业时间为尤赖亚办理业务。

在我看来,蒂尔达做得对,至少她这么做情有可原。她有一个弱的道德理由来帮助迟来的客户——毕竟,这么做是好事——但不是必然规定。但她有一个更强的道德理由来帮助尤赖亚,因为尤赖亚做了他在道德上负有责任的非常好的事。

这个案例意图表明两点:第一,在有关道德责任的文献中,有一种倾向,

---

① 越来越多的现代地铁系统使用屏障来预防这类事发生,但在老旧的地铁系统中,这样的事仍会出现,例如纽约的地铁,那里就没有任何物理屏障来阻止乘客掉入铁轨。

即关注那些在道德上对**坏**的行为负有责任的行动者。这是可以理解的，因为这些行动者在许多方面比那些表现得好的行动者更有吸引力。我在本书中也关注对做坏事的那些行动者的讨论。但是，行动者同样也对**好的**行为负有道德责任，正如尤赖亚的例子展现的那样。有些时候，我们用专业术语来区分：我们说在道德上对坏行为负有责任的行动者是**应受责备的**，而在道德上对好行为负有责任的行动者是**值得赞扬的**。

第二，尤赖亚在道德上对其行为负有责任，这一事实改变了蒂尔达对他的道德理由，即使这些理由无关惩罚。她有一个弱的道德理由来帮助任何不在营业时间而来到银行的客户；即使尤赖亚并没有责任去救那个小孩，蒂尔达也有一个相似的弱理由来帮助尤赖亚。但是，由于尤赖亚**承担**了拯救孩子的责任，蒂尔达有比在其他情况下更强的道德理由去帮助他。

现在，考虑与蒂尔达有关的另一个故事：

> 第二天下班后，蒂尔达正整理她的办公桌，这时再次听到敲门声，有人想要进银行办理业务。蒂尔达认为她可能也要让这个人进来并帮他办理业务。但她意识到她在新闻中见过这个人——弗农（Vernon），市议员，近来被发现转移城市图书馆系统的资金至自己的选举账户。弗农从未真的为这么做而道歉，也未受到法律制裁，但蒂尔达和其他有见识的公众相当清楚地认识到，弗农是有罪的。蒂尔达决定不为弗农破例，她告诉弗农改日再来。

与之前的故事相似，因为弗农在道德上负有责任的行为，蒂尔达改变了对弗农的道德理由。在这个案例中，引发讨论的行为是坏行为。如果弗农对转移资金不负有责任，蒂尔达会有一个弱的道德理由去帮他，就像她有一个弱道德理由去帮助任何迟到的客户。但在弗农的案例中，弗农对坏行为负有责任，蒂尔达想要帮助弗农的弱道德理由就消失了。

这两个案例一同用于表明一个重要的观点：当行动者在道德上对行为负

有责任时，他人的道德理由总是会发生变化，但这些变化不必特别剧烈。我认为这些变化**可以**是剧烈的，正如麦克维的案例。当行动者需要为一个坏的行为负责时，这可以给我们一个道德理由来故意伤害那个行动者，否则就会有错事发生。但某些时候变化相当小。在尤赖亚的案例中，我们看到道德责任如何令弱道德理由变为强道德理由；在弗农的案例中，我们看到道德责任如何使弱道德理由消失不见。

在讨论麦克维的案例时，我所捍卫的关于惩罚的观点有时也被称为报应论者的观点。在报应论者看来，在某些案例中，施加伤害这一行为本身作为目的而言就是值得的，而且代表了惩罚的主要目标之一；这些观点不同于非报应论者的观点，非报应论者认为，施加伤害是实现惩罚的其他目标带来的必要却不值得做的结果。①

我恰恰认为报应论是对的。但我也承认一些人对此感到不自在。一些人可能会认为报应论者的观点不对，因为他们怀疑我刚才描述的道德现象是否真实存在——也就是说，他们怀疑我们关于伤害的道德理由能否以此方式改变。蒂尔达的故事使我们有理由怀疑对报应论的特殊挑战。在那些案例中，看起来相当清楚的是，尤赖亚和弗农都在道德上对他们各自的行为负有责任，作为这一事实的结果，蒂尔达的道德理由的确改变了，虽然变化并不剧烈。如果我们承认他人的道德责任至少可以稍微改变我们对他们的道德理由，那么就很难理解为什么它不可能更剧烈地改变我们的道德理由，使原本错误的伤害行为成为正确的。

其他人可能反对报应论，因为他们认为，任何道德系统都会把故意伤害看作不可接受的"嗜杀成性的"或"残暴的"文化。这是个难以评价的主张。我不是说要抛弃这个主张，这个主张表明我们应该反对某些在"野蛮"基础上的惩罚，它看起来也不是完全不合理。设想一下，政府决定以将其投入热油而不是注射药剂的方式来处死麦克维，这种做法在前现代时期经常被

---

① 当然，报应论者承认，惩罚**同样**达到了其他理想的效果，例如威慑（潜在犯罪分子）。

用于惩罚罪犯。我觉得这么做在道德上是错的，但稍微有点儿难的是确切说明这么做为什么在道德上是错的。处死对麦克维的罪行而言太严苛了，我不认为这么说是合理的，即麦克维的罪行是最坏的罪行。也许，最好的解释是，将活人投入热油之中与文明开化的规范不相容，因而也就不是现代国家应该采取的方式。那些反对报应论的人可能会认为，故意施加伤害和将人投入热油之中同样是野蛮残暴的。（不过，大概他们必须承认前者的野蛮程度较低。）但许多人仍不认为故意伤害在本质上是野蛮残暴的，由于我们在这里依靠的是一种模糊的感觉，而不是对野蛮进行严格的定性，很难看到如何在解决这一分歧上取得进展。

我用蒂尔达的案例想要表明，即便你反对报应论，也会接受我对道德责任的描述。我们的道德理由可能会以许多不同的方式发生变化，以应对行动者对某一特定行为负有道德责任这一事实。我们的道德理由以这种方式发生变化，接受这一点并不会使我们做任何特别引发反对的事。我们可以设想第三个案例来使之更清晰。

> 两个人来迟了。蒂尔达决定她应该试着帮助其中之一，且只帮助一个——她必须回家，在那之前她没有充足的时间帮助两个人。最初她打算随意帮助一个，因为这似乎是最公平的做法。但她随后意识到她在新闻中见过这两人。一个是尤赖亚，另一个是弗农。

蒂尔达应该做什么？如果两人她都不熟悉，正确的做法可能是随机选择一个人，正如最初打算的那样。她有同样强的道德理由来帮助每个人，并没有原则性的依据来选择其中一个，而不是另一个。但在真实情况中，我希望你会同意，蒂尔达应该帮助尤赖亚，而不是弗农。当其他条件全部相同，而我们要做出选择时，帮助那些值得赞扬的行动者比帮助那些应受谴责的行动者要好。

本节的目的是表明道德理由和道德责任有关。但我不打算表明它们的联系如何存在或因为什么而存在。我将在下一节回答这个问题。

应得（Desert）

在此有一个合理的建议：在上述案例中，我们以某些方式对待行动者的道德理由源于行动者应该得到什么样的对待。在哲学文献中，通常把行动者值得的东西视为他的"应得"（desert）。①

但我们不必仅通过介绍一个新词来提升自己的理解，所以当我们说一个行动者应得一些东西时，让我们对表达的东西考虑得多一点儿。我们希望"应得"会以某种方式解释一个行动者的行为如何能改变我们对这个行动者的道德理由，所以让我们想象一个三部分模型，"应得"在其中扮演了关键的调节性角色：

这是我们期待的结构。但正如它表示的，这个模型非常抽象，没有提供什么有用的信息。我们可以，也应该对这三要素的每一个说些什么，就从最重要的因素——应得——开始吧。

每个人都有若干属性。其中一些属性可以理解为**二元属性**，一个人有或没有这个属性，除这一事实外没什么可说的。例如，根据你以往的旅程，你要么参观过金字塔，要么没有参观过。

---

① 这是个有点挑战性的英语词，至少对非哲学家来说如此，因为它与另外两个英语词相似。一是表"沙漠"的desert，它是一片干的区域，如撒哈拉沙漠，只有少量降水；二是表"甜品"的dessert，它是一餐的一部分，通常在主菜之后。这些术语虽然发音不同，但常常被拼错。而吸引我们的desert——说明行动者值得什么——与"沙漠"（desert）的拼写是一样的，但，难以理解的是，它与"甜品"（dessert）的发音一样。即使在学术领域，偶尔也有对这三个词语的困惑：近来我受邀参与一本讨论沙漠（desert）的生态学的书的写作，因为我发表了几篇讨论应得（desert）（道德现象）的文章。

其他属性是哲学家宣称的可决定的属性。可决定的属性需要以一些重要的方式而得到更进一步的说明或"填充"。考虑下与"应得"或责任毫无关系的例子，比如颜色。一些物体——不可见的物体——没有颜色的属性。所有可见的物体的确拥有颜色这个属性。但是，话还未说完，因为一个物体不可能仅仅具备"有颜色"的属性，却没有某些**具体的**颜色。一个有颜色的物体一定有蓝色或绿色，或红色，或其他具体的颜色。一个物体有颜色，蓝色、绿色和红色都是填充它有颜色这一可确定的属性的方式。①

行动者也有可确定的属性。"人类行动者"都是有身体的活生生的人，所以人类行动者都有身高这一属性。② 但有身高是一个可确定的属性；你不能没有**特定的**身高而仅仅"有身高"。因此，任何作为行动者的人，不仅有身高，也有具体的身高，180厘米、160厘米或其他。

在这个模型的最合理的版本中，应得某些东西也是可确定的属性。所有道德上负有责任的行动者都有应得一些东西的属性。③ 但是，如果不具有具体的应得一些东西的属性，却说其应得一些东西，这是不可能的。我认为，最有意义的想法是，把行动者应得的东西看作在一个善的光谱上的变化。所以，一个行动者可能应得一些中立的东西。他可能随机应得非常坏或非常好的东西，他的应得也可以是这些极值中间的任何一点。这儿将"应得"与身高相比，可能有帮助：一个行动者非常矮，或者非常高，又或者他的身高只是二者（高矮）之间的平均值。身高不是完美的类比——一个行动者的身高可以用精确的数字来表述，一个行动者的应得却不一定也能如此。然而，人

---

① 在二元属性和可确定的属性之间可能没有尖锐的分歧。例如，每个参观过金字塔的人肯定都是在特定的时间、以特定的方式参观金字塔。但是有些属性，比如说拥有一种颜色，更明显是可确定的，因为当我们谈论它们时，它们似乎更公开地"要求"进一步的信息。在下面的讨论中，没有任何东西要求在可确定的和二元的属性之间有一个鲜明的分界。
② 在逻辑上，存在没有物理身体，也就没有身高的行动者。例如，我恰巧认为，一个足够复杂的计算机程序可以说在行动，因此是一个行动者，但计算机程序可能不能被描述为有高度。
③ 有的行动者不在道德上对任何东西负有责任，因此也就没有"值得任何东西"的属性，这是可能的。猫和非常小的孩子是可靠的例子。他们可能具有行动能力，因此也应该被视为行动者，但他们可能无法对所做的事负有责任。

们似乎很自然地把一个行动者的"应得"视作落在从非常坏到非常好的光谱之中的某处。此外，我们似乎很自然地认为，当我们说一个行动者应该得到什么时，我们是在对这个行动者提出一个主张，它要么是真的，要么是假的，就像我们对一个行动者的身高提出一个主张一样。

我说过，我认为，这是考虑"应得"的相当合理的方式，但我应该承认，这不是唯一的方式。你可能同意，应得一些东西是一种可确定的属性——一个人需要被这种属性填充——却否认它像身高那样最好能被一个光谱加以衡量。也许，一个行动者应得什么需要非常具体的说明，而不是仅就好或坏作抽象的说明。例如，一个行动者应得的不是"坏"东西，而是监禁七年半。根据那种理解，应得某些东西就是一种可确定的属性，可能更像是成为一辆车的属性。一辆车不能不拥有具体部件而成为一辆车（例如丰田卡罗拉）。然而，这并不是说这辆车的"车性"沿着一个光谱来排列，说它"更多车"或"更少车"；而是列出车的不同组成成分，列出车的模型，从这份长长的却有限的清单中选择具体的术语来说明它。

对那些深受犯罪正义体系影响的人而言，这一思考"应得"的更具体的方式似乎特别合理，因为在那种情况下，认为罪犯因具体罪行而应受具体惩罚是相当合理的。我认为，当我们后退一步，考虑与"应得"可能的相关的所有情况时，这种方式似乎就不那么合理。认为弗农应该由于盗用他人资金而在银行办理业务时受到特别对待（或者更抽象一点，确切地说他应该被他人拒绝），这种想法似乎很奇怪。相反，认为他仅仅应得一些有点儿不好的东西，这种想法似乎更自然。对蒂尔达来说，拒绝帮助弗农的恰当理由是，在银行不受待见仅是许多可能发生的有点不好的事之一。

现在，让我们考虑模型的第一部分。应该有一些关于行动者或行动者的行为的事实，这些事实使行动者应得某些东西。那些事实是什么？我已暗示我认为的最合理的答案：行动者在道德上负有责任的行为，事实是与这些行为相关的事实。当行动者对自己的坏行为在道德上负有责任时，这令他应该得到一些坏的东西；当行动者对自己的好行为在道德上负有责任时，这令他应该得到一些好的东西。影响的规模取决于行为的重要性，不同行为可以将行动者的应得推向不同方向；需要为一些好坏参半的行为负责的行动者，其应得可能位于光谱的中央。作为行动者，他要继续他的生活，继续有所行动，他的行为是他负有责任的行为，行为的好坏与否会改变他的应得。

文献中还有些可选择的答案，但我们仅在这儿讨论其中一个。许多哲学家认为，与"应得"相关的事实——有时也被称为支持"应得"的基础，鉴于它们作为根基或基础而存在——与行动者的**道德品质**有关，而非与其行为有关。我们尚未讨论道德品质，但我希望这个概念是一个有点熟悉的概念。它指向行动者的人格品质——有关"他是一个怎样的人"的品质——这与其行为的好坏有关，但又不同于行为的好坏。

有一个例子有助于说明它们的不同。假设我是非常吝啬的人，极其讨厌动物。如果我遇到一只狗，而我身边又没有别人，我会踹它。这些关于"我是一个怎样的人"和"我感觉如何"的事实在重要的意义上表明，我是一个道德上的坏人——它们表明我的道德品质是坏的。然而，更进一步假设，当我身边没人时，我从未真的遇到一只狗。因此，我从未有机会踢踹任何狗，我没做过这种事。在这种情况下，我从未真的**做过**任何道德意义上的坏事。因此，我的**品质**是坏的，但我的**行为**并不坏。

如果关于品质的事实是"应得"的根基，那么，基于我想要伤害狗，即使我实际上没有这么做，我还是应得一些坏的东西。如果我们仅仅考虑上述的案例，那观点听起来是有点合理。但是，与我们的品质有关的事实可能不会通过行为而得以表露，那些事实也造成以品质为中心的观点似乎不那么合理。

这个国家刚刚进入战争，万达（Wanda）和泽维尔（Xavier）都参军了，他们参军的动机纯粹是爱国。两人在军训期间表现都很出色，都成为有能力和勇敢的士兵。他们被随机分配到特定的部队，万达的部队恰好要立即开赴前线。在第一次战斗中，万达猛冲敌人的机枪阵地，尽管他弹药用尽，却带着刺刀继续战斗。当他回到基地时，他被拥戴为英雄，并被授予一枚勋章以表彰他的勇敢。

泽维尔的部队碰巧被派到远离前线的地方执行任务。6个月后，就在泽维尔即将被派往前线时，战争随着和平条约的签署而结束。泽维尔和万达一样勇敢，一样有能力，如果他亲历类似的战斗，他也会表现得和万达完全一样。泽维尔的母亲给政府写了一封抱怨信。她写道："泽维尔和万达一样勇敢；只是万达恰好有机会展现了他的勇敢，他比泽维尔幸运多了。奖励万达是不公平的，既然泽维尔也同样优秀，泽维尔也应该得到一枚勋章。"

泽维尔的母亲做得对吗？泽维尔什么都没做，却应该获得一枚勋章吗？我认为答案是"不"。如果我是对的，那么"应得"是基于与品质而不是行为有关的事实这一说法就有问题。泽维尔的品质和万达的品质完全相同，如果与品质有关的事实是应得的根基，他们两人似乎都值得同样的奖赏。

我认为泽维尔和万达的例子远不是决定性的。一种复杂的情况是，授予奖章的决定可能并不完全（甚至根本不能）代表一种道德决定，而道德决定要反映行动者实际上应得什么；也许在这种情况下，其他考虑因素，例如对军队士气的实际影响，占主导地位。也有可能，认识上的考虑因素在这里是重要的。我们——你和我——考虑的是一个思想实验，而不是真正的情况，所以我们能够规定泽维尔和万达一样勇敢。然而，在现实生活中，可能不能分辨出谁是勇敢的，除非我们所讨论的行动者实际上真的做出了勇敢的行动。因此，授予万达勋章可能只是反映了这样一个事实，即领导认为万达很勇敢，值得奖赏，却不能对泽维尔下这样的断言。

其他案例能够展现更严峻的问题。① 也许你听说过斯坦利·米尔格拉姆

---

① 这里有一个相关的难题，我不想详细讨论，它涉及我们如何对待醉酒的司机。在酒精含量超过一定限度的情况下开车是违法的，酒后开车被抓的人要受到法律制裁。但是，如果一个醉酒的司机在开车时撞伤一个孩子，那么他将受到更严厉的惩罚。这种惩罚上的差别对大多数人来说似乎是对的，但细想起来却令人费解，因为一个醉酒司机是否撞到人似乎取决于运气好坏，而惩罚的轻重似乎又取决于他开车经过街道时是否碰巧遇到小孩。我请读者思考这种做法是否有意义，如果有，是什么让它有道理。

（Stanley Milgram）在20世纪60年代所做的著名的米尔格拉姆实验。米尔格拉姆想测试人们是否愿意服从权威人物。他的假设是，在某些文化中，人们比其他人更顺从，这可以解释一些历史现象，例如德国士兵在二战期间愿意服从命令而犯罪。在一项实验中，一名受试者接到命令，要对另一名"受试者"——实际上这名受试者是为米尔格拉姆工作的演员——实施连续的电击。实际的受试者经过引导而相信电击有危险，他收到证据表明升高的电压正在伤害并危及另一名受试者的生命。随着实验的推进，一个表情严肃、穿着工作服的人站在受试者旁边，督促受试者继续实施电击。米尔格拉姆率先对美国人做实验，他希望几乎所有人都能拒绝继续实施电击并退出实验。他的想法是以后在德国再做一次，看看结果是否有所不同。但米尔格拉姆对在美国的实验中发现的情况大吃一惊：大多数受试者继续电击他人，直到他们有理由相信他们给另一名受试者造成了剧烈的疼痛，甚至杀死他为止。许多受试者对自己的行为表露出某种不舒服，但最终还是服从于那个穿工作服的人，那人坚决地说必须继续实验。①

米尔格拉姆实验的结果被用于大量不同的文本。这个实验为何与我们对品质和"应得"的讨论有关？我们中的大多数人可能倾向于认为我们的道德品质比那些犯下战争罪的纳粹士兵要好得多。我们倾向于认为我们不会服从那些我们认为其是邪恶的命令。米尔格拉姆实验能够表明这种想法并不正确。如果把受试者置于那样的场景，一个权威人物督促他们去杀人，大多数受试者愿意杀人。我们中的大多数人很幸运，因为我们从来没有在那种环境中生活过，20世纪40年代的德国人却很不幸。

我认为，严惩那些战争罪犯是适当的。我还认为，仅仅因为普通人在错误的环境中就会犯下这些罪行而惩罚他们是不适当的。（如果惩罚这些人是适当的，那意味着更多人应该受到严厉的惩罚！）这似乎表明，关于品质的

---

① 1963年米尔格拉姆最初的研究发表于他的论文《关于服从性的行为的研究》（"Behavioral Study of Obedience"）。一篇期刊文章报道了米尔格拉姆及其实验动机，参见 Meyer P., "If Hitler Asked You to Electrocute a Stranger, Would You?"（1970）。

事实不能作为"应得"的根基。有两组人员，他们的道德品质是相似的，其中一组应受惩罚，另一组则不然。在我看来，最优解释是，我们在道德上负有责任的行为实际上决定了我们的应得。这是两组人的根本不同。你我从未犯下战争罪，而纳粹的确犯了罪，我们可以认为，他们对所做的事在道德上负有责任。①

现在，考虑下"应得"模型的最后一个要素——"应得"对道德理由的影响。那些影响是什么呢？一种可能的解释是，"应得"以非常具体、非常有限的方式来影响道德理由。如果它表明行动者自己应得非常具体的东西，那它真的只是一个可行的建议。所以，如果一个行动者应受七年半监禁，这可能意味着我们有道德理由来关押他七年半。我认为，这种看法没什么前景，因为基于本节的上述讨论，我不认为行动者应该得到具体的东西。

第二种可能的解释是，我们有道德理由以使其他行动者依其应得程度来达到特定的福祉水平。这与前面的看法不同，因为它认为我们有理由试图以某种方式影响他人生活的总体质量，而不是对他人施加具体的惩罚或给予具体的奖励。那意味着，有许多具体的行为可以实现这点。如果尤赖亚应该拥有比现在更好的生活，那么我们有道德理由来努力让其日子过得比现在好，有许多方式支持我们这么做。我们可以在银行里帮助他，也可以帮他修剪草坪，或者，更具争议的是，如果我们碰巧是警察，还可以帮他免了超速罚单。

在这里，我们不妨提及一个重要的限定条件：承认"'应得'产生了某些道德理由"，或者"以某种方式影响了现有的道德理由"，不意味着"应得"是道德理由的**唯一**来源（也许仅是影响道德理由的一个因素）。例如，对于道德上能做不能做的事情，可能有着各种**限制**。这也是我给超速罚单的例子贴上"可能有争议"的标签的原因。我们可能会有这样的感觉：帮助一个人免于合法的超速罚单，这么做是错的，即使这个人通常应该得到帮助。我并不是要暗示"应得"总有（或曾有）比这些道德限制更重要的东西。哪

---

① 也许纳粹中的一些人相信，他们正在做正确的事。但是，正如我先前所提，我将在第七章表明这个理由不能作为他们免于道德责任的理由。

些限制存在（超越这些限制的难度如何），这是规范伦理学中一个实质问题，我在这里不做深入讨论。当我说应得为我们提供了某些道德理由，或以某种方式影响了现有的道德理由，我的意思是说，"应得"以符合道德限制的方式这样做。

"应得"给了我们一个道德理由以某些方式影响某些生命的质量，这是第二种可能的解释假设，存在"生命质量"这种东西。也就是说，它假设，存在一些抽象的方式来衡量一个生命有多好或有多坏，所以我们可以试图影响它。我认为这一假设不应引起太大的争议。我们通常谈论我们的行为是否使人受到伤害或使人受益，这似乎预设有一种抽象的方式来衡量质量——有害的行为是那些降低生命质量的行为，而有益的行为是那些提升生命质量的行为。大多数哲学家将衡量质量的抽象标准称为**"福祉"（well-being）**，但对于这种抽象的衡量标准到底是什么，则有很大的争议，正如我已经表明的那样。这基本上是下面这个问题的另一种询问方式：拥有好的生活而不是坏的生活，到底是什么意思？一些人认为，好的生活是一种以享乐的幸福为主的生活，也就是说，是以一种积极的、令人愉快的感觉为主的生活。另一些人认为，一个人的生活是好的，只要他的喜好得到满足，也就是说，事情如他所愿。还有些人认为，好的生活是一种包含某些客观善好的生活，如孩子、某种职业等。就我们的目的而言，这些观点里的哪一种观点正确并不重要，正确观点甚至可以是这三种观点的混合物。重要的是，有一些客观标准来衡量生命的质量，这样我们才有创造具有一定品质的生活的道德理由。

我认为第二种可能的解释是相当合理的。但是，一个潜在的问题是，它似乎要求我们以非常"积极"的态度回应他人的应得。如果某个我不认识的人过着比他应得的更好的生活，它暗示我有道德理由来让这个人不那么开心。这可能是一个相当弱的道德理由——也许在大多数情况下，我们应该用我们的时间和资源做一些道德上更好的事——但这仍然是一个理由。这种暗示可能会让一些人觉得难以置信。也许我们很难接受这样的事实：我们有一个道德理由，即使这个理由很弱，去打扰陌生人，因为他们太快乐了。另一方面，我们中的许多人觉得我们**的确**有强的道德理由去积极寻找和惩罚像杀人犯这样的坏人，这种观点很好地解释了这么想的原因。也有一些理论上的考虑支持这种观点，我将在下一节讨论。

第三种可能的解释可以避免这个问题，因为它不需要我们以这种方式成为激进主义者。也许，"应得"的作用仅仅是为了加强或削弱我们现有的对当事人的道德理由。蒂尔达的故事就说明了这种可能性。蒂尔达帮助尤赖亚的理由是很薄弱的理由，因为她没有什么理由去帮助任何陌生人；尤赖亚应该得到好东西的事实只是加强了蒂尔达要帮助他的现有理由。尽管蒂尔达有理由帮助弗农——弗农是一个需要帮助的弱者，但实际上弗农应受的惩罚进一步削弱了蒂尔达要帮助弗农的理由，也许这种削弱已经到了使这一理由不存在的地步。因此，当一个人应该得到好东西时，它强化了我们以某种方式对待那个人的道德理由；当一个人应该得到不好的东西时，它会削弱我们在某些方式上对待他的道德理由。这种影响的严重程度可能与一个人的应得程度成正比，因此，对那些应该得到好或不好的东西的人来说，削弱和加强的影响被夸大了。

我们中的一些人承认"应得"有些时候似乎**影响**了我们的道德理由，却怀疑"应得"可以带来**新的**道德理由，他们应该会被第三种解释吸引。不太清楚的是，这种观点如何处理如下情况：似乎有积极的理由来积极地惩罚他人——一种看起来不会存在的理由，如果那个人并不应该得到坏的东西。但这不失为一种解决方法。例如，有许多理由支持伤害那些做出坏事的人；这些理由与此类惩罚会带来的社会影响有关。通常，我们有很强的道德理由**反对**伤害他人。这些理由解释了为什么惩罚无辜者是错误的；尽管这么做在道德上会产生值得这么做的社会影响，但不造成伤害的理由更强。然而，当一个行动者应该得到非常不好的东西时，不伤害他的理由就会大受削弱，以至于有利于伤害他的理由会胜出，这么做是可允许的，甚至是好的。

就本书的目的而言，我们接受第二种解释还是第三种解释，并不重要。我真正致力于考虑的和我希望我们一同致力于实现的是这样一种主张：在任何特定的情况下，都存在一个客观事实，即一个行动者在道德上是否负有责任。我们可以把这种观点称为**关于道德责任的实在论**，它在某些方面类似于道德实在论。如同道德实在论者，道德责任的实在论者认为，我们试图对世界运作的方式做些说明，即一些东西是客观真实的；当我们说一个行动者在道德上负有责任时，我们同样试图说明，一些东西是客观真实的。也同道德实在论者一样的是，道德责任的实在论者相信，对责任的判断有时是真的——行动者有时的确在道德上负有责任。

如果你赞成实在论者思考责任的方式，那么你是否接受责任模型，将"应得"视为一种特殊属性，这对我们的目的而言并不重要。但我认为，这种模型具备一定的优点。比起不诉诸"应得"的模型，它让人成为一个更清晰的实在论者。因为，根据这种模型，存在行动者应该得到某种东西的事实。"应得"也有潜力来**解释**实在论关于责任的关键主张之一。我将以考察这一有潜力的解释的作用来结束本章。

应得与其解释

到目前为止，我们已经详细讨论了我们的道德理由可能会如何改变以响应另一个行动者对某些行为负有道德责任的事实，还未讨论我们的道德理由为什么应该以那些方式改变。如果我们的确对这一问题有所回应，我们的理论会更好：似乎就不会那么武断，也不会过于依赖直觉来获得支持。例如，相比于指出惩罚某些行动者似乎是正确的，我们可以指出，理论的考量**暗示**：惩罚那些行动者是正确的。

我不打算就这个问题给出一个完整的答案，那将占用本书太长的篇幅。但我会简要描述一个特定的答案是如何起作用的，在此过程中，我希望能说明将"应得"纳入道德责任的考量的一些价值。

我在此给出的答案来自托马斯·赫尔卡（Thomas Hurka）的辩护，它在很大程度上依赖一种非常抽象的主张，大量文本表明，一种"匹配"和"对应"的观点在道德上具有意义。① 赫尔卡的主要兴趣在于发展一种关于道德美德和道德恶习的理论——一种关于道德上的好品质或坏品质的理论。实际上，他的意思是，道德美德构成我们的态度和道德现实之间的对应，而道德恶习意味着缺乏这种对应。

下面是一个源自现实生活的案例，它应该会让你知道赫尔卡的想法：

> 加里·霍伊（Garry Hoy）是一名律师，他在加拿大多伦多的一栋摩天大楼里工作。有时候霍伊喜欢通过将身体撞向窗户来向游客展示摩天大楼的窗户是多么安全。出于安全考虑，窗户玻璃在制作时就很坚固，霍伊通常会被玻璃弹回而不会打碎玻璃。然而有一天，当霍伊正向一组学生进行安全展示时，不幸发生了。尽管霍伊认为玻璃不会破碎，他这么想是对的，但他没想到玻璃和外框的粘合可能不那么坚固，玻璃的确没有碎，但它从外框中飞了出去，霍伊也随玻璃飞了出去，从24楼坠亡。
>
> 假设约兰达（Yolanda）和扎多克（Zadok）是这组的两个学生。② 约兰达认为，目睹霍伊死亡是一次可怕的经历。这件事发生时，她感到震惊和恐惧，当有人提起时，她仍感到悲伤。相比之下，扎多克觉得霍伊的死很滑稽，并一直觉得它极度可笑。多年后，有时他想起这件事仍会大笑。

---

① 我参考的是赫尔卡在2001年发表的文章《德性与应得的共同建构》（"The Common Structure of Virtue and Desert"）和《美德、邪恶与价值》（*Virtue, Vice and Value*, 2001）一书中呈现的观点。

② 约兰达和扎多克是虚构人物，尽管霍伊显然是真实的。因为这件事发生于20世纪90年代，当时网上的资料较少，很难找到描述霍伊之死的主要新闻。有足够多严肃的网站提到他的死亡，使我得出结论，这事确实发生过，加拿大主要报纸至少提过一次，尽管那是在他死后很久才报道的。参见尼克尼什（Jacquie NcNish）的《古德曼和卡尔律师事务所的关闭》（"Law Firm Goodman and Carr Shutting Down", 2007）。

哪一个学生对霍伊之死的反应更好呢？我认为，我们中的大多数会认为约兰达的反应更好。当有人死去时，我们应该感到悲伤，而不是发笑。

然而，假设扎多克不同意这个看法。他指出，由于约兰达对死亡的反应方式，也不如扎多克那么开心。（或者，更准确地说，如果她像扎多克那样做出反应，她会不开心。）对死亡的思考令约兰达悲伤，却给扎多克带来了快乐。快乐是好的，所以在其他条件一致的情况下，快乐比悲伤在道德上是更好的。这并不是说扎多克**导致**了霍伊的死亡，扎多克永远不会那么做，而他目前对死亡的反应也没有伤害任何人。（假设扎多克非常小心，不在感情可能受到伤害的任何人面前表现出他的欢乐。）考虑到这些因素，扎多克在这个事件中找到乐趣，而不是悲伤，不是更好吗？

我想，我们中的许多人可能会觉得扎多克的论点没有说服力。① 我们倾向于认为他的反应在很大程度上仍比约兰达的反应更糟糕。以下是赫尔卡的解释：霍伊的死是糟糕的。当我们面对一件糟糕的事情时，正确的反应是感到悲伤或有其他一些消极的情绪或态度。理由是负面情绪或态度与负面事件相匹配。如果一个行动者看着霍伊死去却一点也不在乎，那就有点糟糕了；那个行动者缺少那种适合这种消极事件的消极态度。但是扎多克的反应更糟糕，因为他有积极的情绪。积极的情感，如快乐，在这里是不匹配的；用它来回应消极事件是不合适的。

这些观察导致对道德美德的解释如下：成为一个有美德的人就是有与客观事物相匹配的态度。因此，一个有美德的行动者对道德上积极的事物有积极态度，而对道德行为中消极的东西则有消极态度。如果一个行动者的态度不符合客观事物，如果他以积极反应回应消极事物，或以消极反应回应积极事物，那么他在道德上是恶的。

要想知道这为什么与"应得"有关，可以考虑另一个思想实验。假设麦

---

① 尽管在现实世界中，围绕这个问题存在一个小小的道德争议。曾风靡一时的英语网站"Darwin Awards"收集了包括霍伊在内的一些人的故事，这些人以无意和有些不寻常的方式造成自己的死亡。这种做法招致了一些人的批评，他们认为在这些死亡事件中寻找幽默是不恰当的，不管多么不寻常。当然，该网站的运营者不同意这种看法。

克维从未被当局逮捕。想象一下，在俄克拉何马城爆炸案发生后的一周，他买了一张彩票，中了数亿美元，这让他可以买一栋豪宅，幸福地退休。这种事态可能会让我们感到非常不满意。但到底有什么令人不满意的呢？这里有条说明：这是一种事态，在这种情况下，一个非常坏的行动者最终享受到非常好的生活。行动者的品格（及其行为）与行动者的生活质量之间存在戏剧性的不匹配。

这提供了简明的解释来支持我们为什么有理由去伤害像麦克维这样的行动者。通过伤害他，我们使他的生活质量与他是谁和他所做的事情的性质更为接近。如果麦克维没有受到惩罚，他继续活着并感到快乐，这与他作为杀人犯的过去并不匹配，在道德上是不值得拥有的。我们有道德的理由来惩罚他，因为这样做可以消除这种错配——短暂而不幸的生活更适合一个杀人犯。

请注意，我对本节中所展示的观点做了些模糊处理——我说过，糟糕的生活应该与麦克维是一个怎样的人（也就是说，他的品质）和他做的事情（也就是说，他负有责任的行为）相匹配。我想在这里保持中立，因为赫尔卡恰好认为，"应得"基于一个行动者的品质，而不是其负责任的行为的性质。然而，这两种支持"应得"的基本观点都与这儿描述的"应得"的一般观点一致，它们都认为，"应得"的道德意义在于相匹配（或缺乏匹配）。从这点出发，假设我之前为之辩护的观点是正确的——"应得"基于行动者负责任的行为，所以，麦克维获得自由，这种结果的真正糟糕之处是他的生活质量无法匹配其行为品质。

在这种解释中，本身作为一种特殊属性的"应得"扮演了什么角色？理论上，我们可以采用这种一般形式的解释，但这种解释并不吸引人。根据这种解释，重要的是行动者的行为品质是否符合其生活质量，没有必要在这两者之间插入一种特性——"应得"。然而，尽管"应得"作为一种特性对这种解释来说并非绝对必要，却使这种解释更加合理。

下面的类比将有助于说明原因。市场经济的基本原则是交换的原则，如果你有我想要的东西，我有你想要的东西，假如我们能够交易，我们双方都会过得更好。原始市场以直接交换或易货贸易为基础。我可能有草莓，而你有牛奶，我们可能想交换这些东西。但物物交换经济在许多方面显然相当有限。以物易物的潜力是有限的，因为我可能想从并不想要草莓的人那里得到他的商品和服务。对我们的目的而言，更加有关的限制是，很难将不同的有价值的商品组合起来。也许我同时生产草莓和西红柿，但如果我的价值存量被划分为这两种不同的商品，实质性的贸易就比较困难。如果我想买一些非常昂贵的东西，比如房子，我就必须找到既要草莓又要西红柿的人。这也很难为未来贮藏商品价值。如果我想为退休储蓄怎么办？如果我想要冬季才有的商品和服务，而我却没有可供交换的草莓和西红柿呢？

货币的出现是因为它为所有这些问题提供了优雅的解决方案。由于货币被普遍接受为交换媒介，我可以把草莓卖掉换钱，然后用钱来买其他东西。我也可以把西红柿卖掉，这样就可以很容易地把两种作物的商品价值合并成单一的价值来存储，以用于大宗采购。当然，我也可以很容易地以金钱的形式储存商品价值，以便在冬季或退休后使用。

没有"应得"这一特殊属性的模型同物物交换一样，它们以相同的方式受限。例如，假定有一个从不做任何特别糟糕的事情的行动者，但他一生都在做一些有点儿糟糕的事情——他一有机会就很粗鲁，总是试图在办理银行业务时插队，等等。这样的行动者肯定不应被处死。[①] 但他可能会有一种适度糟糕的生活，比一个仅仅粗鲁的行动者要糟糕的生活。我们如何考虑到这一点？如果我们只局限于观察行动者的个人行为，那么我们似乎就不能这样做。每个人的粗鲁行为都不会对行动者的生活方式产生太大影响。但是，如果我们能把他所有不良行为的影响汇总成一个单一的"库存"，就像我们可以把出售各种作物的利润汇总到一个资金储池，那么我们就能很容易地考虑到这一点。行动者应受这样的对待，即他的生活质量与所有已经聚集到这个

---

① 当然，我们有理由问："为什么不呢？"在这里我依靠的是直觉。但如果一个粗鲁的例子有些糟糕，为什么许多这样的例子加起来就不能像谋杀一样坏，并证明类似的惩罚是合理的？我把这个问题留待读者考虑。

储池的行为的品质相匹配，而不是与任何个别行为的品质相匹配。当然，这个善与恶的库存比喻，就是行动者的"应得"。

同样的，有时行动者既有好行为，又有坏行为，而这似乎对其生活应该如何发展有着相反的影响。如果行动者因为一些重要行为而值得赞扬，也因为一些重要行为而应受谴责，那么，如果这些行为或多或少地相互平衡，他的生活可能具有平均水准。同样，"应得"作为一种特性使我们能够理解这一点。应受谴责的行为会减少行动者的"应得"（类似于花钱会减少银行账户上的数字），而值得称赞的行为会增加"应得"。

最后，"应得"作为一种特殊属性，也可以解释为什么有时为行动者很久以前做的事而惩罚他是合适的。假设当初麦克维从当局手中逃脱，那么20年后，如果最终能够抓住他，当局仍然有道德理由来惩罚他。对此最好的解释是，麦克维应得的东西在这几十年间没有改变——它一直在那里，就像银行账户数字上的负值，等着还钱。①

因此，行动者被理解为具有"应得"这种特殊属性，该特性既源于他的行为，又不同于他的行为。这种观点有其优点。当我们认为行动者的生活质量应该与他应得的东西相匹配，而不是与其任何特定行为相匹配时，"匹配"的观点就更有说服力。应该得到好东西的行动者应该有好的生活；当他们有这样的生活时是好的，当他们没有这样的生活时是坏的。应该得到坏东西的行动者应该有坏的生活；同样，当他们有这样的生活时是好的，当他们没有时是坏的。当一个行动者对坏行为负有道德责任时，它具有降低他应得的福祉水平的效果。而当这种减少足够严重时——无论它是由一个单一的、非常糟糕的行为，还是由一大堆不那么糟糕的行为导致的——它给了我们一个伤

---

① 迈克尔·齐默尔曼（Michael Zimmerman）在其1988年《道德责任论文集》（*Essay on Moral Responsibility*）中，提到著名的"生活账本"（ledger of life）——一个比喻式的账本，它记录着一个行动者的行为在道德上的善与恶。在齐默尔曼看来，当我们判断某人应为某一行为负责时，我们说他的道德账本中有一个负值或"借项"；当判断他值得赞扬时，我们说他在账本中有一个正值或"结余"。这种观点有时被称为"分类"责任观。我在这里的建议是，本质上，"应得"可以作为一个隐喻的总分类账本而为这种观点提供支持。

害该行动者的理由,因为这样做会使他的实际生活与他应得的生活更加接近。

我发现这种简明的解释很吸引人。然而,它似乎确实蕴含了应得对我们道德理由的影响的"激进"论述的真实性——当行动者的生活比他们应该得到的更好时,它暗示我们有理由主动伤害他们。由于我认为赫尔卡的"匹配"观点相当合理,所以我把这一蕴含作为证据以表明激进主义的观点是对的。然而,如果你非常抵触激进主义的观点,你也可以将之视为证据以表明"匹配"观点是错的。

我发现,如果我们接受了"匹配"观点,那么"应得"就解释了为什么一个行动者负有责任的行为影响了我们对这个行动者的道德理由;我们负有责任的行为以某种方式影响着我们的道德理由,我们对之有许多直觉,即使我们不接受"匹配"观点,"应得"也有助于理解那些直觉。如果我们要捍卫实在论者对道德责任的解释,那么诉诸应得是相当有前景的方式。但不是所有人都接受实在论者对于道德责任的解释。实际上,许多研究道德责任的专家所捍卫的观点,并不是本章所描述的实在论者的观点。鉴于那些不同的观点的影响力,如果我不在这本书中讨论它们,那将是我的失职。我将在下一章讨论它们。

第四章

道德责任的反实在论立场

上一章的目标是描述一种关于道德责任的观点并为其提供辩护的理由。然而，本书的目标不仅仅是令读者对某种特定的观点信服，还要为读者提供前沿文献中的核心观点的概述。所以，暂且让我们搁置我在上一章中辩护的关于道德责任的具体观点，转而关注我在一开始就讨论过的麦克维和蒂尔达的案例。

我将会继续假定我们对这些案例具有某些直觉。假定我们觉得惩罚麦克维在道德上是正确的，而且我们也觉得仿佛蒂尔达有更多道德理由帮助尤赖亚而非弗农。我认为我们有必要为何将这些直觉作为基准点提供解释。换言之，我们假定这些道德声称是**正确的**，但是我们需要寻找一种理论来说明**为什么**它们是正确的。

在前一章中，我提出了我所倾向的解释。我称之为**实在论的**解释。在我的解释中，存在一个会改变我们对行动者道德理由的客观的、不假思索的事实，即任何一个给定的行动者是否对任何给定的行动负有道德责任，以及什么时候行动者是负责任的。同时，我认为这种道德理由的改变可能是由于受到其他客观属性的影响。

在本章中，我们将讨论两种替代性的解释，我将这两种解释称为**反实在论的**解释。我应该在一开始就指出，尽管在文献中涉及**道德**的观点通常是实在论的或反实在论的，但是对道德**责任**进行理论上的区分却并**不常见**。然而，我认为这种区分是有益的。我们将在本章讨论的这两种理论都认为行动者有时对他们的行为"负有道德责任"，所以在这个意义上，这两种理论都不否认道德责任的**存在**。但这两种理论和我说的"负有道德责任"有所不同,并且我相信这两种理论都否认道德责任是真实客观的事实。在这个意义上,它们和道德相对主义有些相似,道德相对主义认为道德要求有时是对的,但并非是**客观上**正确的。

我认为这种比较是有益的,却不完美。① 一些为这种观点辩护的人可能不认为**自己**在道德责任上是反实在论者,所以当我们讨论他们时,我将为把这些观点视为反实在论的界分方法做出辩护。

我们在本章将考虑两种观点,不过,我们最好将它们看作具有**家族相似性**的观点。第一种观点从广义的功利主义角度来评价道德责任,第二种观点从我们所知的"斯特劳森主义"进行评价。

功利主义进路

如果你接触过一些道德哲学,那么你可能听过"功利主义"(或称"效

---

① 如果我们寻找一种和道德**错误论**相似的关于道德责任的观点,它有可能来自那些否认我们拥有自由意志,并由此否认每个人都必须为自身行动负责的观点。我们将在第五章和第六章讨论这个观点。

用论")的观点。这一术语通常用来指一种**规范性理论**。这种规范性理论可以大致被理解为以描述道德**内容**为目的的理论。典型的规范性理论由一个或多个判断行为正确或错误（或者判定事态好坏）的原则构成。这些原则令我们驱动了一系列道德理由（它们可能蕴含着我们帮助他人的理由，或者不以某种方式对待动物的理由等），至少在理论上知道正确的规范性理论能够帮助我们判定在给定的情景中应当如何道德地采取行动。①

功利主义是一种备受欢迎的规范性理论，部分是因为它由一条非常简单而有力的原则构成。根据这条原则，只有一件事在道德上是好的——福祉。并且只有一个道德理由：以某种方式行动以创造最好的可能世界，一个能够将幸福最大化的世界。

但是，当人们使用"功利主义"一词时，并不总是指功利主义的规范性理论。因为有可能在一些特定领域中运用功利主义的方法。运用这种方法意味着，幸福是该领域内唯一重要的考虑因素。某些非道德情境也能够适用该术语，如与建筑或设计有关的情境。例如，可以说某个建筑师运用了"功利主义"的方法。这意味着他关注的并非美学问题，而是聚焦于让建筑物尽可能有用的角度来设计，从而尽可能地提升居住或工作于其中的人们的幸福。

即便不将功利主义看作一种综合的规范性理论，也有可能成为某些道德领域的功利主义者。这要求一个人仅根据特定道德领域的幸福来做决定。但这并**不**要求这个人**所有的**道德决定都是在此基础上做出。我们感兴趣的就是

---

① 规范性理论能否在**事实上**给我们真实世界的情境中提供有用的道德建议，取决于我们是否拥有足够的关于世界的知识来恰当运用它。比如说，认为我拥有提升幸福的理由，这样的规范性理论并不在实际上有用，除非足够了解人类心理，以及能够判定何种行动能提升幸福而何种行动不能的其他因素。注意，规范性理论的目的与第二章讨论过的**元伦理学**的观点非常不同，元伦理学旨在描述道德的**本质**，而非描述道德的**内容**。元伦理学的观点描述了道德理由是**什么样的**，但没有说明我们有**哪些**道德理由。我们将在第八章最后一节回到规范性理论的主题。

这种功利主义的有限形式。它是**关于责任的功利主义**①，主张应该根据对幸福的影响来做出责任判断。

在上一章中，我们简要讨论了一种具体的观点，即关于惩罚的功利主义。为何对像麦克维这样的行动者进行伤害在道德上是对的，一种可能的解释是，这样做就幸福而言产生了总体上好的结果。我们已经讨论了这种惩罚可能产生的想要达到的效果：例如，它们可能使受害者的家属或整个社会的成员感觉好些，还可以通过惩罚震慑潜在的犯罪分子来阻止未来的犯罪。

诉诸这些后果作为施加惩罚的理由的一个好处是，它不要求我们认为伤害麦克维**本身**就是好的，或者我们仅仅为了伤害他就有理由伤害他。关于惩罚的功利主义者可能认为，伤害本身总是坏的，因为它损害了被伤害者的幸福，而且我们总是有不这样做的理由；只是有时实行惩罚会对社会产生想要的影响，从而推翻了那些不施加伤害的理由。因此，从某些方面说，关于惩罚的功利主义比我所辩护的观点要更简单。我们不需要解释我们对待某些行动者的道德理由如何根据这些行动者的所作所为而改变。我们可以坚持认为，道德理由始终不变，但有时会被基于外部环境而存在或缺失的其他的道德理由所推翻。

一旦你接受了关于惩罚的功利主义解释，就可以很容易地将其扩展为更普遍的道德责任的功利主义说明。例如，我们需要说明为什么蒂尔达帮助尤赖亚比帮助弗农更好，这可能存在功利主义的解释。例如，也许对待表现良好的人更好的做法往往会鼓励他人表现良好，从而提升幸福；同样，也许对待表现不好的人不那么友好的做法往往会阻止不良行为，从而减少对幸福的

---

① 这种观点通常被称为责任的"前瞻性"观点。他们的想法是"向前"看，即根据某人负有责任的未来后果来确定他实际上是否负有责任。这与上一章中提出的"向后看"的观点形成了鲜明对比，"向后看"，以了解行动者过去的行为，从而确定他是否负有责任。我不喜欢这些用语，因为"前瞻性"在英语中具有积极的含义，类似于人们描述政治上进步的立场的方式，而"向后看"具有消极的含义，类似于可能用来描述政治上反动的立场的方式。我不认为上一章中提出的观点有什么特别的反动含义，或者功利主义的观点有什么特别的进步含义，所以这种联系（即使这部分描述这些理论的人不是故意的）是一种误导。

威胁。

事情并非**总是**如此（例如，在某些情况下，点滴善意会鼓励一个坏人改过自新），但却通常如此，从而令我们应该接受奖励表现良好的人并惩罚表现不好的人这样一种普遍性原则得到辩护。从长远来看，遵循这一原则的行动者会比那些不遵循的行动者创造更多的幸福。这意味着从功利主义的角度来看，采用这样的原则应当受到辩护。如果行动者接受那些诸如"负有道德责任的""应受责备"甚至"舍弃"之类的术语，那么就会更容易遵循该原则。这将有助于他们留意哪个行动者干了好事或坏事；如果这些术语有助于这些行动者以促进幸福的方式行动，那么从功利主义的角度来看，对这些术语的接纳也应该受到辩护。这样看来，不仅是根据他们过去的行为改变我们对行动者的行为的做法，而且采纳关于道德责任和相关概念的整个论述，似乎都存在着合理的功利主义基础。

道德责任的功利主义者甚至可以提供"负有道德责任的"一词的定义，并为关于道德责任的主张提供一套真值条件。其定义可能是：就对幸福产生的影响而言，如果以某种方式改变我们对行动者的行为是有效的，那么行动者是"负有道德责任的"。由于麦克维进行了轰炸而改变我们对麦克维的行为是有用的，因此声称"麦克维对俄克拉何马城爆炸负有道德责任"的说法是正确的；反之，则是错误的。①

我将这种观点界定为反实在论的观点。不过，可以想象有人会反对这种界定。其支持者可能会指出，从功利主义的观点来看，行动者是否负有道德责任**是**一种事实。的确，如果以某种特定的方式**对待**他会产生某种结果，那么他就具有或不具有道德责任。对于这种形式的属性，我们可能会感到有些奇怪（如果对 A 做 B 会导致 C 发生，那么这个人就具有属性 A），然而支持者可能会指出其他的属性也是如此。以可燃性这一属性为例。**如果**我们对一

---

① 诺埃尔-史密斯（P. Nowell-Smith）在《自由意志与道德责任》（"Freewill and Moral Responsibility"，1948）一文中很好地说明了这种功利主义的责任观："一个人不是因为有罪而受惩罚，而是因为受惩罚而有罪，也就是说，因为一些有益的结果会从惩罚他中产生。"

个物体做某些事情，它**会**着火，那么这个物体就具有可燃性的属性。①

但是，从功利主义的观点来看，行动者负有责任的事实**不**是因为**行动者**的事实，而是关于其所处**环境**的事实。这里有个例子可以说明这一点。不久前，许多人想到同性恋就感到非常不安。尽管我不确定这种心理特征是否真实，但我们可以想象，有段时期这些人想到同性恋就感到**非常**不安，以至于他们认为如果那些表现出同性恋行为的人会因此而受到惩罚，他们就会很开心。在这样的社会中，我们可以想象对同性恋行为进行惩罚实际上会**提升**人们的幸福感——这对受惩罚的人以及被迫无法出柜的人来说都是不好的，但这会让其他很多人感到快乐。因此，当某个人具有同性恋行为时，就对幸福产生的影响而言，惩罚该人是有用的。因此，根据所讨论的功利主义观点，这样的人是负有道德责任的。

现在，想象一下，社会对同性恋的态度随着时间的推移而发生了变化，就像在大多数地方发生的一样。再想象一下，很少有人会为某人在某处没有因为同性恋行为而受到惩罚的想法不高兴。**现在**，因同性恋行为而惩罚人不会对幸福产生积极影响。由此看来，人们**不再**对同性恋行为负有道德责任，而之前，他们对此**负有**道德责任。

这些行为的状态（负有道德责任，或是不负有道德责任）已经改变，但是这些行为本身或执行这些行为的人并没有改变！改变的是社会的看法。从功利主义的观点看来，这似乎意味着对道德责任的主张实际上是关于特定行动者及其行为所处的环境的看法。至少，它们依赖或寄生于社会和其他环境事实之上。（当然这种比喻并不准确，你可以将其与道德相对主义者所说的道德主张的真实性取决于说话者所参加的社会的意见的方式做比较。）我认为，这意味着以真正实在论所要求的责任观来看，这些事实并不客观。从真正实在论的责任观来看，一个给定行动者是否负有道德责任（或不负有责任的事实）完全取决于该行动者及其行动的本质，而不是取决于社会是否认可

---

① 此类属性有时称为"处置"属性，因为它们与对象在某些情况下的**处置**有关。

或其他人是否想看到他被惩罚。①

不过，我们的主要兴趣并非讨论功利主义的责任观是否算作反实在论的观点，而是这种观点是否可能是**正确的**。前面的案例蕴含了一个认为这种观点**不**正确的原因：某些含义是非常反直觉的。许多人可能会坚决反对这样的观点，即自愿的同性恋行为是应当受谴责的，但是关于道德责任的功利主义表示——至少在某些社会条件适当的情况下，它们是应当受谴责的。当然，这只是一个例子，我们可以构造出各种各样的类似案例。

道德责任的功利主义进路还存在另一个问题，它与道德相对主义的致命问题相似。关于责任的功利主义包含了人们对责任归属的**含义**的主张：当某人说一个行动者负有道德责任时，他的意思是以某种方式对待这个人将产生良好的后果。如同包括道德相对主义在内的其他人类心理学的经验性主张，这种主张原则上可以通过观察人们实际说话和行为的方式来改造（falsified）。而且，就像道德相对主义一样，我认为它**是**以这种方式被改造的。

让我们考虑一种术语的含义没有什么争议的情况。例如，"定罪的重罪犯"一词具有非常明确的法律含义，它是指在法庭上被裁定犯了某种具有明确法律定义的严重罪行（"重罪"）的人。在许多司法管辖区，被判重罪对一个人的法律地位具有重要影响，例如，这可能使他将来没有担任公职的资格。

> 杰拉尔德（Gerald）和希尔达（Hilda）正在就政治家伊莎贝尔（Isabel）受贿的新闻争论不休。他们两个都关注这一消息，所以他们都知道（并同意）伊莎贝尔刚刚因受贿而在法庭上被定罪，他们俩都知道

---

① 为了回应我在这里的主张，功利主义观点的捍卫者可能会指出，可燃性也有点像这样，即物体是否可燃至少部分取决于该物体所处的环境。在没有氧气的太空中，物体不会着火。尽管我不是化学专家，但我想也许不同种类的物体可能会在不同类型的环境中着火，具体取决于其化学成分。我想留给读者思考一下，"可燃性"这样的属性是否真的如此，如果是的话，这是否反驳了我的主张，即功利主义的责任观是非实在论的。

（并同意）这在法律上是重罪。但是，杰拉尔德认为伊莎贝尔不是"真正"的重罪犯。他说，尽管她已被判犯有重罪，但她的重罪身份仍不明确，并表明确定伊莎贝尔的真实身份很重要，因为这大不相同——如果她**是**一个被定罪的重罪犯，那么比如说，她将无法担任其他任何公职，而如果她不是，她将来仍可能会担任公职。

我们应该会觉得这种分歧不正常，杰拉尔德的立场让我们觉得很可笑。被定罪的重罪犯仅仅**意味**着被判重罪，除非杰拉尔德在开玩笑或者根本不理解"被定罪的重罪犯"是什么意思，否则他的主张是没有道理的。与此形成对比的是，两个人不同意某人的责任状态：

> 贾丝明（Jasmine）和卡马拉（Kamala）也围绕伊莎贝尔受贿案产生争论。双方都认为政府惩罚伊莎贝尔是对的；他们同意，这将使愤怒的公众满意，并阻止其他政客将来受贿。尽管如此，贾丝明不确定伊莎贝尔是否对自己所做的事"真正"负有道德责任。即使伊莎贝尔不负有道德责任，也有重要的实际原因来惩罚她——无论她实际上是否负有道德上的责任，公众仍然感到愤怒，其他政客仍在观察她会面临什么。但贾丝明认为，重要的是要确定伊莎贝尔是否真正负有道德责任，因为这有实际的区别——如果她实际上没有责任，那么她的惩罚应该主要是为了安抚公众并震慑其他政客；而如果她确实负有责任，她的惩罚应该旨在令她感到不快。

从功利主义的观点来看，当我们说某人负有道德责任时，我们仅表示惩罚该人是有用的。如果这种观点是正确的，那么贾丝明的立场应该和杰拉尔德同样令人困惑。毕竟，贾丝明承认惩罚伊莎贝尔是对的，但坚持认为她是否负有道德责任是一个悬而未决的问题。一种可能是贾丝明在开玩笑，另一种可能是她只是不明白"负有道德责任"的含义。但是，第三种可能（我认为可能性更大）是，功利主义的道德责任观是**不**正确的。当我们说某人负有道德责任时，我们**不仅**在说惩罚她是有用的——还有比这更实质的内容。

在上一章中，我已经描述过，当我们说某人负有道德责任时，我想我们要说的是——我们是说，我们对她采取行动的道德理由因为她行动的结果而从根本上改变了。不过，这不是唯一可能的答案。在接下来的两节中，我们将讨论其他可能性。

斯特劳森主义进路

要对关于道德责任的当代研究进行综述，就不可能不谈斯特劳森主义的观点，它已经并且将继续产生巨大的影响。这种观点以彼得·斯特劳森（Peter Strawson）的名字命名，并与他在1962年的论文《自由与怨恨》（"Freedom and Resentment"）中的观点存在某种联系。那篇论文很复杂，后来被认为是斯特劳森主义的观点也是如此。概述这些观点的一个困难是，并不总能精确地弄清楚什么才是符合"斯特劳森主义"的观点。由于斯特劳森论文中辩护的观点包含许多部分，因此可以想象其中的某些部分具有共同的观点，而其他部分则没有。对于那些我们看作核心的部分，应当共享哪些观点才能算作"斯特劳森主义"，我们仍存在分歧。

在这里我将回避这个问题。显然，从我们的角度来看，某个观点属于或不属于"斯特劳森主义"并不重要，我们想知道哪种观点是（或者可能是）**正确的**。因此，我将首先对斯特劳森的论文进行总体概述，尽管该概述还遗留了一个尚未解决的关键问题。然后，我将讨论通过以不同方式回答该问题产生的三种观点。正如您将看到的，我认为其中一种有人称之为"斯特劳森主义"的观点较为合理。但是我认为，这种合理的观点可能**不是**斯特劳森本人所想到的。因此，请注意，当我说我拒绝"斯特劳森主义进路"时，我的意思是我拒绝的是（我认为的）**斯特劳森**的观点——并不是说我拒绝所有可以被理解为"斯特劳森主义"的观点。

我们将在以下两章中详细讨论自由意志，但对该主题进行非常简短的介绍将有助于我们理解斯特劳森的论文。要注意的第一点是，通常认为自由意志是道德责任所必需的。如果在任何给定的情形中，我们知道某个行动者是在**没有**自由意志的情况下采取行动的，那么我们很可能会说他对该行为不承担责任。

与自由意志相关的一个重大问题就是它是否与因果决定论相容。如果因果决定论是正确的，那么所有物理系统的行为都是由物理法则完全决定或设定的。① 由于人类自身就是物理系统，他们的行动同样由物理法则决定。当我执行一个行动，例如购买一条船时，我之所以这样做，是因为构成我的大脑的粒子按照某种结构运动。而且，由于具有特定结构的物理系统未来只能以一种方式展现，因此我真的没有办法**避免**买船——至少在遵守物理法则的情况下，我做不到。由于我无法避免买船，因此我买船似乎不是一个自由行动。由于道德责任需要有自由意志，因此似乎我对买船的行为也无法负责。

有些人接受这种推理；他们认为，如果我们的行为以这种方式由物理定律决定，那么我们将没有自由意志，也不能对任何事情负责。其他人则拒绝这种推理；他们认为，即使我们的行为是由物理法则决定的，我们也可以拥有自由意志，并且可以为我们的行为负责。到斯特劳森的时代，这个争论已经进行了详尽的讨论，而且斯特劳森并不认为，如果人们继续按照传统思路思考和争论，会对自由意志问题做出任何推进。他的论文可以理解为打破自由意志和责任传统思维方式的尝试。

斯特劳森的主要观点是：当我们判断某人应对某个行为负责时，我们总是对他有一定的**态度**。例如，当某人伤害了我们并且我们判定他有责任时，我们会对他感到不满或愤慨。当某人使我们受益并且我们认为他有责任时，我们会感激不已。斯特劳森称这种态度为**反应性态度**。斯特劳森解释责任的第一步可能是：如果我们对一个行动者的行动结果所做出的反应性态度是恰

---

① 在下一章中，我将对因果决定论进行更详细的区分。

当的，那么这个行动者就对这个给定的行动负责。

如果我们通过一些案例来说明这种观点，大家将更容易理解。这是第一个案例：

> 安娜贝尔（Annabel）是一个昂贵的古董大花瓶的拥有者。安娜贝尔并不是特别富有，因此拿出足够的钱来购买花瓶对她来说是一笔巨大的开支，但是由于她是一位古董瓷器爱好者，因此这个花瓶带给了她很多快乐。一天，安娜贝尔的同事伯特兰（Bertrand）来她公寓做客，她给伯兰特展示了花瓶。伯特兰迅速伸出手臂，将花瓶推到地上，花瓶成了碎片。安娜贝尔惊呆了，问伯特兰为什么要这么做。伯特兰冷静地解释说，他这么做是因为他嫉妒安娜贝尔在工作中获得了晋升，而他却没有；他想让安娜贝尔不高兴，并认为打破花瓶是个好方法。

现在，我请您思考一系列有关安娜贝尔如何合理应对伯特兰所做的事情的问题。她是否适合：

——对伯特兰生气？
——在工作中不再与伯特兰保持友好？
——告诉其他人伯特兰是一个糟糕的人，让他们不要再对他友善？
——报警并要求对伯特兰进行惩罚？

在我看来，所有四个问题的答案都是"是"！我希望您能同意，尽管也许有些人对清单中的最后一项不太确定，这涉及报警；如果您不确定那一个，请暂时将其搁置，关注其他三个。这三点对我们想要说明的观点来说是充分的，这种观点即安娜贝尔以各种否定的方式改变对伯特兰的态度（并相应地改变自己的行动）。根据斯特劳森的观点，行动者负有道德责任，就是以这种方式改变一个人对该行动者的态度。因此，安娜贝尔认为伯特兰为打碎花瓶负有责任或受到**责备确乎**是适当的，我们可能会说伯特兰**应受责备**。

考虑另一种情形：

安娜贝尔还是一个昂贵的古董大花瓶的拥有者。这次，她向另一个朋友卡西米尔（Casimir）展示了花瓶，后者用与伯特兰相同的动作伸出手臂，并像伯特兰一样砸碎了花瓶。当心急如焚的安娜贝尔问他为什么这样做时，卡西米尔解释说花瓶实际上是一个传送器。卡西米尔解释说，来自半人马座阿尔法星球的入侵者使用这些传送器来协助着陆，幸运的是，他恰好在这里破坏了这一传送器。卡西米尔说的话令安娜贝尔惊呆了，一时之间，她对朋友的担心超过了花瓶。她带他去医院，医生给他做了血检并给出了诊断。卡西米尔最近好像吃了一些不好的食物，因为医生在他的血液中发现了某种霉菌产生的毒素，这会引起错觉和幻觉。大约十二小时后，毒素就从卡西米尔的身体中排出了。此后，他恢复了正常，而且记不得任何和花瓶有关的事情。

在这里我们可以提出同样的问题。安娜贝尔是否适合：

——对卡西米尔生气？

——在工作中不再与卡西米尔保持友好？

——告诉其他人卡西米尔是一个糟糕的人，让他们不要再对他友善？

——报警并要求对卡西米尔进行惩罚？

在**这种**情况下，我希望您对每一个问题的回答都是"否"！安娜贝尔以上述任何方式对卡西米尔做出反应都是不合适的，而且她要求惩罚卡西米尔**尤**为不合适。①（如果您不太确定在第一种情况下报警的适当性，那么第二种情况应该是一个有用的对比。我希望您至少同意，安娜贝尔在伯特兰的事情

---

① 如果卡西米尔有意服用引起幻觉的药物，您的反应可能会有所不同，这就是为什么我设定他偶然接触了致幻毒素。顺便说一句，真的有一种霉菌，麦角菌，可以引起与麦角酸（LSD）诱发的幻觉相似的幻觉。一些历史学家认为，麦角菌可能在某些历史事件中发挥了作用，例如塞勒姆女巫审判。在这些著名的审判中，17世纪美洲殖民地的许多人被判犯有巫术罪并被处决。一种理论认为，"女巫"的"受害者"实际上误食了麦角菌的毒素，因为麦角菌已经污染了食品供应。他们不了解自己所经历的幻觉，所以他们相信有人在向他们施咒。参见琳达·卡波雷尔（Linnda Caporael）的《麦角中毒：是撒旦在塞勒姆释放出来的毒吗？》（"Ergotism: The Satan Loosed in Salem?"，1976）。

上报警比她在卡西米尔的事情上报警**更**合适。）

在介绍此案例（及其后的案例）时，我掩盖了斯特劳森观点的某些特征。例如，斯特劳森写下了各种细致的反应性态度，比如"愤慨"和"怨恨"；我聚焦于更一般的"愤怒"。我也比斯特劳森更强调**行为**的变化，我认为它们特别重要，因为它们是某些态度出现的可见的表达。

在上述阐释的基础上，让我们来看看斯特劳森如何通过对这两个案例的分析来建构理论的。使某人负有责任在于对他的行为形成某些反应性态度。只有在对他形成相应的反应性态度是恰当的情况下，让他负有责任才是**恰当**的。我们将很快回到这个问题上来，即在给定的情境中，反应性态度"适当"意味着什么。尽管我们已经看到在一种情况下这些态度显然**是**适当的，而在另一种情况下显然**不是**，但到目前我们得出的结论是，卡西米尔经历的那种幻觉可以使行动者**免于责备**。我们在此需要总结一下，（对卡西米尔而言，重要的是他没有意识到自己正在毁坏别人珍贵的花瓶）此案例似乎表明，某人对自己所作所为的无知可以使他免于责备，因而免于道德责任。

我们可以思考更多相同形式的案例，以检验其他可能的理由。我将在这里非常简要地描述一些案例。

> 德米特（Demeter）砸碎了安娜贝尔的花瓶。随后，她看上去很困惑，当安娜贝尔问她为什么要这么做时，德米特说她**没有这样做**——至少不是故意的。之后，当她去看医生时，她发现自己患有很罕见的病，有时会导致她的手臂在无意识的情况下运动。而她之前从未出现过这种病的任何症状。

> 埃伦（Ellen）砸碎了安娜贝尔的花瓶，随后立即开始哭泣。当安娜贝尔询问发生了什么事时，埃伦解释说她是被迫这样做的：安娜贝尔的旧敌费迪南德（Ferdinand）扬言要伤害埃伦的家人，除非她毁坏安娜贝

尔的花瓶。

> 安娜贝尔知道，猫常常把架子上的东西摔落下来，所以她通常非常小心地将猫放在展示花瓶的房间外面。有一天，安娜贝尔不留神，猫就进来了。猫碰到花瓶，花瓶从底座上摔下来，碎了。作为一只猫，当安娜贝尔问它为什么这样做时，它无法回答。

在这些案例中，我们都可以问，安娜贝尔由打碎花瓶而产生带有责备的反应态度是否恰当，我认为标准答案都是"否"。安娜贝尔真的对这些行动者生气，或者告诉其他人他们多么糟糕，或者要求他们受到惩罚，都是不合适的。因此，借助这些案例，我们找到了另外三种免于责备的理由——无法自发控制自己的行为，被胁迫以及身为诸如猫之类的非理性动物。

所有这些与自由意志有什么关系？想想最后一种情况，它是原初情况的变体：

> 伯特兰故意砸碎安娜贝尔的花瓶，以引起安娜贝尔的不快。安娜贝尔既生气又心烦，她和当地一位哲学家讨论了她的感受。这位哲学家指出，尽管伯特兰的举动可能使安娜贝尔感到不快，但从某个重要的意义上说，他无法控制他的行为。毕竟，伯特兰是一个物理系统，与其他任何物理系统一样，他的行为受到物理法则的控制。因此，至少在不违反物理法则的情况下，伯特兰只能打碎安娜贝尔的花瓶。

我并不这么认为，但是之前涉及免责的案例，也可以运用一些新的信息进行想象。那就是：我们可以想象，安娜贝尔起初对卡西米尔很生气，但随后**发现**他打碎花瓶时处于幻觉中，于是她的愤怒由于这一发现而消散了。以这种方式考虑伯特兰的情况。安娜贝尔起初很生他的气，但后来她发现他的举动是由物理法则决定的。问题是：这一有关伯特兰的新信息是否应该使她对他的愤怒消散?是否应该使她的反应性态度消失?

斯特劳森认为,我们对这个问题的回答是"否"。① 我不想在此采取立场(我们将在下一章更深入地讨论自由意志),所以现在,让我们假设他是对的。就是说,假设我们认为安娜贝尔因为发现伯特兰的行为在物理意义上是被决定的而改变对他的态度,是**不恰当**的。斯特劳森认为,这揭示了一些有趣的东西——也就是说,物理决定论**不**是理由。就是说,由于对行为被因果所决定的行动者保持与责备相关的反应性态度仍然是恰当的,因果决定论不能使行动者免受指责。就道德责任需要自由意志而言,这显然也表明决定论与自由意志是相容的。

当然,我们的兴趣并不是自由意志——至少现在还不是。目前,我们对斯特劳森提出的道德责任的一般性观点更加感兴趣。你可能会记得,他的陈述中有一部分我们尚未涉及——我们还未涉及在给定情境中,反应性态度"适当"的含义。这在很大程度上取决于我们如何理解"适当"这个概念,而这正是下一节的主题。

反应性态度的作用

在进一步讨论之前,回顾第二章中关于**描述性**和**规定性**之间的区分,将

---

① 大多数人对这类问题的回答是不是"否"?当肖恩·尼古科尔斯(Shaun Nichols)和约书亚·诺布(Joshua Knobe)着手进行实证研究时,他们发现非哲学家回答这个问题的方式高度依赖于它的构造方式。当向被试展示这个问题的抽象版本(没有描述任何具体的动作)时,大多数人说,因果决定论**会**排除行动者的道德责任。但是当要求被试考虑不良行为的具体例子时,更多人认为因果确定性**不会**排除所涉及的行动者的道德责任。尼科尔斯和诺布还发现,针对不良行为的性质,对责任的判断也各不相同——被试更倾向于断定进行暴力犯罪(如谋杀)的行动者负有责任,而非进行非暴力犯罪(如税务欺诈)的行动者。参见尼科尔斯和诺布的《道德责任与决定论:大众直觉的认知科学》("Moral Responsibility and Determinism: The Cognitive Science of Folk Intuitions", 2007)。

对我们有所帮助。我们在首次谈到两者区分时，关注的是道德**属性**的规定性——行为错误的事实似乎不仅与世界**是**如何的有关，而且与我们**应该做**什么有关。本章我们将关注描述性主张，而非规定性**主张**。

这种区别很重要，因为斯特劳森认为反应性态度在某些情境中是适当的，而在其他情况下则不适当，这一主张可以被理解为描述性主张或规定性主张。就是说，我们可以将这个主张理解为那种认为人们对某些情境**确实**有反应性态度的主张，或者是那种认为人们**应该**对某些情况有反应性态度的主张。我们以哪种方式理解这一核心主张，对我们最终如何解释斯特劳森的责任观有很大的不同。让我们首先考虑将其理解为描述性主张。

对实际（或"正常"）活动的诉求

一种可能性是，当我们说在某些情况下的反应性态度是适当的时候，意思是正常人对讨论中的行动者**实际上**有反应性态度。也就是说，我们做出了关于一个真正的人在某些情况下**做出**的或**将要做出**的反应的纯粹描述性的主张。这里"正常"人可能会产生误导。在某些情况下，我们是规定性地使用"正常的"一词；说事件的某个状态是"正常的"，我们可能表示这就是事情的**应然**状态。但是在其他情境中，我们是描述性地使用"正常的"一词，仅表示"典型的"或"平均的"。例如正常人都是右撇子的主张。这仅仅意味着**大多数**人都是右撇子，而左撇子在某种程度上是不常见或不寻常的；这并不意味着左撇子有什么**问题**，也不意味着人们都**应该**是右撇子。这就是我在本节中使用"正常的"的方式——在给定的情境中，适当的反应性态度就是典型的行动者在这种情况下会采取的态度。

这种解释的问题应该已经很明显了：它只允许我们对道德责任进行描述性解释，而不是规定性解释。也就是说，以这种方式阐释核心主张的斯特劳森式解释似乎无法告诉我们何时**应该**判断他人负有道德责任，而只有我们（或大多数人）**实际上**判断他人负有道德责任的时候。这是非常令人不满意的，并且这也不是我们所期待的那种解释。我们希望有关于道德责任的令人惊讶的新发现，就像（在实在论者看来）有与其他道德问题相关的令人惊讶的发现一样。例如，大多数人曾经以为奴隶制在道德上是被允许的，但后来他们**发现**奴隶制在道德上是不被允许的。标准道德实践（大多数人都曾遵循的）被证明是**错误的**。我们应该考虑到我们在道德责任方面的做法可能也是错误的。例如，我们可能会**发现**，没有人拥有自由意志，没有人对他的行为负有道德责任，因此我们**不应该**判定任何人负有道德责任。如果我们对责任的解释只是描述我们**实际上**所做的判断，而不是我们**应该**做出的规定性判断，那么它就无法将我们引向任何此类发现。

还有一个理由认为，对道德责任进行纯粹的描述性解释是不够的：在某些情况下，人们在是否形成反应性态度方面**是不同的**。其中一个"麻烦"案例就是在第八章中将进行讨论的精神变态者。精神病患者在某些领域存在一定的认知缺陷，这些缺陷似乎大多会影响精神病患者的**道德**推理和行为，同时不影响其他能力。精神病患者是否应对其行为负责是一个众所周知的难题；数十年来，对此的争论一直激烈进行，哲学家在这个问题上或多或少地分成两派。像精神变态者这样的病情是否能使他免于承担责任，对此人们无法达成共识。换句话说，有些人对精神病患者的不良行为形成反应性态度，而另一些人则没有。

当我们谈论诸如心理变态者之类的麻烦情形时，问题不在于对斯特劳森观点的这种解释意味着我们无法知晓其责任状态的真相；相反，问题在于，它显然表明关于他们的责任状态没有明确的真相！如果一个行动者是否负有责任取决于我们对他的反应，并且如果每个人以不同的方式对某些行动者做出反应，那么这些行动者是否真正负有责任就无法判断了。我希望您能明白为什么这是有问题的。我们需要根据精神病患者是否负有道德责任，来做出某些决定（例如是否通过惩罚来伤害精神病患者）。我们应该抛弃那种认为不存在我们是否应该伤害一个人这样的事实的观点。

反应性态度和恶意

因此，我们来考虑对斯特劳森观点的一种解释，该解释具有更清晰的规定性。这种解释的确使我们能够断定我们是否**应该**判断其他人负有责任，并且可能为诸如精神病患者之类的麻烦的情形提供确定答案。① 这是由以下观察引出的：当我们观察那些反应性态度**确实**合适的情况，并将其与**不适当的**情况进行比较时，我们会发现一种规律。具体来说，我们将看到，当行动者对我们表现出**恶意**时，反应性态度似乎是恰当的；而当行动者**没有**对我们表现出恶意时，反应性态度似乎是不恰当的。

这可能有点令人困惑，我们通过仔细考察上一节中讨论的案例来具体地说明。首先，考虑一下伯特兰故意破坏安娜贝尔的花瓶以使她不高兴的案例。在这个案例中，是什么令安娜贝尔对伯特兰的愤怒受到了辩护？这**不仅仅**是花瓶被打破的事实——因为花瓶也被卡西米尔、德米特等其他行动者打破了，而他们并没有受到同样的愤怒反应。在伯特兰的案例中，重要的是，他是**故意**这样做的，他的**目的**是使安娜贝尔不高兴。因此，他的举动显示出他对安娜贝尔的恶意——这表明他恨她，或者他不在乎她的财产权，或者他为她的苦难感到高兴，或者以上所有这些。

我们将在第七章和第八章中详细讨论恶意，因此我就不在此进行详细论述。但是我希望您认同，伯特兰通过打破花瓶而对安娜贝尔表达了某种不好的态度——这种态度是他不应有的，更不用说表达恶意了。在此情形中，这种不好的态度就是恶意。在对斯特劳森的解释中，正是伯特兰表达了恶意这

---

① 至少在理论上。正如我们将在第八章中看到的，在某些情况下（包括精神变态者的情况），很难**应用**规定性的责任理论，即使该理论原则上应能形成确切的答案。

一事实，使他成为反应性态度的恰当对象。

我们可以将伯特兰与其他行动者进行对比。卡西米尔打破花瓶时，对安娜贝尔是否表现出任何不好的态度？不，他只是表达了防止外星人入侵的愿望。德米特呢？不，她的举动是非自愿的，因此她根本不表达任何态度。埃伦呢？不，她只是表达了保护自己家人的愿望。因为这些行动者没有表达恶意，所以反应性态度**不**适用于回应他们。

安娜贝尔的猫是个更有趣的案例。这只猫很可能不会表达恶意，尽管为这一主张辩护要求我们提供关于恶意构成的详细论述。在这种情况下，恶意可能包含认为安娜贝尔的财产权不重要的判断。猫没有任何财产权的概念，因此它无法做出判断，无法有恶意，更不用说表达恶意了。

不过，我在这里掩盖了一种复杂性，这可能与排除像猫这样的行动者有关。斯特劳森指出，不仅像伯特兰这样的行动者表现出恶意，而且像安娜贝尔这样的行动者对他们提出一定的**要求**是合法的，即要求他们**不要**表达恶意。例如，安娜贝尔可以合法地要求伯特兰尊重她的财产权，这就是当伯特兰未能做到这一点时，她可以责怪他的部分原因。如果我们对上面的解释（猫不能表达恶意）不满意，那么可以通过表明猫不是合法要求的对象来解释为什么不能指责猫。猫无法对理性进行充分的回应，也无法根据他人的利益来控制自身的行为，因此，我们不能对猫有所要求。

我自己的观点是，这种要求可能不是必需的，应该将其视为潜在的干扰因素而忽略不计。我认为，只要一个行动者看上去不是这些道德要求的适当对象，我们就会发现该行动者也无法表达恶意。但是在其他情况下，这种说法似乎不太合理。也许不是一只猫，而是一个小孩打破了安娜贝尔的花瓶；我们可能倾向于认为小孩子有能力表达恶意，但我们责怪他们的行为仍然是不恰当的。如果我们担心这类情况，关于要求的考虑可以为我们提供帮助——小孩可能像猫一样不充分具备理性，而无法成为要求的合法对象。不过，在接下来的内容中，我将继续忽略这种要求。

将上面的观察扩展到对道德责任的完整的规定性解释，并不需要花太多的力气。在这种解释中，当一个行动者在行动时表现出恶意，我们就应该责备他。而且，再往前走一小步就可以将其转变为对道德责任的客观性解释：当行动者通过行动表达了恶意时，**他实际上就负有道德责任**。这种解释不仅承认存在关于道德责任的客观事实，而且提供了一种在有争议的情况下发现这些事实的程序：要评估精神病患者（或任何其他有问题的行动者）的责任，我们只需要问问他是否表达了恶意。

我对这种观点没有太多批评。实际上，正如您将在后面的章节中看到的那样，我最终捍卫的责任观点与此非常相似——我还认为，只有行动者表达了恶意，才能责备他。我们以这种方式所理解的斯特劳森的观点，是一个适当的实在论观点，似乎也很合理。

问题在于，这可能**不**是斯特劳森本人所持有的观点。因此，接下来我们再思考一下斯特劳森本人打算如何解释"适当性"的概念。

未受外部威胁的责备行为

我们先简要地讨论一下**归纳法**。归纳法是我们基于对过去或现在的观察，总结出未来可能发生的事情时所遵循的推理模式。不难发现，我们的许多信念都是通过归纳推理形成的。例如，我相信明天太阳很可能会升起。我是如何得出这个信念的？通过归纳法：今天太阳升起了，并且数据可达的过去的每一天，太阳都升起了，我由此得出结论，未来的日子中太阳也可能升起。这种推理作为形成真信念的可靠方法被广泛接受。这并不是说它是**不可错**的——绝对不能排除明天太阳**不会**升起的可能性。因此，在描述归纳推理时，我们需要格外小心；实际上，准确的说法应当是，明天太阳**几乎**肯定会升起，而不是明天太阳**绝对**会升起。理解了归纳的结论需要以这种方式进行限定，我希望您会同意归纳是对未来进行预测的可靠方法；归纳推理支持的结论肯定比单纯的随机猜测更有可能是正确的。

休谟（David Hume）对**归纳问题**的讨论闻名遐迩。① 最好通过问一个问题来介绍：**为什么我们认为归纳是形成对未来信念的可靠方法？**

有一个可能的答案似乎是明显的：归纳法有成功的历史。我们可以指出，在许多过去的案例中，我们通过归纳推理形成了信念，并且这些信念被证明为真。我们还可以将归纳推理过去的表现与其他可能形成信念的方式（例如猜测）进行比较，会发现归纳推理通常表现得更好。由于归纳推理在过去通常是可靠的，因此有充分理由期待它在未来也是可靠的。

如果您仔细考虑一下，这种回应的问题应该是显而易见的。这是一种循环论证——它使用归纳推理来论证归纳推理可靠！归纳过去的表现可能是相信归纳在将来会表现良好的一个好的理由，但是前提是我们已经假设对过去的观察可以用来得出关于未来的结论。因此，此答案仅适用于**已经**相信归纳是可靠的人，而**这些**人是不需要任何说服的。简要来说，归纳的问题是这样的：如果某人**不**相信归纳是可靠的，那么似乎没有什么可以合理地说服他。

回应这个问题的方法有很多，但是这一种对我们尤其重要：我们可以承认，归纳不能从"外部"受到辩护。也就是说，如果您采取"外部"的立场（如果您不接受归纳是可靠的），那么就不可能提出任何令人满意的论证来表明归纳**是**可靠的。但是，没有人处于"外部"。我们每个人都已经接受了归纳推理是可靠的——实际上，您可能会认为我们**必须**接受这一点，因为如果不进行归纳推理就无法在科学或日常生活中取得长足的进步。② 如果这是真的（如果我们都已处于归纳推理实践的"内部"，并且不得不接受这种实践），那么对我们来说，归纳也许不**需要**受到任何外部的辩护。

这并不是说我们永远不能合法地询问过去的观察应该**如何**指导我们对未来的推理。例如，假设我是一名正在测试新药的医生。我把新药给病人服用，

---

① 参见休谟的著作《人性论》（*A Treatise of Human Nature*，1739）第三部分第六节。
② 由于这对本章的要点来说是次要的，我在此不提供阐释。但这对读者来说可能是一个有趣的练习：如果不允许您从对过去的观察中总结出关于未来的**任何**推论，那么尝试思考一下您的生活将受到怎样的影响。

病人好起来了。这是否使我们有理由相信这种药物会帮助其他患者康复呢？也许，尽管这不是一个很强的理由。当然，这一观察结果不足以作为将药物进行批量生产并分给数百万患者的充分证明。首先需要测试更多的样本，以查看其中有多少使用该药的病人病情好转，有多少病情恶化；您还需要观察另一组未接受该药治疗的患者，以查看其中有多少患者能自行康复。

如果我们进行了一项真实的临床试验，可能会争论到底需要多少观察才能有理由地得出该药物安全有效的结论。我们大多数人（包括真实世界中临床实验的专家）认为此类问题有**正确的**答案。我们大多数人还认为某些归纳是**错误的**——例如，基于临床观察个例而得出自信的结论是不正确的。

这揭示了非常重要的东西。我们已经假设我们一般不可能放弃归纳推理，并且我们接受归纳推理不需要任何外部理由。但是，**一旦我们普遍接受归纳推理**，那么我们**实际上**就可以选择采用或拒绝哪种特定的归纳实践。此外，我们有理由认为某些归纳实践是好的，而另一些则是不好的，并且我们需要一定程度的辩护（在归纳实践的**内部**而不是外部的辩护），才能接受某种特定的归纳实践，而不是其他。

这是我打算从前面对归纳的讨论中提出的观点。当我们从最广泛的意义谈论归纳时（当我们谈论根据过去为未来提供依据的一般原则时），提出规定性主张是没有意义的。人类别无选择，只能接受这一原则，因此从对事实的描述上说，我们应该承认我们**实际上**都接受了这一原则，而不是问我们是**否应该**这样做。但是，一旦我们承认我们都接受了这个一般性原则，就会产生进一步的规定性问题：我们应**如何**使用归纳法来指导我们信念的形成？例如，我们是否应该基于对过去的一个观察形成自信的信念？或者十个观察？一百个观察？

您可能将归纳推理视为一组规则。我们别无选择，只能接受这些规则，因此询问我们是否应该这样做毫无意义。但是，**一旦**我们接受这些规则，就还有一个悬而未决的问题：究竟这些规则要求我们做什么——我们**应该**如何根据这些规则行动？

我认为最好将斯特劳森理解为以某种相似的方式在思考道德责任。① 我们别无选择，只能对他人形成反应性态度；因此，总的来说，人们确实要追究他人的责任，这仅仅是描述性的事实。然而，一旦我们接受了追究他人责任的基本制度，就会出现一个真正的规定性问题，即我们到底应该让谁负责，他在什么情况下负有责任？因此，整个实践（即"规则"）无法从外部得到辩护。但是，一旦我们接受了这些规则，就可能会产生一些**内部**问题，即这些规则是否意味着我们应该或不应该让特定的行动者承担责任，有时我们需要通过诉诸这些规则来证明特定的承担责任的情形。

有时斯特劳森的论述好像是关于承担责任的描述性主张，有时又好像是规定性主张。此处提供的解释（他的主张部分是描述性的，部分是规定性的），是一种协调这两种乍一看似乎是矛盾的关于责任的写作方式的方法。我将简要论证，作为一种责任观，它无法令人满意，但我们先考虑一下那些支持这一观点的言论。

在论文中，斯特劳森强调说，我们**不能**选择停止形成反应性态度，因此不能选择停止追究他人责任。起初这似乎令人感到困惑，因为我们已经看到一些**确实**放弃反应性态度的案例。例如，当安娜贝尔发现卡西米尔的不良行为是由于幻觉所致时，她便不再对他生气。那是一个行动者放弃对某个特定的人的反应性态度的一个例子，我们可能想知道为什么不能简单地重复这种情况，直到这种情况变成普遍的。就是说，如果我们能够停止对一个行动者形成反应性态度，那为什么我们不能停止对**所有**行动者形成反应性态度呢？

但是斯特劳森似乎认为，放弃对**某一个**人的反应性态度与放弃对**每一个**人的反应性态度是有区别的。普遍放弃这种反应性态度会产生比我们一开始可能想到的更为根本的影响，而如果我们对**积极的**反应性态度多一点思考，这种影响就会显现出来。到目前为止，我们一直专注于**消极的**反应性态度，

---

① 他在论文的尾注中明确地将其与归纳推理进行了比较。

如愤怒，但是我们也会产生对我们表现出**善意**的行动者的反应性态度，如感恩和各种爱的态度。斯特劳森认为，如果整体上放弃了反应性态度，那也必须放弃积极的反应性态度，并且放弃积极的反应性态度将导致彼此绝对孤立的社会环境。这将意味着我们目前所理解的人际关系的终结，因为这些关系通常基于对他人的反应性态度。

假设斯特劳森对此的观点是正确的——我们不可能完全放弃反应性态度的形成。即使这样，一旦我们普遍接受这种态度的形成是我们一定会做的事情，就可以问是否在任何特定情况下都应该形成这种态度。斯特劳森似乎应许了对此问题的真正答案。反应性态度形成的规则规定，只有当行动者通过行动表达其意愿品质时，我们才应该形成这种态度。这意味着我们应该尝试找出其他行动者是否满足这个条件，如果他们不满足这个条件，我们应该停止对他们形成反应性态度。

我们将在第八章中详细讨论精神疾病的情形。但是，概括地说，精神疾病可能是一个很好的例子。假设我们对抑郁没有很好的理解；当一个抑郁的人对我们的幸福失去兴趣的时候，我们相信他实际上对我们表达了恶意，因此我们形成了适当的反应性态度。然后，我们了解了有关抑郁症的更多心理情况，并意识到抑郁症患者对我们的幸福缺乏兴趣**并不**表示恶意。然后，我们应该改变对待**该行动者**（也许可能是所有抑郁的行动者）的方式，并应停止**对他**（和**他们**）形成反应性态度。①

这就是道德责任的实在论观点吗？该观点认为存在行动者负有责任和不负有责任的客观事实。我认为并非如此，我们可以通过一个简单的思想实验来表明。想象一类智能外星人，他们在许多方面都像我们一样。尽管他们也通过形成反应性态度使他人负有责任，但他们是按照一套略有不同的规则来这样做的。与我们不同的是，他们不是对不良意愿的表达形成反应性态度；

---

① 斯特劳森在他的论文中没有使用这个例子，但是我绝对相信他会同意这里的一般性说法。斯特劳森在论文中多次声称，"文明"人学会了不对某些情况下的人形成反应性态度。这意味着学会在特定条件下不形成那些态度代表着一种**进步**——根据我们大家都接受的规则，在这些情况下，我们真的**不应该**形成那些态度。

相反，无论行动者是否表现出恶意，只要行动者做出破坏性的事情，他们就会形成反应性态度。因此，他们对诸如卡西米尔和德米特这样的行动者形成了反应性态度，而我们没有；实际上，他们甚至对诸如猫之类的非理性生物形成反应性态度。

假设我们遇到其中一些外星人，询问为什么他们对这类行动者形成反应性态度，并假设他们中存在外星人版本的彼得·斯特劳森，他的回答如下："对采取破坏性行动的行动者形成反应性态度，这是我们社会生活中不可或缺的一部分。我们不能放弃支配我们形成反应性态度的规则，并且由于我们别无选择，只能接受它们，因此它们不需要外部理由。"如果您愿意，您还可以假设外星人与我们之间的差异仅仅是进化历史上的不同：他们的祖先生活在与我们稍有不同的社会群体中，并由此以一种与我们略有不同的方式进化出形成反应性态度的倾向。

如果这种观点恰是实在论的观点，那么应该存在一个客观事实，即对待像安娜贝尔的猫这样的行动者，我们或外星人的方式是**正确的**。但尚不清楚如何可能存在这样的客观事实。如果我们对责备行为的唯一辩护是我们别无选择，只能接受，那么外星人为其责备行为的辩护就与我们完全一样。而且，如果我们不能为我们的责备行为寻求外部辩护，那么我们似乎也无法寻求外部评估，以说明两组对比"规则"中的哪一组是正确的。因此最后，这种观点与关于道德主张的相对论十分相似：在这种观点下，责任主张相对特定物种而言可能是正确的，但并非客观为真。

我认为，这本身就是认为该观点错误的主要原因之一。如果我们对责任有实在论的直觉（上一章的大部分篇幅都在试图说服您，您可能确实有这种直觉），而反实在论者的观点（例如斯特劳森）与他们的相冲突。（我们大多数人都不愿接受外星人像我们一样"正确"的说法，因为他们坚持认为安娜贝尔的猫必须因打破花瓶而受到惩罚！）

还有其他理由对此表示怀疑。例如，我们可能会担心，在主张我们无法放弃自己的反应性态度时，斯特劳森忽略了一个重要的区别——我们对一个人的**感觉**与我们对该人的理智上的**信念**之间的区别。我们的感觉和智力判断在某些方面有所分歧,这不是什么不寻常的现象。例如,大多数父母可能会**感觉**自己的孩子很特别——比大多数其他孩子更聪明,更友善,更有才华。实际上,这些似乎是寻常父母无法避免的态度。但是,我认为大多数父母(至少是那些能自省的父母),也知道这些关于子女的看法实际上并不**为真**。感觉自己的孩子比其他孩子更好,和实际上**相信**自己的孩子比其他孩子更好,是有区别的。此外,大多数父母是按照他们理智上的信念而不是感觉采取**行动**。**有些**父母不是这样(每当他们的孩子未能赢得比赛时就向学校写信发脾气的父母),但他们是例外,并不常见。

还有一个例子。在某种程度上,我们大多数人都**感觉**地球是平的。这就是它看上去的样子,也是在大多数情境中我们心里的模型。我们在走动时并没有任何曲折感,我们通常是在平面的地图上,而不是在球面上想象地理关系。然而,从理智上讲,我们也**知道**地球是圆的。而当我们需要做出决定时,正是我们的理智信念指导着我们。例如,当飞行计划人员在绘制飞机路线时,会考虑地球的曲率。①

这就是为什么这个区别重要:即使我们不可能停止**感觉**到诸如愤怒之类的反应性态度,也可能会停止**相信**这些态度是正当的。就是说,安娜贝尔必定对伯特兰的行为产生某种**感受**的事实并不意味着她必须**相信**伯特兰实际上是负有责任的。而且,由于我们根据我们的理智上的信念来管理许多行为(包括公共政策),因此,我们能否正确对待这些行为至关重要。例如,如果安娜贝尔确信没有人**真正**负有责任,那么她可能支持不同的关于惩罚的公共政策。您可能会对伯特兰**感到**生气,但不**相信**他应该受到惩罚,就像父母可以**感觉**自己的孩子很特别而不**相信**孩子应该受到特殊优待一样。

---

① 在我开始定期在美国和中国之间飞行之前,我想象的航线比实际要长得多。那是因为我在一个平面的地图上想象,因而必须在该平面地图上穿越太平洋的广阔区域。当然,在现实生活中,大多数航班不会这样做——它们会向北移动,逐渐靠近北极,在球面上,这条路线更直接。

如前所述，斯特劳森的目标之一就是试图解决关于自由意志和决定论的哲学争论。正如我已经解释的那样，我认为他提出的解决方案并不成功。因此，在接下来的两章中，我们将转向与自由意志有关的问题，并且更直接和详细地加以讨论。

第五章
自由意志和决定论

在本书的其余部分，我将沿着自己在第三章中捍卫的客观的、基于"应得"考量的道德责任观进行一些假设，目的在于探求一个行动需要满足的两个要求，它们将使得行动者为其行动承担道德责任。首先，我们要讨论的这一行动必须被**自由**地执行。其次，这一行动必须反映行动者的**意志品格**，无论这一反映是积极的，还是消极的。本章和第六章着重考察"自由"，而第七章和第八章则着重考察"意志品格"。

基于我在前言中业已提到的理由，我通常不愿意讨论哲学史。在我看来，对哲学史的过分强调会削弱哲学自身的直接性——会使我们忘记许多哲学问题是**当下**紧迫的，而我们的首要目标应是为它们寻找**答案**。同时，这种"强调"还可能助长这样一种错误的印象，即认为哲学更像是一种文学或文化的练习，而非探寻客观真理的科学事业。当然，我的确承认，在某些情况下对特定哲学观点的历史进行讨论将对我们有所帮助，但这要么是因为其历史本身特别有意思，要么是由于这些观点同有关这一主题的现代思考特别相关。而对围绕"自由意志"展开的辩论而言，其历史恰好同时符合这两点，因此我将在这一章通过一种历史的进路来介绍"自由"这一主题。

将这段有关"自由意志"争论的历史划分为三个主要时期，对我们的讨论目的而言是很有帮助的。而做出这一区分所依据的标准在于"把什么视为对'自由'意志的主要威胁"。

在"过去"，主要是欧洲的中世纪，**"上帝的预知"**（divine foreknowledge）

被认为是自由意志的主要威胁。如果上帝真的存在，那么他将是全知的。因此，他一定知道我在未来将会做什么。进而如果上帝通晓我在未来某刻的具体行动，那么我怎么还能有任何行动的自由可言呢？

而在"现代"，根据哲学传统而被认为是肇始于17世纪前后的所谓"笛卡尔时代"，自由意志的主要威胁被认为源于一种**"因果决定论"（causal determinism）**。我们的大脑和身体都可以被视为物理系统。既然是物理系统，其行为就都必须受到物理定律的支配。按此，如果物理定律决定了我将去做某件具体的事情，那么我又怎能有不做这一行动的自由呢？由于大部分关于自由意志的论辩持续集中在"决定论"的威胁，我们可以将其视为目前有关"自由意志"讨论的主导性问题。

近几十年来，科学家和哲学家大都意识到，关于人类思维结构的某些偶然性事实可能会对传统意义上"自由意志"的观点提出重大问题，而那些同决定论相干的其他更普遍的问题则与之并无关联。例如，有证据表明，我们的意识在产生我们相应的行动的过程中起着非常有限的作用——实际上，通常是无意识的认知机制在帮助我们做出决定，进而以某种特定方式行动。如果我的行动并不受自我意识的控制，那么它们怎么可能是真正自由的呢？我们可以把这称为来自**"认知结构"（cognitive architecture）**的威胁——此处的"认知结构"以隐喻的形式指向我们的思维被"构造"或曰建构的方式。这种来自"认知结构"的威胁已经吸引了许多关注，相信在未来的几十年里，它很可能会被视作对"自由意志"最主要的，也是最有意思的威胁。因此，我们或许可以将这一问题描述为（至少是在我看来）"未来"将主导自由意志讨论的问题。

在进一步展开我们的讨论之前，需要注意的是，本章有关"自由意志"的历史论述主要是为了提供一个有助于介绍相应哲学观点的框架。相较于这些历史论述本身，它们所涉及的哲学观点才是我关注的焦点。因此，我对这段历史的陈述并未力求全面：上述提供的历史仅限于西方发展中有关"自由意志"的辩论，而且即使将理解限定在这样的范围中，它仍然是不完整且高度简化的。对"上帝的预知"的担忧并未随着近代的到来而立刻消失。实际上，今天的一些哲学家仍然坚持这样一种观点。而对"决定论"的担忧也不是在没有先例可循的情况下突然出现的，相反，像卢克莱修（Lucretius）这样的古代原子论者早就预料到了。此外，我省略了这样一些讨论，它们关乎对自由意志的其他潜在威胁，这些威胁在某些时期曾非常突出，其中最著名的是令古希腊人备受困扰的"宿命论"。

在这一章中，我将简要地探讨来自"上帝的预知"的威胁，随后详细讨论来自"决定论"的威胁。在下一章，即第六章，我将专门讨论来自"认知建构"的威胁。

上帝的预知

那些相信上帝的哲学家（甚至是那些并不相信上帝，而仅仅将其视作一种假设性实体的哲学家）通常会把某些属性赋予他。上帝被认为是最善的，也是最为强大的存在，而"尽可能善"与"尽可能强大"的属性蕴含着"尽可能知道得多"。因而，上帝通常被认为是**全知的（omniscient）**，这也就意味着他通晓所有可以被了解的事物。

让我们假设我买了一条船。假设这个购买行为是我深思熟虑之后才做出的——也就是说，我事先就自己是否应当购买这样一条船反复思量过——而这样一个行为无论是对我自己而言，抑或是对其他人而言，看起来都是一个完全自由的行为。若这样一个行为是自由的，我们通常会假定没有人会预先知道我打算做什么。换言之，我们预设在我真正决定买下这条船之前，没有人知道我会这么做。也许有人能够预测到我会买这条船，但这和"知道"是两码事。正如科学家能够预测明日的天气状况那样，他们可能以同样的方式预测了我的购买行为：他们可以基于那些可以使用的证据，推断有90%，甚至是99%的概率明天会下雨，或者我会买这条船。但在这种情况下，无论是对于"天气会怎么样"还是"我将做出什么决定"，他们实际上都不是很确定。在目前的情况下①，"知道"要求绝对的确定性，但即使是一个"几近完全"确定我会买这条船的外部观察者也不可能有**绝对的**确定性。

如果有人**本就**知道我会买这条船，那么自由意志就成问题了。为什么？如果有人本就知道我将要做什么，并对此具有绝对的确定性，那么这似乎就排除了我做其他任何事情的可能。某人本就知道我将会以某种方式行事，这意味着有100%的概率保证我会如此行事；倘若如此，那么在这个意义上我就不可能不按照那种方式行事。

上述观察揭示了自由意志的一些重要方面，即自由意志显然需要有"以其他方式行动"的能力：除非我有能力做出行动 A 之外的行动，否则我做出行动 A 将是不自由的。有些人认为这是一个自由意志的"概念上的真理"，也就是说，他们相信从"自由意志"这个概念自身中就可以得出：自由意志要求我们有以其他方式行动的能力。这有时被称为关于自由意志的**"退路说"**（leeway）。但并不是每个人都接受这种解释——我们将在下一章讨论另一种可能的观点——但我希望这种解释听起来足够可信，至少我们或许可以假设它就目前而言是正确的。

---

① 在其他情况下，知识并不总是包含绝对的确定性。

那么，上帝和这一切有什么关联呢？如果上帝是全知的，那他大概知道所有关于将来的事实。这就意味着上帝知道我会买下这条船。如果上帝绝对确定地知道我要这么做，这就意味着，我不可能以其他的方式行动。因此，上帝的无所不知似乎排除了自由意志的可能性。

这种争论在中世纪时期引起了极大的关注。读者完全可以想象得到，对此有几种可能的回应。其中最有意思的回应之一是拒斥一个有关时间本质的隐含预设，而这个预设对该问题的产生而言是必要的。只有当上帝知道关于将来的事实的时候，上帝的无所不知才会对自由意志构成威胁。而只有**存在**关于未来的事实的时候，上帝才会知道关于未来的事实。如果不存在这样的事实，那么上帝就不会知道它们，从而也就不会知道我们将要做什么了。

这可能有点令人困惑，一个类比或许有助于我们的理解。质数是一种只能被自身和数字 1 整除的数（如果你曾经上过关于数论或密码学的课或就此阅读过相关文献，就会知道无论是数学家还是计算机科学家，都对质数非常感兴趣）。假设上帝存在，且他无所不知，那么我们不妨考虑如下问题：上帝知道最大的质数吗？

我认为答案很明显，那就是"不"，因为实际上没有最大的质数！即使是业余的数学家也可以很容易地证明质数是无穷无尽的序列。[1] 因此，上帝不知道最大质数的事实并不与他的无所不知相矛盾。"无所不知"仅仅要求上帝通晓所有可以被知道的事情，然而世界上根本没有最大的质数可以让他知道。

乍一看，声称上帝不知道人们在将来会做什么似乎是有问题的，因为这看起来似乎等同于否认他的全知全能。但如果换一种表达，称根本没有这样一种"关于将来的事实"让上帝知道，就没有问题了。没有人，甚至是上帝，能够知道本就不存在的事实，而上帝不知道那些根本不存在的事实并不意味着他就不是全知全能的了。

---

[1] 这个论证太复杂了，我们无法在这里详细描述。但早在两千多年前，希腊数学家欧几里得就发现了这个论证，而且不太难理解——有兴趣的读者可以在网上检索"欧几里得定理"。

是否存在"关于将来的事实",这是一个复杂的问题,对它的回答可能取决于,哪一种对时间本质的看法是正确的。根据某些观点,过去、现在和将来之间并不存在形而上或本体论的差异。有时我们可以在时间维度和空间维度之间进行类比:我们可能看不到现任法国总统,但这并不是因为他不存在,而是因为他位于别的地方,或者说在与我们不同的空间坐标上。类似的,虽然我们可能无法看到古罗马人或 30 世纪的人类,但这并不是由于他们不存在,而是因为他们位于别的时刻,或者说在与我们不同的时间坐标上。如果这种观点是正确的,那么关于将来的事实就可能存在——将来的实体存在,而关于这些实体及其行动的事实也可能存在。

根据另一种观点,过去、现在和将来之间存在着重要的形而上学和本体论差异。例如,**现在主义(presentist)** 的观点主张,现在存在,而过去和将来不存在。这并不是说古罗马人或 30 世纪的人类仅仅处在与我们不同的时间坐标上,而是说古罗马人已经不存在了,而 30 世纪的人类还尚未存在。如果这种观点是正确的,那么认为当下没有关于将来的事实是可能的。毕竟,将来就像最大的质数一样,是不存在的。①

"上帝的预知"问题在智力上是很有意思的,原因之一在于,它迫使我们去思考这些有关时间本质的相当抽象的问题。同时,它也与一个众所周知的关于时间旅行的问题有所关联。读者可能已经对英语世界中所谓的 **"祖父悖论"(grandfather paradox)** 十分熟悉了。想象一下,你回到了你父亲被怀上之前,然后开枪射杀了你的祖父。这一行为将导致你的父亲永远不会出生,而这反过来也意味着你永远不会出生。但如果你从未出生,那你就永远无法回到过去杀死你的祖父,也就是说,你的父亲和你都会出生。而这又意味着你将能够回到过去杀死你的祖父。

显然,在这一悖论中存在一些非常令人感到困惑的东西。虚构的时间旅

---

① 这种对"上帝的预知"问题的回应,有时也被称为 **"开放有神论"(open theism)**。迪安·齐默尔曼(Dean Zimmerman)2010 年发表的论文《关于时间的 A 理论,现在主义和开放有神论》("The A-Theory of Time, Presentism, and Open Theism")讨论了这种回应及其与"现在主义"的关联。

行故事以多种方式处理了这一明显的悖论，其中许多方式在经过仔细检查后被证明是讲不通的。然而，至少有一种不时出现在科幻小说中的回应得到了哲学家们的认真对待。这种回应主张，即使你有可能回到过去，你也根本不可能杀死你的祖父。你知道在这场回到过去的旅程中无论你做什么，你要么不会试图杀死你的祖父，要么你的射杀不会成功。

如果这个回应是正确的，那么任何穿越到过去的人对自己的行为都有一定限度的预知——他知道有些事情自己要么不可能成功完成，要么根本不会尝试去做。如果我们把情景设定为时间旅行者不可能意外失败，这似乎就意味着他提前知道自己不会试图杀死他的祖父。至少从表面上看，这个例子类似于"上帝的预知"，尽管上帝的预知适用于所有行为，而不是一个非常有限的子集。

对于这样一种更加有限的预知形式，我不确定应该说些什么。不幸的是，我们没有办法在这里进行更深入的讨论了。① 然而，我的感觉是，它出现的情形——时间旅行的情形——极不寻常，不太可能对自由意志构成严重而普遍的威胁。即使事实证明时间旅行者不能自由地以某些方式行事，这也不意味着我们其他人在正常情况下缺乏自由意志。而上帝的预知，由于适用于我们的所有行为，至少在理论上的确可能会对自由意志构成普遍的威胁。

但是，撇开是否存在关于将来的事实这个问题不谈，还有一个更简单的理由令我们不必为上帝的预知感到担忧。只有在上帝实际上存在的情况下，上帝的预知才对自由意志构成威胁；而根据当下占据主导地位的哲学观点，上帝并不存在。虽然的确有一些哲学家仍然坚信上帝存在，但这种信仰还不

---

① 我建议读者去看沃瑟曼（Ryan Wasserman）的《时间旅行的悖论》（*Paradoxes of Time Travel*, 2018），它对这一问题以及其他一些与时空旅行相关的问题进行了精彩的讨论。还应该注意到，戴维·刘易斯（David Lewis）在他的《时光旅行的悖论》（"The Paradoxes of Time Travel", 1976）一文中，试图通过诉诸一种（被称为）相容主义的形式来解决这个问题。大致说来，刘易斯主张，尽管在某种意义上时间旅行者不能做某些事情，但在另一种意义上他可以做这些事情。后一种意义——时间旅行者可以杀死他的祖父——在相容主义者看来，与自由意志相关。我们将在这一章的后面讨论相容主义，到那时读者可能会想再次思考时间旅行的问题，并考虑相容主义是否可以解决它。

够普遍，不足以让来自上帝的预知的潜在威胁被广泛视为一个实践意义上的重要问题。①

虽然今天我们已经没有太多理由为上帝的预知而感到担忧，但这是一个有意思的话题，因为它说明了一个特定时代的理论背景信念是如何激发那个时代的哲学讨论的。在中世纪，对上帝的信仰不仅普遍，而且基本上是不受质疑的：上帝只是现存宇宙理论中最好的部分，所有严肃的哲学讨论都假定了上帝的存在，就像我们今天所有严肃的哲学讨论都或明或暗地假定了当下的物理定律图景。在下一节讨论因果决定论的时候，我们需要记住这样一点：对自由意志的威胁在过去几个世纪里一直在相关文献中占据着主导地位。

因果决定论

牛顿力学定律的发现或许可以算作近代最伟大的科学成就。② 这些定律不仅解释了我们在周遭世界观察到的许多现象，还令我们能够极其准确地预测未来世界将会发生什么。对我们而言，可能很难理解这有多么了不起，因为到目前为止，我们已经完全习惯了这样的想法，即宇宙的运行是有规律的，而科学家们可以利用他们对这些规律的理解对其进行预测。

不妨把自己想象成一个生活在 18 世纪中期，比如说 1758 年的人，这对

---

① "大多数哲学家相信 X"这种形式的主张几乎总是会引起争议，而那些不相信 X 的哲学家几乎总是会认为它们令人反感。在某种程度上，这些主张往往反映了提出者自身的哲学观点——通常它们相当于这样的主张，在讲话者看来，大多数值得认真对待的哲学家都相信 X。因此，我对有关上帝的主导观点的看法可能反映了我自己并未认真对待有神论观点的事实。然而，我想引用布尔热（David Bourget）和查默斯（David Chalmers）对专业哲学家进行的一项调查来支持我自己的主张。在 900 多名参与调查的哲学家中，72.8% 的人表示他们接受或倾向于无神论，而剩下的只有 14.6% 的人表达了对上帝的信仰或倾向于有神论。布尔热和查默斯的论文《哲学家相信什么？》（"What do philosophers believe?"，2014）介绍了调查结果。

② 尽管达尔文进化论的发展也可能是这个头衔的有力竞争者。

我们理解科学的伟大很有帮助。你的祖父母或曾祖父母很可能曾经对彗星感到恐惧，认为它们是不可预知的、无法解释的，甚至可能是超自然现象，可能预示着地球上将要发生可怕的事情。但就在这一年，科学家证实彗星是受牛顿定律支配的自然事物。天文学家哈雷（Edmond Halley）利用牛顿力学定律计算了他在1682年观测到的一颗彗星的轨迹，并预测它将在76年后回归。而这颗彗星——也就是现在著名的"哈雷彗星"——刚刚准时到达。这一定给许多人留下了深刻的印象，认为这是一次科学的惊人胜利。它也证明了自然法则的统治是无限的，甚至一直延伸到天空中最神秘的天体。

有关"决定论"的历史背景就讲这么多。这之所以与自由意志有关，是因为人类也是自然世界的一部分，如果自然法则支配着上天，那么它们几乎也必定支配着*你*。自然律，作为一种定律，而不是一种建议，是不可能遭到违反或破坏的。它向我们言说什么将要发生，相应的事件便会如此发生。如果对哈雷彗星的计算是正确的——当然事实的确如此——那么这颗彗星就必定会准确地在相应的时间和地点出现。在没有外力介入干预的情况下，彗星绝不可能迟到或早达，也不可能在其他任何地方出现。如果这些定律也决定了你的行为——例如，它们决定了你将立刻购买一条船——那么你似乎没有任何去做其他事情的可能。换句话说，如果你的行为是由自然定律决定的，那么这似乎就排除了你有能力采取其他行动的可能。

这是一个非常抽象的对问题的描述。将它表述得更详细一些会对我们的理解有所帮助。你可能还记得自己在高中物理课上必须解决的某些问题，在一个这样的问题中，你可能会得到一些关于桌上的台球的位置、质量和速度的信息，并被要求计算10秒钟后这些球的位置（参见下页图2）。

如果在给定的时间内，你同时对一个物理系统状态，例如"在给定时间内的一张台球桌"以及物理定律有足够完整的描述，那么就可以计算出桌上的物体在将来任意给定时刻将会出现在哪里。当然，只有当我们将这个系统称作"封闭的"时候，这种预测才简单明了；对这张桌子施加外力或放上别的物体会使它变得复杂。然而，如果你对这些外力足够了解——比方说，如

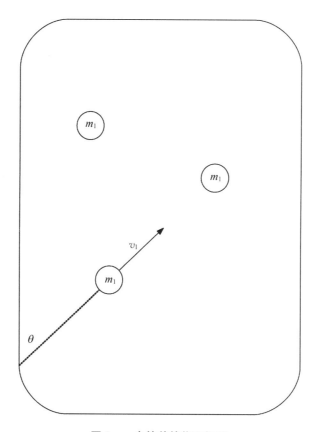

图 2　一个简单的物理问题

（如果你知道桌上每个物体的质量、位置和速度，就能计算出物体在未来任意一点的排布方式——假设你了解物理定律，且没有其他任何东西从外部进入这一系统。）

果你知道有人要用一根台球杆在某一特定时刻对某个特定的球施加一个特定的力——你就可以将这些因素纳入你的计算，从而仍旧能够确定在将来任意时刻这张桌子的情况。

原则上讲，上述情况同样适用于更复杂的系统（参见下页图 3）。

现在，有更多的台球。我还增加了一个外力以使事情进一步复杂化。在某种程度上，计算出所有台球的运动几乎是不可能的——它们太多了，而且它们之间的相互作用也太复杂，对一台计算机而言计算它们将来的排布情况几乎是不可能的，更不必说是对一个学习高中物理的学生来说了。但我希望

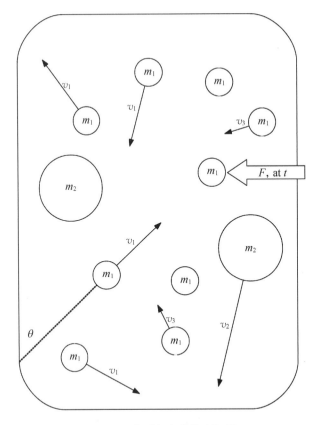

图 3　一个更复杂的物理问题

（在这一场景中有更多的台球，但如果你很擅长数学——并且考虑到将在 t 时间施加的外力 F，你仍能计算出将来的桌面情况。就算我们将任意性增加到任意程度，它在理论上将仍然成立。需要注意的是，在图 3 中，我省略了大部分的角度，但读者需要它们来了解台球移动的方向。）

你会同意这样一点，即当我们从简单的桌面情况转向更复杂的桌面情况时，桌面没有发生任何根本性的改变。正如简单的桌面是由物理定律所决定的一样，复杂的桌面情况也是如此。而且，虽然它将来的运动对我们而言是很难计算的，但这种将来的运动仍然是由物理要素的排布、自然力的引入以及物理定律所决定的。如果我们对将要被施加于系统的全部外力拥有足够多的信息，且有一台运算能力足够强大的计算机，那么原则上，我们可以计算出这张桌子在将来任何一个时刻的样子。

读者可能已经知道这是怎么回事了。大致上来看，人类就像一个极其复杂的台球桌。人是由原子构成的，而这些原子——再次近似地说——其运动很像桌上的台球，它们彼此碰撞，偶尔以别的方式相互作用。尽管一个人在其一生中会受到许多外力的影响，但这只会使情况变得更加复杂，而并没有从根本上改变它。如果我们对构成一个人的每一个原子的位置和动量有完整的计算，对此人将遭受的外力有详尽的参数，对物理定律有完善的理解，还有一台运算能力强大得令人难以置信的计算机，我们就可以计算出构成此人的所有原子在将来任何时刻的位置。如果你知道构成一个人的身体的每个原子的位置，那就等于确定了他身体的位置。如果你知道一个人的身体随着时间的推移是如何位移的，那么你就知道此人是如何行动的。

因果决定论，从根本上说，整个宇宙就像这张台球桌。当然，一个更精确的界定有助于我们的理解。文献中通行的定义有好几种，而我欣赏的是下面这一种：

> **因果决定论**成立，当且仅当整个宇宙都是为因果所决定的。只有当如下情况是真的，宇宙才是由因果所决定的：对于任何 t_1 和 t_2 时刻，以宇宙在 t_1 时刻的状态作为条件，结合物理定律，宇宙在 t_2 时刻必然处于某种特定的状态。

需要澄清的是，说到宇宙的状态，我们指的是一切存在的事物的整体构型。这将包括，例如，对每个粒子位置的描述，以及对每个粒子的质量、电荷、速度和所有其他属性的描述。①（请注意，这些信息足以让我们计算出宇宙中所有物体是如何移动的，从而知道当前所施加的所有力。）如果 X 必然导致 Y，那么 X 的真必然导致 Y 的真；如果 X 为真，那么 Y 也一定为真。所

---

① 有一些物理学背景的读者可能会反对称："但海森堡测不准原理意味着，即使在理论上，也不可能同时确定粒子的质量和速度！"让我们暂且将这一担忧置于一边。现在我们的讨论已经假设了牛顿力学背景下的物理定律，稍后我们将讨论量子力学带来的复杂性。

以，因果决定论的真理在本质上意味着：如果宇宙现在以某种方式存在，那么它在未来的每个时刻也必定以某种方式存在。换句话说，宇宙在未来只有一种展现的方式——只有一种未来既符合物理定律又符合宇宙现在的排列方式。

读者可能已经知道为什么很多人认为因果决定论成立对自由意志构成威胁。下一节的任务是更明确地描述这种所谓的"威胁"。

后果论证

我将从范·因瓦根（Peter van Inwagen）提出的"后果论证"（conseqnence argument）开始我们的讨论。①

（1）如果决定论成立，那么我将来的行为是由我出生前的宇宙状态和物理定律联合决定的。

（2）在我出生之前，我对宇宙的运行没有任何控制权。

（3）我对物理定律没有任何控制权。

（4）如果我对 A 或 B 没有任何控制权，而 A 和 B 又共同决定 C，那么我对 C 没有任何控制权。

（5）因此，如果决定论成立，那么我对我将来的行动没有任何控制。

（6）如果我不能控制我将来的行动，那么我就没有自由意志。

（7）因此，如果决定论成立，那么我就没有自由意志。

关于这个论证，有几点值得注意。首先，前提（1）应当遵循我们对决定论的定义。依据定义，如果决定论成立，那么我们可以选择过去任意的一

---

① 范·因瓦根在他的著作《论自由意志》（*An Essay on Free Will*, 1983）中提出了他的后果论证。

个时刻、宇宙在那个时刻的状态，外加物理定律，从而使得宇宙在将来任意一个给定的时刻都必然以特定的方式排列。粒子在我们体内的排列是宇宙状态的一部分，这意味着我们将来的行为将受制于过去的状态以及物理定律。由于前提（1）遵循决定论的定义，它应当是没有争议的。①

前提（2）和前提（3）也应该是没有争议的。除非我们对时间的运行方式持有一种**非常**古怪的观点，否则，我们只能接受前提（2）。前提（3）可以根据我们对"物理定律"的定义推出来：能够被我们**改变**的东西根据定义就不是一条自然的法则。②

前提（6）应该是遵循了我们在前一节中采取的关于自由意志的"退路说"。我假设在能力和控制权之间存在着相当紧密的联系：具体而言，对特定情况具有控制权，部分在于拥有一种能力可以影响到所发生的事情；如果我没有控制权，那么我也就没有这种能力。举个例子，如果我打算买一条船，但我无法控制这一事实，那么我就没有能力不买一条船。有些人质疑前提（6），我将在下一章讨论他们的观点，但我希望这个前提目前在直觉上是可信的，足以让你暂时接受它。

最后，前提（4）作为一条一般原则也应该在直觉上是可信的。你也可以选择将其描述为缺乏控制是可传递的，从某种意义上说，它是通过因果关系（或者更准确地说，通过强制的关系）"传递"的。如果我不能控制A，而A又必然导向C，那么我也不能控制C；因此，我对A的缺乏控制权"延续"到了C，因为只要A存在，C就为真。

这里呈现的前提（4）只是这一基本原则的一个稍微复杂一点的版本，现在有两组事实共同作用使得第三组事实成为必然，而我对这两组事实都没

---

① 你可以主张前提（1）是错误的，但这样你就不是在做一个哲学的断言，而是在做一个有关"决定论"这个词含义的语言学断言。

② 更准确地说，在英语中，我们可能会说，这是一个关于物理定律的分析真理，也就是说，"我们无法控制这些定律"的事实可以从"一条定律"的概念中推导出来。这和说它遵循定义略有不同，因为定义是需要明确地用语词表达出来的东西。即使我们还没有明确地用语词定义"法律"，假如我们对它足够了解的话，我们仍然可以从相关的概念分析得到关于法律的正确主张。

第五章　自由意志和决定论

有控制权。我们很难看出增加更多的事实会怎样改变"缺乏控制"的基本传递性,所以我希望这个更复杂的说法在直觉上仍然是可信的。(一个比喻能使它更有说服力:假设,如果下雨则栀子花一定会被淋湿;没有人能做什么来充分地挡雨。假设我无法控制是否下雨,那么,我应该无法控制栀子花是否会被淋湿。)有些人的确拒斥这种说法,但我们将在本章的后文中探讨他们的观点。所以现在,就像前提(6)一样,我请求你们暂时接受这一前提。

在继续讨论之前,我们应当注意到一件非常重要的事情:后果论证并不是要表明不存在自由意志。这不是它的结论。相反,它的结论是**有条件的**(conditional)。后果论证的目的在于表明,如果决定论是正确的,那么就不存在自由意志。有多种方式能够回应后果论证,而我们对它的回应方式,部分地取决于我们是否认为决定论是正确的。

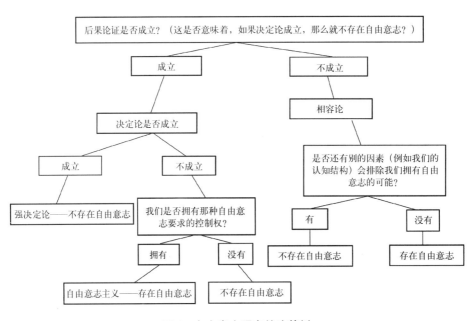

图4 自由意志观点的决策树

关于自由意志有许多不同的观点,它们彼此之间有着复杂的关系,所以在介绍性图书中,以图的形式体现这些观点是很常见的。不幸的是,在我看来,这些表述往往具有误导性。我认为能够说明这些不同观点之间关系的最准确的方法是使用第二章中提到的决策树。我们可以考虑一系列问题，并根据我们回答这些问题的方式，最终接受关于自由意志的不同观点。第一个问题是后果论证是否成功，也就是说，决定论的成立是否真的意味着我们没有自由意志。如果我们对这个问题的回答是肯定的，那么下一个问题就是决定论是否真的成立。

强决定论

假设我们对第一个问题的回答是肯定的——我们认为决定论的成立意味着没有自由意志，又假设我们对第二个问题的回答也是肯定的——我们认为决定论实际上是正确的，那么，由此可以得出，没有自由意志。这种观点有时被称作**强决定论（hard determinism）**，它主张自由意志是不存在的，因为宇宙的决定论本质使得自由意志成为不可能。

道德责任需要自由意志。因此，强决定论的一个明显含义是，没有人在道德上对任何事情负有责任。我用最后几章的篇幅来论证人们有时在道德上应该对某些事负责，因此你可以想象，我对强决定论有一个非常明确的立场，即认为它是错误的。当然，这是非常反直觉的，因为这隐含着这样一点：许多常见的直觉判断是错误的。它意味着，像麦克维这样的行动者对自己的行为不负有道德上的责任，而我们大多数人可能会为此感到惊讶。这也意味着，有关惩罚的报复主义观点（刑罚是对罪犯造成的损害的一种报复）是错误的：如果没有人对自己的行为负责，那么就没有人应该受到报复主义意义上的惩罚。那些倾向于接受报复主义的人也会发现这种隐含的意味是令人惊讶的（当然，并不是每个人都倾向于接受报复主义）。

我认为在道德哲学中有时会有令人惊讶的发现，强决定论具有令人惊讶的含义这一事实并没有为我们提供一个决定性的理由来拒斥它。相反，我认为我们应该拒绝这个观点是因为有很好的理由认为第一个问题的答案实际上是"不"——也就是说，有理由认为决定论的成立并不意味着没有人拥有自由意志。我将在本章后面讨论这些理由。现在，我就强决定论的含义再简要地说两句。

大多数强决定论者相当坦率地承认这样一个事实，如果他们的观点是正确的，就需要我们对社会做出重大改变。就目前而言，我们的法律和社会实践通常围绕着这样一种假设：人们有时要为自己的行为负责。例如，大多数社会都认为被捕入狱是一种不愉快的经历，而大多数社会成员并不会因这一事实而感到过分不安；其中隐含的假设似乎是，大多数入狱的人应当经历一些不愉快的事。但如果强决定论是正确的，那么没有人应该经历任何不愉快，因为没有人在道德上负有责任，也没有人应该受罪。

佩雷伯姆（Derk Pereboom）是最著名的强决定论者之一。他认为，我们应该改变我们的刑事司法系统，让监禁的设置仿效医学隔离。① 几乎每个人都同意，隔离患有某种传染病的人是道德上可以接受的，虽然这对被隔离者而言可能是不愉快的，虽然这些人并没有做错什么，但为了保护他人，这种不幸是必要的。佩雷伯姆认为刑事惩罚也应该起到同样的作用：我们应该隔离罪犯，这是为了保护他人，而不是为了让那些罪犯自己感到不愉快。在佩雷伯姆的模型中，我们应该让那些被监禁的人尽可能舒适地待在监狱里——至少让他们在确保被安全关押的情况下尽可能舒适地待在监狱里——就像我们试图让那些被隔离的人尽可能舒适地待在隔离房里一样。

虽然我认为强决定论是错误的，但这并不是说我们不应该认真对待它。它是否正确取决于对图中问题的正确回答；一系列回答引出它是正确的。尽管由它所隐含的东西是违反直觉的，但如果一个人对这些问题的回答比对责任和惩罚的直觉更有信心，那么接受这些隐含的东西可能会变得有意义。现

---

① 参见佩雷伯姆的著作《没有自由意志的生活》（*Living Without Free Will*, 2001）。佩雷伯姆自己否认"强决定论"的标签，因为他认为，由于量子力学，决定论在技术上可能并不成立。我们将很快讨论量子力学，但就我们的讨论而言，佩雷伯姆可以被视作一个强决定论者。

在，让我们考虑一下通过其他方式回答这些问题可以达到的立场。

自由意志主义

假设我们仍然对第一个问题回答"是"，但现在对第二个问题则回答"不是"。也就是说，我们接受后果论证，相信决定论的成立会导向自由意志不存在，但我们也相信决定论实际上是不成立的，那么，我们是否相应地承诺相信自由意志？

并非如此。以这样的方式回应前两个问题仅仅意味着自由意志是可能的，或者至少它不会因为宇宙是被决定的而不可能。自由意志仍然可能因为其他原因而不存在。因此，这里还有第三个问题。既然确立了自由意志并非因为宇宙是被决定的这一事实而不可能（因为，按照我们现在所假定的观点，宇宙并非被决定的），我们现在必须问，实际上是否存在自由意志？对第三个问题回答"是"的人，以及相信不存在决定论是自由意志的必要条件的人，被称为**自由意志主义者（libertarians）**。①

在这里很自然地需要暂停一下，来解决一个非常重要的难题。根据20世纪占主导地位的物理学理解，实际上决定论可能并不成立。

一百多年前，至少在某些领域，牛顿力学开始为量子力学所取代。牛顿力学对理解那些大到我们能看见的物体，以及大多数小到我们看不见的物体的运动仍然是极为有效的。但是非常非常小的物体——比如电子这样的基本粒子——现在被认为遵循了一套不同的规则。这并不意味着在宇宙中实际上有两套规则在起作用，一套适用于非常小的物体，另一套则适用于其他任何

---

① 还有一种政治哲学叫做"自由至上主义"（libertarianism），但它与有关自由意志的自由意志主义（libertarianism）完全无关。二者有着相同的词根——"自由"（liberty），但自由意志主义涉及意志自由，而自由至上主义涉及政治自由的特定概念。

东西！相反，人们普遍认为量子力学描述了宇宙"真正"的运行方式。① 当有很多很多基本粒子在一起运动时——好比在一个像棒球这样的宏观物体中——它们的集体行为近似于牛顿力学能够预测的结果。所以应用于宏观物体的牛顿力学应该"摆脱"了量子力学；它并没有真正描述宇宙的基本定律，而是代表了一种对许多实际用途有用的"近似值"。

量子力学定律可能暗示宇宙在亚原子尺度上并非被决定的。其中的细节是复杂的，我在此提供一个高度简化的示意性描述。其基本的观点是，有时有关将来行动的微观系统并非完全由过去的状态与物理定律决定。例如有时候，一个电子将来可能会在两条行动路径中选择一条——在 t_2 时，它可能走这边，或者在 t_2 时，它可能走那边。而宇宙在 t_1 时的状态并不能决定电子在 t_2 时最终会走哪条路径！既然决定论意味着宇宙中将来的一切都是由过去的状态和物理定律决定的，而既然电子是宇宙的一部分，像电子这样的物体可以以这种方式运动的事实意味着决定论是不成立的。

我不是物理学家，而在这个领域或许我们应该听从物理学家的意见。② 对于量子力学是否真的意味着像电子这样的粒子的运动是非决定的，物理学家之间显然存在分歧。量子力学有不同的"解释"，其中一些解释允许世界在 t_1 时的某些特征决定电子在 t_2 时的运动。如果这样的解释是正确的，那么世界很可能是被决定的。但按照我的理解，大多数物理学家拒绝这种解释，并的确认为量子力学意味着宇宙不是被决定的；既然量子力学可能是正确

---

① 我把重力问题先放到一边。科学家使用另一套定律——广义相对论——来解释引力的相互作用。而且，至少从表面上看，广义相对论定律与量子力学定律似乎是真正分离的。科学家不大愿意接受这样一种观点，即可能会有两组不同的物理法则同时起作用，而现代物理学的一个主要的问题在于是否可以根据量子力学来解释广义相对论，广义相对论又是否能够用来解释量子力学，抑或两者都可以根据尚未被发现的第三套定律得到解释。

② 当物理学和哲学以一种严肃的方式发生交集时，就像这里我们遇到的情形，对每一个参与其中的人而言，几乎总是一个富有挑战性的时刻。哲学和物理学都是困难的，要想做得正确必须接受专门的训练。（不过，说实话，我们应该承认物理学可能更难，需要更多专门的训练。）很少有物理学家受过严肃谈论哲学问题所必需的训练，而受过严肃谈论物理学所必需的训练的哲学家则更少。所以当物理学在哲学语境中出现时，非常重要的一点是，我们必须意识到自己的认知局限性，并特别小心地向前推进问题。

的，那么决定论就可能是不成立的。此外，大多数哲学家接受这一结论。我还没有发现哪个正在研究自由意志的哲学家明确地声称宇宙的确是被决定的。

许多哲学家仍然在自由意志的背景下讨论决定论的原因是，许多人相信，尽管宇宙并非真的是被决定的，但它对大多数实际目的而言，是"足够"决定的了。量子力学所描述的不确定事件只发生在极小的尺度上，而宏观物体的行为则是被决定的。这里提到的"宏观"物体包括许多我们通常认为是非常小的物体，例如个体的细胞，甚至像蛋白质和 DNA 这样的有机分子。至少依照标准观点来看，人类的行为不是由电子自身产生的；相反，这些行为是由神经元这样较大的结构产生的。如果神经元的行为是被决定的，那么产生人类行为的过程在功能上就具有确定性；这种情形下，对自由意志而言，相当于承认了决定论的确成立。①

然而，一些自由意志主义者抓住了量子力学隐含的不确定性，认为这是非常重要的。他们正确地指出，有一些方法可以将非常微小的现象"放大"，从而对宏观物理系统的运行产生影响。在这方面有一些无可争议的例子。例如，放射性衰变是一种根据量子力学被认为是不确定的事件。某些种类的原子核是不稳定且易于衰变的，在这一过程中释放出辐射粒子。但对于任意一个特定的原子核是否会在现在或者以后衰变，并不能预先决定：这应该是随机的。盖革计数器是一种辐射探测器，即使你不知道这个名字，也可能会通过它独特的咔咔声认出它来——在电影和电视节目中，它经常出现。每当盖革计数器检测到辐射粒子时，就会发出"咔"的一声。因此，从本质上说，它是一种放大一个微小的、不确定的事件（单个放射性原子核的衰变）从而导致一个宏观事件（能听到的咔咔声）的机制。这意味着，一个声响是否会在任何给定的将来时间出现是不确定的，因为它依赖于一个本身是不确定的

---

① 如果上述解释不清楚，可以考虑一个修改后的后果论证版本。"如果宏观物体的决定论是正确的，那么我将来的行动是由我的神经元先前的状态与神经元运作的定律共同决定的……"读者可以试着补全这个论证的其余部分作为练习。

量子事件。①

一些自由意志主义者认为，可以想象，在人类行动的产生过程中也会发生类似的事情。在大脑的某个地方，不确定的量子事件发生了，而后被放大，从而对大脑的宏观运动产生影响，进而导致我们以某种特定的方式而非别的方式行动。我们的行动在一定程度上是由这些不确定的量子事件造成的，因此它们并不完全由宇宙过去的状态和物理定律决定。

我们还没有一个足够完整的大脑运作模型来果断排除量子事件在产生我们行为的过程中扮演重要角色的可能性。然而，我觉得有必要提一下，我对这种意见深表怀疑。在大众和非科学语境中，关于大脑有多神秘而科学家对它的理解又是多么贫乏的讨论有很多。但我认为这种说法是非常具有误导性的，而自由意志主义者在此提出的意见反映了在这个问题上的一些普遍的困惑。

打个比方吧。读者可以将当前对大脑的科学理解与一个一般人——一个博览群书但缺乏任何工程师或机械师培训的人——对汽车操作的理解进行比较。那个一般人可能对汽车某些部分的操作非常了解——例如，他或许能够绘制一张相当好的内燃机工作原理图，但也许还有其他一部分知识他完全不了解——对于催化转换器，只知道它们很重要以及小偷喜欢偷它们这一事实②，其余一无所知。而他对汽车的其他部分的了解则可能介于这两个极端之间。普通人知道它们在做什么，却不知道它们是如何工作的；从功能上而言，它们对他来说是"黑匣子"。也许传动装置就是这样的——一般人都知道它以可变比例将机械动力从引擎传递到车轮，却不知道它是如何机械地实现这一点的。

---

① 如果你对通过行动观测类似现象感兴趣，可以看看自己附近的科学博物馆是否有展示云室——这是一个充满蒸汽的房间，当带电粒子通过它时，蒸汽就会凝结。放置在云室中的一小块放射性物质样本将被不断变化的、肉眼可见的轨迹所包围——每条轨迹都是由单个辐射粒子在穿过蒸汽时形成的。

② 我不知道中国的情形如何。这种情况在美国偶有发生，因为催化转化器含有铂等贵金属。

那么，一般人理解一辆车吗？我认为答案取决于我们对哪种理解感兴趣。一般人对汽车的了解肯定不足以从零开始制造一辆汽车，也可能不足以自己进行高级维修。另一方面，他对汽车有足够的了解，对他而言，汽车不是一个非常神秘的东西。他知道，它不是一辆不可思议的，以至于可以抗拒一切理性解释的战车。他知道这是一个兼有机械和化学的系统，他也有理由假设，无论催化转换器是干什么用的，它都是通过机械或化学的方式工作的。他甚至知道汽车如何把人从一个地方带到另一个地方的"基本"原理——它通过燃烧的过程，将石油中的化学能转化为机械能。

我认为，目前对大脑的科学认知也处于类似的状态。科学家对大脑的某些部分了解得相当透彻，可以绘制出相当好的原理图来说明这些部分的功能。还有一些部分的功能得到了理解，但其内部运作却没有被揭示；因此，这些目前都是"黑匣子"。可能还有剩下一些部分，科学家尚不能确定它们的功能。这就相当于：从实际角度来看，我们对大脑的理解相当贫乏。例如，当大脑出现问题时，我们的认知还不够充分，无法非常有效地修复它。但在一个非常抽象的理论意义上，我们的确很好地理解了大脑。它并不神秘；我们知道，它不是一个神奇的"思想盒子"，仅仅从以太中就能产生精神现象。我认为，我们知道大脑运作的基本原理，那就是**"计算"**（computation）。

大脑中那些得到透彻了解的部分已经被表明本质上是计算系统——这些系统的基本目的是以一种类似于电子计算机的方式处理信息。例如，视觉皮层的作用是处理通过眼睛看而进入大脑的图片，识别出这些图像中的重要图形，然后将这些经过处理的信息——也就是那些关于图像中哪些已经被识别的信息——传输到大脑的其他部分。科学家们发现，视觉皮层中的神经元对传入信息的操作方式有点类似于计算机中的逻辑门。一个神经元可以"通路"——发送信号给另一个神经元——或者"不通路"。这类似于计算机中的一位可以有0或1的值。而当足够多的神经元以正确的方式相互连接时，它们通路或不通路的模式就可以过滤信息。这就是视觉皮层如何处理由眼睛提供的，通常是混乱的图像，并挑选出线条、实体区域，甚至像手和脸这样复杂的形状的方式。

上述讨论可能对那些已经对计算机科学或神经科学著作有一定阅读的人更有意义。如果对你来说，这一切听起来都很模糊，不要太过担心。① 其主要观点是：鉴于我们目前对大脑的功能及其运作方式的最佳理解，量子事件能发挥重要作用的"空间"并不大。心理过程并非起源于个体神经元深处的某些神秘的地方；相反，它们来自许多神经元共同工作的协调活动。从本质上讲，这种活动与你的手机或电脑里的微型硬件的活动并没有太大的不同。实际上，许多哲学家和科学家认为，原则上，你可以用其他计算结构取代生物神经元，而不改变或破坏它们所支持的心理过程。也就是说，如果你把一个人的神经元换成一块具有相同输入和输出模式的电脑芯片，并且采用和被替换神经元相同的方式处理输入，那么这个人的思想和行为就不会发生任何改变。② 如果这是正确的，它就削弱了量子事件可能在认知中扮演重要角色的观点。毕竟，计算机芯片不具有与神经元相同的物理结构，因此对它而言神经元可能用来放大量子事件的任何假设机制都将不复存在。

当然，那些相信量子事件发挥重要功能的自由意志主义者可以做出反驳。他们可以指出，神经元和它们的行动比我所说的要复杂得多，神经元和数字逻辑门之间的类比是不完美的。他们指出这一点是对的！但我恰好认为，复杂性和不可类比性并不会改变大脑和计算机之间进行对照的根本有效性，当然许多自由意志主义者会对此持有不同观点。但关键是，提供相应论据是他们的义务。我们最好的模式给了我们一个相当好的理由认为量子事件在大脑中并不发挥重要功能，如果自由意志主义者想让我们相信量子事件发挥了这样一种功能，相比于简简单单就为大脑的一些尚不清楚的功能所吸引，他们必须给出更多证据。

不管怎样，为了讨论的方便起见，让我们假设自由意志主义者在这一点

---

① 关于这个主题可参阅一本出色的导论性的书，即贝克特尔（William Bechtel）所著的《心理机制》(*Mental Mechanisms*, 2008)。
② 参见查默斯的论文《不在场的感受质，消退的感受质，跃动的感受质》("Absent Qualia, Fading Qualia, Dancing Qualia", 1995)。它基于这一前提，而且是一个著名的思想实验。

上是正确的。大脑的行为不是被决定的，因为它受到某些量子事件的影响，而这些量子事件本身也不是被决定的，并被某些特殊机制放大，从而产生宏观效应。因此，由大脑产生的人类行为并不总是由过去状态和自然法则共同决定的。也许我还没有打定主意要不要买一条船，而事情可能朝任何一个方向发展，也就是说，我还没有被决定是否买一条船。这是否就意味着我有自由意志？这个问题是下一节的主题。

自由意志主义与控制权

即使自由意志主义者成功地证明了我们的行动不是由过去所决定的，他也只完成了自己目标的一半。决定论之所以被认为是对自由意志的威胁，是由于它阻止了我们对自己的行为具有控制权。因此，真正重要的不是决定论本身，而是这种控制是否存在。为了表明我们拥有自由意志，自由意志主义者仍需要表明，我们对自己的行为有控制权。

我们有理由担心他无法做到这一点。为此可以考虑一个后果论证的修改版本，它已经得到扩展，以适应随机量子事件在我们的行为中发挥作用的假设。与原论证版本的不同之处用黑体表示：

(1) 如果决定论不成立，那么在我出生之前，宇宙的状态，加上**物理定律和一些随机的量子事件**，使我未来的行为成为必然。
(2) 在我出生之前，我对宇宙的状态没有任何控制权。
(3) 我对物理定律没有任何控制权。
(4) **我无法控制随机的量子事件**。
(5) 如果我对 A、B 或 C 没有任何控制权，而如果 A、B、C 共同决定 D，那么我对 D 就没有任何控制权。

（6）因此，如果决定论是不成立的，那么我对自己将来的行为没有任何控制权。

（7）如果我不能控制我将来的行为，那么我就没有自由意志。

（8）因此，如果决定论是不成立的，那么我就没有自由意志。

这个版本的推论承认，如果决定论不成立，那么有三个因素共同导致我们以特定的方式行动——与之前一样的过去状态和物理定律，现在又结合了随机的量子事件。问题是，相比于过去状态或物理定律，我对随机的量子事件并不具有更多的控制权。如果这是正确的，那么这个额外的第三个因素并没有提高我对自己行为的控制水平，而且它似乎并没有真正帮到那些自由意志主义者，他们最终当然是想要证明我们确实拥有自由意志所必需的那种控制权。

在这一版的后果论证的背景下，有一个重要的假设在起作用。这个假设是量子事件实际上是随机的。而一个事件是随机的，就意味着我们不能解释它为什么发生，而大多数量子事件——如果量子力学的标准解释是正确的——肯定是随机的。例如，在很多情况下，无法解释为什么一个电子跑到了这里，而不是那里。这些事件的随机性实际上非常紧密地与这样一个事实相联系，即它们都是不确定的。如果这里有一个关于为什么电子跑到了这里而不是那里的解释——也就是说，如果有一些事实，对它为什么朝着那个方向运动做出了解释——那么其行为将由这些事实所决定，而我们也就能够通过提前观察这些事实从而查明这个电子将会走哪一条路。前提（4）被认为是正确的，因为根据定义，随机事件是一个无法解释的事件。如果我能控制量子事件，就可以对它们做出一个解释，它们就不会是随机的——从而我能做出这样一个关于"为什么一个电子跑到了这里，而不是那里"的解释，可以被理解为是我决定了这个电子跑到这里，或沿着某些直线运动。

因此，自由意志主义者似乎需要宣称，有一些量子事件——那些在大脑中发生的，而且对我们的行为产生影响的事件——不是随机的。我们必须以某种方式控制这些量子事件，以便我们能够控制它们所引起的行动。

为了能令自由意志主义者宣称上述这一点，让我们详细考虑这样一种可能的方式。下述建议是对笛卡尔所捍卫的观点的改编版。笛卡尔被认为是第一个"现代"哲学家，尽管在他所处的年代，牛顿力学定律尚未被提出，但他敏锐地意识到当时新兴的宇宙物理宇宙图景是法则的辖域。笛卡尔的主要成就之一是，他认识到，人类和动物生物学原则上可以仅仅依靠这些法则来得到解释。尽管生命体是非常复杂的，但它们是由许多更为简单的部分组成的，其中每个部分的行动都有其规律，且符合法则；而人的肢体行为作为一个整体，可以被理解为从其各部分的有规律的、受法则支配的行为中得到表现。

然而，由于种种原因，笛卡尔认为人类的精神生活不能用同样的方式得到详尽的解释。因此，他得出结论，人的一部分——心灵——必须是非物质实体，它不与物质一样遭受相同法则的约束。虽然肉体和非肉体的心灵在构成上是截然不同的，但它们必须保持联系以交换信息——心灵向身体发送指令，而身体向心灵传输感官信息。这意味着，要想笛卡尔的模型是正确的，身体里必须有某种东西作为双向"传递器"，允许身心交流的发生。

笛卡尔的观点现在通常被称为**物质二元论（substance dualism）**，因为它认为心灵和身体是由两种根本不同的物质组成的。① （它有时也以笛卡尔命名，被称为"笛卡尔式二元论"。）尽管这种观点存在许多问题，但其中的两个问题与我们的目的特别相关。第一个问题是，尽管这种观点要求有一个"传递器"来允许身体和大脑之间的交流，但在人体中似乎根本没有任何结构可以满足这种需求。笛卡尔认为松果腺是传递器。由于腺体的大小、结构和在大脑中的位置，它似乎是一个合理的候选者；然而，我们现在知道，松

---

① 虽然我在这里描述的观点代表了对笛卡尔的一个相当标准的解释，但还有很多其他可能的解释。就我们的目的而言，历史上的笛卡尔实际支持的是哪种观点并不重要——不管它的历史起源是什么，我们的兴趣是这种观点的一个版本是否对现代自由意志主义者有帮助。关于笛卡尔的各种解释（以及他对松果腺的看法，在下面讨论），请参阅罗克豪斯特（Gert-Jan Lokhorst）的《笛卡尔与松果腺》（"Descartes and the Pineal Gland"，2013）。

果腺实际上是内分泌系统的一部分,它的功能是产生激素。

进一步的问题是,笛卡尔提出的模型似乎不仅要求非物质的心灵独立于物理定律,还要求它主动违反物理定律。物理学中最重要的原理之一是能量守恒定律。根据这一原理,宇宙中的总能量始终保持不变。虽然能量可以改变它的形式或从一个地方转移到另一个地方,但它不能被创造或消灭。在笛卡尔的模型中,大脑能够使身体中的传递器轻微移动;正是通过这个移动,来自心灵的信息被传达到身体。但是一个运动中的物体,无论多么微小,都比静止的物体拥有更多的能量,因此,要想使这个模型运作,心灵必须能够将能量引入物质宇宙——从物质宇宙的角度来看,这种能量本质上是"不存在的"。这个过程显然违反了能量守恒定律。[1]

之所以在这里花一些篇幅来描述笛卡尔的观点,是因为自由意志主义者可以诉诸类似的东西,从而表明我们是如何已经对自己的行为有控制权。如笛卡尔所言,假设存在一种非物质的心灵,并假设正是这种非物质的心灵决定了我们如何行动。现代自由意志主义者可以用量子力学来解释这种非物质的心灵是如何与身体交互作用的,而他的解释可以避免笛卡尔模型面临的一些问题。

他可能会声称,非物质的精神通过偶尔改变大脑中某些量子事件的结果来影响身体。有时,大脑中一个给定的电子是否会移动到这里或那里是不确定的——至少在物理定律下是这样的。非物质的心灵以某种方式介入并导致电子来到这里。量子事件随后被以这样一种方式放大,进而导致身体去买一条船——然而,假如心灵是让电子去了那里,身体就不会去买一条船。这个模型不需要有一个专门的、宏观的器官来充当心灵和身体之间的交流点。因为这种交流是以心灵对量子事件加以影响的形式发生的,所以我们应该会认

---

[1] 甚至在笛卡尔的时代,这种反对意见也有不同的版本:波希米亚公主伊丽莎白在给笛卡尔的一系列信件中,提出了一个著名而尖锐的问题,即非物质(灵魂)如何导致物质(身体)移动。关于这些信件的讨论,参阅夏皮罗(Lisa Shapiro)的《伊丽莎白公主与笛卡尔:灵魂与肉体的结合和哲学实践》("Princess Elizabeth and Descartes: The Union of Soul and Body and the Practice of Philosophy", 1999)。

为它太小了，无法观测；它甚至可能发生于分布在大脑周围的多个位置。（也许它甚至发生在每个神经元中！）① 而且这种交流方式似乎并不违背物理定律。毕竟，电子在这里或那里运动是符合物理定律的，大脑只是确保是这些可能的结果中的这一种而不是另一种发生。

这种策略将允许自由意志主义者坚持这样一种主张，即我们的行动是由我们的思想造成的。如果我们控制了我们的思想，那么随之而来的就是我们控制了我们的行动。但我们真的在上述意义上控制了我们的心灵吗？

假设我的非物质的心灵已经决定我将要去买一条船，我们可以合理地提出以下问题：为什么我的头脑决定这样做，而不是决定不去买船？一个可能的答案是，对此没有解释，我的大脑决定做什么基本上是随机的。对自由意志主义者而言，这不是一个非常令人满意的答案，因为我们无法控制随机发生的事件。

如果我的心灵决定去做的事情并不是随机的，那么对它而言一定存在一些解释。哪种解释是正确的，取决于关于心灵的非物质世界如何运作的细节。我不认为存在这样的非物质世界；这意味着，对我来说，这是一个关于想象中的世界的假设性问题，我不认为我们能够找到关于这一问题的非常确切的答案。我认为，即使是那些相信非物质世界存在的人也会承认，我们对其运作的原理了解得不多。但是，对于这个问题可能会有怎样的回答，我们可以做一些非常普遍的观察。也许一个合适的答案应该是这样的：心灵的非物质世界，就像物质世界一样，依照规律运行。当然，在那里没有物理定律，这些心灵的规律也并不支配着物质实体之间的交互作用。但无论如何，它们都是规律，肯定有某些非物质实体，其交互作用受它们支配。

---

① 当然，的确需要在神经元中有一个特定的位置来使其发生。物理学家彭罗斯（Roger Penrose）指出，被称为"微管"（microtubule）的细胞结构值得特别关注。虽然微管通常被理解为使细胞保持一个特定形状的结构元素，彭罗斯表明它们的几何和化学成分的某些特性会使它们适合以放大量子事件等方式影响大脑的宏观运动。参见他的著作《心灵的阴影》（*Shadows of the Mind*, 1994）。彭罗斯本人对非物理的心灵通过量子事件影响大脑的可能性不屑一顾，但如果微管确实具有彭罗斯赋予它们的特殊属性，就很容易看到一个二元论者如何利用它们来为自由意志主义辩护。

例如，假设构建起非物质的精神世界的基本单元是一种思想，就好像我们的信仰或欲望，也许非物质世界有如下这样一条定律：如果一个对于 P 的欲望与"做 φ 就会得到 P"的信念相结合，那么对 φ 的决定就形成了。根据这条定律，当我想要一条船，并且相信"买一条船可以满足我对一条船的欲望"时，结果我就会决定买一条船。因此，我的非物质的心灵所做出的，购买一条船的决定是可以被解释的，它诉诸与之相关的信仰和欲望。

问题是，这引起了一个更深层次的问题。如果信仰和欲望以上述方式相互作用形成决定真的是非物质世界的一条法则，那么，一旦我有了相关的信念和欲望，我的决定就不再处于我的控制之下——它是自动发生的，与法则相符。只有当我能够控制相关的信念和欲望时，我才能控制这种决定。然而，这似乎不太可能。我们可以问同样的问题，例如，最开始我是怎么想着要一条船的。它要么是随机的，因而不在我的控制之下，要么是根据控制着欲望获得的精神领域的其他法则发生的。如果我们沿着因果链回溯得足够远，最终会到达我在儿童早期的一个时刻，那时我还太小，不能控制任何事情。

正如你可能已经意识到的那样，这导向了后果论证的另一个版本——它适用于非物质世界，而不是物质世界。

（1）我的非物质的心灵的活动要么是随机的，要么是由我年幼时期的非物质世界的状态，以及非物质世界运行的规律所决定的。

（2）如果我的行动是随机的，我就无法控制它们。

（3）在我年幼的时候，我没有（也不曾有过）对非物质世界状态的控制权。

（4）我对非物质世界运行的规律没有控制权。

（5）因此，如果这些事物决定了我的非物质心灵的活动，那么我对自己的非物质的心灵的活动就没有控制权。

（6）因此，无论在哪种情况下，我对自己非物质心灵的活动都没有控制权。

(7) 如果我不能控制我非物质心灵的活动,那么我就没有自由意志。

(8) 因此,我没有自由意志。

断言支配非物质世界的法则比我在这里想象的要复杂,对自由意志主义者而言,也并无帮助。例如,他可能会提出,这些定律实际上是概率性的。也许它们所暗示的并不是这样一种情况,即当相关的信念和欲望相结合时就会形成一个决定;相反,它暗示了在这些条件下很可能形成一个决定。但这并不起作用,因为它只是将随机性元素融入到定律当中,当然,我们无法控制随机的东西。指出定律必须考虑多重相互竞争的欲望也是不起作用的;这使得定律更加复杂,而心理系统的结果更难以预测,但这并不能改变我们无法控制它们的事实。

自由意志主义者对这些问题提出了各种各样的解决方案。但这一章已经很长了,我认为我们不需要在这里讨论任何进一步的方案。在我看来,自由意志主义对自由意志的描述都停留在一个非常基本的问题上:给一个系统增加不确定性,无论是物质的还是非物质的,都不会增加我们的控制水平。

但这并不意味着我们需要放弃自由意志。到目前为止,我们的讨论已经假定我们接受后果论证,也就是说,我们已经假定如果决定论是正确的,那么自由意志就不可能存在。但我们将在下一节看到,有一种非常有影响力的哲学观点认为后果论证并不成功。

相容论

让我们回想一下,后果论证成立的关键有赖于前提(4):

> 如果我对 A 或 B 没有任何控制权,而 A 和 B 又共同决定 C,那么我对 C 没有任何控制权。

我曾经承诺我们会在本章后面回到这一前提。在本节中,我们将探讨为什么许多哲学家相信前提(4)实际上是错误的。

前提(4)看上去当然是正确的。一些人拒绝它的原因是他们采取了一种特殊的方式来理解"对某事拥有控制权"的含义。因此,我们来考虑一下这个问题:当我说我"控制"某个事件是否发生时,我到底要表达什么意思?

我们来思考这样一个例子,在合适的条件下,对于一辆遥控汽车,我们绝对可以拥有控制权。我正在想象的是一种由电池驱动的小型玩具车,它可以通过按遥控器上的按钮来驱动。当一切工作正常时——当汽车和控制器都有电池,它们的电源都被打开,且当它们都能正常工作时——拿着遥控器的人就拥有汽车行驶的方向的控制权。如果他向前推动控制杆,汽车就会前进;如果他向后推,汽车就会倒退,以此类推。

即使拿着遥控器的人并没有马上移动汽车,这也是正确的。假设我拿着遥控器的时候被什么东西分散了注意力,所以我没有马上去玩汽车,而是在看别的东西。但我仍然可以拥有对汽车的控制权,因为如果我推动了控制杆,汽车就会像我所希望的那样来回移动。

但现在假设,当我分心时,遥控器内部出了问题。当遥控器在我手里的时候,其中一个微小的电子连接断开了,而且,尽管我没有意识到,遥控器已经不能与汽车通信了。如果我现在推动控制杆,什么也不会发生,汽车也不会去任何地方。问题是:既然我手里的遥控器坏了,我还能控制这辆汽车吗?一个自然的回答是"不"。我要想说自己能控制这辆汽车,就必须在这样一种情况下,即当我想让它移动的时候这辆车就会移动。即使我不再想让这辆车运动,如果我想让它动起来,它却不会回应我的欲求,这就意味着它不再处于我的控制之下了。

这个关于遥控汽车的故事表明了一种特殊的控制方式,我称之为**"控制**

的反事实解释"(counterfactual account of control)①:

> 在这样一种情况下我控制了 P,如果我有某种心理状态,P 就为真,而如果我有其他心理状态,P 就不为真。

在这种解释之下,我对 P 的控制就是这样一个事件,即 P 对我的心理状态做出反事实的反应。**"反事实"**(counterfactual)是这样一种说法,它要求关于一种现实世界所不是,但可以是的形式。就目前的情况而言,比如说,我的房子并没有着火。但如果着火了,我的火灾警报器就会响。这意味着我的火灾警报器对火灾的出现是有反事实反应的。考虑到实际上没有火灾,警报器是静音的。但是如果发生火灾,警报器就会被激活。

当我们说某件给定的东西对我的心理状态有反事实反应时,意思是说,如果我的心理状态不同了,那件东西也会跟着不同。也许你已经开始明白这与决定论是如何关联起来的了。可能是这样,我想要一条船,而我相信通过购买我能得到这样一条船,由此基于因果关系,我被决定了要下决心去买一条船并遵循了这一决心。但是,也可能是这样一种情况,如果我不想买船,那我就不会去买了。那么,我买一条船的行动实际上是对我的心理状态的反应。而且,根据反事实解释,这意味着我买船的行为是处在我的掌控之下的。

那些声称决定论的成立不会阻止我们拥有自由意志的人被称为**相容论者**(compatibilists),因为他们相信自由意志和决定论是相容的,或者是能够共存的。② 相容论者坚决反对后果论证,他们中的许多人——尽管不是全部——之所以这样做,是因为他们接受一些与控制的反事实解释相一致的东

---

① 同样的观点通常被称为"能力的条件性分析"。在此背景下,我将"解释"等同于"分析",并且我已经解释了为什么我认为能力和控制是密切相关的。相比"条件性分析",我更愿称之为"反事实解释",因为这个名字更为准确:"条件性的"满足"如果 P,那么 Q"的形式,而一个"反事实"的内容则满足一个更复杂形式,即"如果 P 已经在某个状态中,那么 Q 就会是那样"。这两种形式在逻辑上是不对等的。

② 自由意志主义者和强决定论者都否认决定论和自由意志是相容的,因此都被认为是不相容论者。

西。当然，这个解释的真实性意味着后果论证的前提（4）是错误的。

为了表明前提（4）是错误的，我们只需要找到一个反例——这样一种情况：一个行动者缺乏对 A 和 B 的控制权，而 A 和 B 又共同决定了 C，但在这种情况下，行动者对 C 具有控制权。如果控制的反事实解释是正确的，那么就应该有这样的反例。

例如，不管我的心理状态是什么，物理定律不会改变，所以它们不会对我的心理状态做出反事实反应，因此也不在我的控制之下。与之相似的，宇宙在我出生前的状态不会因为我的心理状态的改变而改变，所以它也不在我的控制之下。如果决定论成立，那么这两件事结合起来必然会使我以某种方式行动，也必然会使我有一定的心理状态，而这种心理状态将引起我的行动。但是，如果我的心理状态出现了反事实性的不同，那么我就会以与事实不同的方式行动。因此，我的行动是对我的心理状态的反事实反应，而我的确对它们有控制权——即使它们是由其他我无法控制的因素所共同决定的。

关于相容论还可以说很多，但我将把剩下的内容放到下一章，并在此提出三点作为本章的结束。首先，就为什么我们应该认为控制的反事实解释是正确的而言，除了指出在遥控汽车这样的案例中那似乎是凭直觉获知的，我没有特别多的论述。第二，对于那些依据其他理由拒斥后果论证的相容论者——那些没有诉诸对控制的反事实解释的相容论者——我只字未提。第三，相容论的成立并不意味着我们有自由意志——它仅仅意味着我们可以在决定论成立的同时拥有自由意志——而我也丝毫未提及令我们为自由意志感到担忧的其他原因。在下一章中，将这三件事放在一起讨论是最有效的，因为它们都以不同的方式与可能主宰 21 世纪自由意志辩论的威胁——来自认知科学的威胁——有关。

第六章
自由意志和认知科学

在这一章中，我们将详细地讨论认知科学，但在此之前，我想先提出一个区别于认知科学的物理科学问题，作为我们讨论的出发点。（我保证，这是我们在本书中最后一次谈到物理！）设想这样一个场景：我要抛出一样物品，而你的任务就是计算这个物品在落地之前的运动轨道。我举这个例子是有理由的，因为只要学习过高中物理，你可能就解答过类似问题。那么，要计算这个物品的运动轨迹，你需要哪些信息与方程式？

要解答这个问题，你至少需要四类信息。第一，这个物品被抛出时的初始高度（"h"）。这个信息自然是非常重要的，因为初始高度越高，落地所需的时间就越长。第二，它被抛出时的倾角（"θ"）。它也非常重要，因为一样东西以不同角度抛出会有不同的运动轨迹。例如，一般而言，如果从与地面呈45°的倾角抛出，那么这个物品的水平射程会达到最远。第三，它被抛出时的速度（称为初始速度"v"），因为它会影响运动的路程。第四，你需要知道重力加速度（"g"），因为这决定了物体下落的速度。我们假设这件事情发生在地球上，地球上的重力加速度大约是 9.8 m/s^2。就我们的目的而言，我们可以忽略空气阻力和其他因素，仅在以上信息的基础上用一种简单的方式来解决这个问题。

你也会使用以下的方程式①：

$$y = h + (x \times \tan\theta) - \frac{gx^2}{2v^2 \times (\cos\theta)^2}$$

这个方程式说明的是一个物体运动所沿的抛物线或弧线，被用来计算这个物体在其水平路径上的任何一点所对应的垂直高度。其中，y 是物体离地面的垂直距离，x 是物体离投出者的水平距离。例如，假设你站在离我 3.5 米远的地方，试图抓住我抛出的物体。为了成功做到这一点，你就得知道你的手需要放在哪里。你应该会按照下面的方法解决这个问题。假设我在教室里，从 1.5 米的高度，以高于水平面 15 度的角度，以每秒 6 米的速度抛出一个物体——比方说一支粉笔，那么，带入这些数据，我们会得到这样一个等式：

$$y = 1.5 \text{ m} + (3.5 \text{ m} \times \tan 15°) - \frac{9.8 \text{ m/s}^2 \times (3.5 \text{ m})^2}{2(6 \text{ m/s})^2 \times (\cos 15°)^2}$$

可得：

$$y = 1.5 \text{ m} + 0.94 \text{ m} - \frac{120.05 \text{ m}^3/\text{s}^2}{67.18 \text{ m}^2/\text{s}^2}$$

继而可得：

---

① 由于我上一次听物理课已经是很多年以前的事了，在这一章中的计算主要依靠的是帕姆拉（Hanna Pamula）开发的在线"轨迹计算器"，参见 https://www.omnicalculator.com/physics/trajectory-projectile-motion。

$$y = 2.44 \text{ m} - 1.79 \text{ m}$$

最后：

$$y = 0.65 \text{ m}$$

这样，当你离我 3.5 米远时，为了接住这支粉笔，你的手就应该放在距地面稍高半米的地方。

对你们中的大多数人来说，现在这个前提讨论是简单而直接的。但是对另一部分人来说，这或许有一些难度；或许还有人没有仔细阅读这些等式，只是匆匆一瞥就直接跳到了最后的结论。这些都无妨。实际上，在后一种情况下，这个例子所要说明的核心问题会更加突显。

当我在课堂上演示这个例子时，通常而言，在介绍和研究完这个方程式后，我会挑选一位似乎没太听懂的学生——这位同学看上去非常困扰于计算物体轨迹所涉及的物理学知识，而且回答不出我的相关问题。接下来，我会扔一支粉笔给他让他接住。他通常都能接住，而且如果他接住了，我会数落他不肯说实话。我会说，很明显，他是知道如何计算抛物轨迹的。不然的话，他怎么能知道用手接住粉笔的位置呢？而且，就算这位同学不承认，他的数学也一定很好，因为只有这样，他才能在粉笔抛出的几秒钟内填写方程式并算出运动轨迹。

当然，这位同学实际上不懂这个方程式，也肯定无法在几秒钟内解答这个物理问题。然而，这些算式或其他类似的东西，其用处就在于让人接住粉笔，而这支粉笔的确被接住了。这意味着，这个学生不知道如何计算这些方程，但是，某人（或者某物）明显是知道的。这就是这个例子想要说明的东西。

我们将要说明的观点就受到上面这个例子的支持。在过去的几十年里，认知科学家逐渐意识到这样一个事实：我们的思想是由各个部分组成的，这些部分被科学家们称为"**模块**"（modules）。模块不同于构成大脑的各个物理性部分。你可能已经知道，某些心理功能是高度区域化的，例如，一个脑区受损，可能会让这个人丧失语言能力，却不影响他的其他脑力。模块比这要抽象一些。它们是计算的部分，或心灵的"程序"部分，与大脑的特定物理区域并不完全对应。如果你有计算机编程的背景，你就可以把模块视作某种类似于子程序的东西——它是程序的一部分，专门执行一个特定的任务，还可以根据需要被主程序"调用"或激活。

对扔粉笔的演示说明了模块的存在与重要性。为了把手放在接住粉笔的合适位置上，你就必须对粉笔的抛物轨道进行估算。① 当然，你不是有意地完成这个过程，因为即使你不懂物理，也可以像接住那支粉笔一样接住其他东西。（而且在几千年前，那时根本没有人懂物理，人们也一样能接住物品。）我们可以做出如下解释：大脑中存在一个模块，这个模块专门用来模拟世界上各种物理客体的运动轨迹。这个模块不包含任何数字或者算式，但它的作用机制暗含了大量与牛顿物理学相似的东西。所以，例如，一旦你看见一个被抛出的物品，这个模块就会被激活：它首先会收到从视觉系统传来的信号，并得知这个物品的位置和运动速度；然后，会对这个物品大致的运动轨迹做出处理与预测；接着，这个模块会将分析的数据传输到你的肢体控制系统；最后，你的手就可以放到物品运动轨迹中的合适位置并接到它。

根据这个例子，你可以直觉到：虽然你的某一部分模块知道如何计算抛物线，但是作为整体的你可以不必知道。相应的，这种直觉也可以说明：某个东西对你的一部分模块，或心灵的某一个部分来说为真，但不一定对整体的你也为真。［模块，以及其他与认知能力和认知进程相关的东西，都被称为"亚人格的"（sub-personal），与作为整体的人格相区别。］

也不是所有的属性都是这样。有时候，如果对一个事物的一个部分来说，P 是真的，那么对于这个事物整体来说，P 就是真的。有时候，对一个事物

---

① 当然，有些人会指出，对物体的运动轨道的计算从一开始就不是必要的——你可以首先用眼睛来追踪它的飞行轨迹，然后当它靠近时，你将手伸到它的大致位置。这种说明使情况变得更复杂，但从根本上并没有改变我要论述的核心观点。在表象之下，仍然存在着大量的计算——即使不用计算物体运动的整个轨道，你也需要模拟轨道的其中一部分——而且无论如何，即使没有用眼睛紧密观察，人们也能很好地接住这个物品。

的某一部分来说，P 是真的，但对这个事物整体来说，P 不是真的。比如，假设我去参观费城的自由钟（与美国独立运动相关的一座著名的黄铜钟）并用手触摸了它。① 那么，"我摸到了自由钟"这句话就是合理的，即使触碰到自由钟的只是我的手指，只是我身体的一部分。再设想一下，我的手指沾上了墨水，被染成了墨水的蓝色，此时，我就不能说"我是蓝色的"——我不是蓝色的，只有我的手指是蓝色的！如果要说"我是蓝色的"，那就是在说我的整个身体都是蓝色的。②

在此，我想说明的是：比起"摸到了自由钟"，"知道如何计算物体的抛物线"与"是蓝色的"更为类似——对某一部分来说为真的判断，对整体来说不一定为真。当然，这一切都基于自由意志，我即将对此做出解释。但是首先，我们先回到上一章结尾部分的相容论问题，它对我们当下的讨论也大有帮助。

自由意志来源论

有些人会比其他人更不精于技术，而这就是技术服务者们最大的烦恼与乐趣所在。下面这个故事在网上很火，大概也是个真事（虽然我不确定这种事情一定发生过）。

艾伦（Alan）买了一台新电脑，然而，虽然他严格地按照说明书操

---

① 注意：虽然这个行为曾经是被允许的，但现在它是违反规定的，所以我不建议大家做这个动作。
② 我认为所有的英语母语者都会认同我对这些用法的说法，并且我猜想这些用法在不同语言中也是类似的。但是，中文母语者是否会对这些用法存在不同意见？这是个很有趣的问题。如果你对上述句子的用法有不同看法，那你可以试着提出别的例子，如性质 P 对部分为真，也对整体为真；或者性质 Q 对部分为真，但对整体却不一定为真。

作，电脑却仍然无法启动。于是他拨通了电脑公司的技术服务热线，对着一位叫做巴克斯特（Baxter）的工程师控诉电脑公司卖了一台"瑕疵品"给他。巴克斯特让艾伦平静下来后，问了他一些问题，想要找出电脑的故障所在。电脑是插着电的吗？是的，它插在一个插排上。这个插排的开关是开着的吗？是的。这个插排插着电吗？也是的。巴克斯特想不出来还能有什么故障，但在退款之前，他还是让艾伦拍一张启动电脑的照片给他以免遗漏什么问题。当他收到艾伦的照片时，发现：艾伦没有把插排的插头插在墙上的电源上，而是插在了插排本身的插孔里！

艾伦对电脑"故障"的投诉是合理的吗？一方面，这个电脑的确没有"正常运行"——成功启动，在这个层面上，它是故障的；但另一方面，电脑启动失败并不意味着电脑自身有问题。电脑的确没有成功启动，但这件事只能归因于启动过程上的失败。启动过程的失败是有关于电脑的缺陷，但不是电脑本身的缺陷。（如果我们更冷酷一些，甚至可以说：电脑无法启动是因为艾伦自己的过失。[1]）我想你应该也同意，艾伦对电脑公司发火是不合理的。电脑是没有正常运行，但这也不是电脑本身（或者说电脑公司）的问题。

讲这个故事是为了说明一条基本原则——如果要公道地责怪一个产品，那这个产品在功能上的问题必须反映产品本身的某些缺陷。如果产品的运行故障仅仅是因为外部因素，那么实际上我们就不应该批评产品本身。但这并不是要完全否认外部环境与内部瑕疵之间的相互影响。比如，如果艾伦把所有的插头（包括插排的插头）都插好了，电脑却依然不能启动，这就表示这台电脑可能在刚从工厂的装配流水线上下来的时候摔了一下，电脑内部某些部件就此松动，电脑因此运行故障。这样，艾伦对收到一台"瑕疵品"电脑的投诉就是合理的。虽然故障是外部因素造成的，艾伦还是可以将电脑的无

---

[1] 技术支持的工程师会用一套缩写"PBKAC"来描述艾伦这样的情况，它的意思是：在键盘与椅子之间的问题（problem between keyboard and chair）。

法启动归因于电脑本身的故障——无论电脑的故障是如何产生的。

需要说明的是,在对人们行为的评价上也存在着一套类似的支配性基础原则。为了正当地批评一个行为不当的人,这件不当之事必须反映出行为者本身的某些不道德之处。如果这个行为不能反映出行为者本身的任何不道德,如果这个行为只出于外部因素,那么我们就不能因此责怪行为者。至少我们在第四章就已经看到过这样的例子。德米特打碎了安娜贝尔的花瓶,注意,这是由于德米特一次自己也未曾预料到的突发性肌肉痉挛。打碎花瓶并没有反映出德米特自身的任何问题,因此不应该责怪德米特。打碎花瓶这件事归咎于德米特手臂肌肉的生理性缺点(或者可能是神经上的疾病),而不是德米特人格上的缺陷。

麦克维与德米特明显不同。麦克维制造并引爆炸弹的原因在于,在某些时刻,他决定将他的政治目标视为高于人类生命的存在。这是一个糟糕的道德判断①,反映了麦克维道德的沦丧。因此麦克维的错误行为肯定显示了他本身的某些缺陷。有些人或许会指出,麦克维的道德判断可能归因于某些外部因素,但是,这些外部因素类似于第二版的艾伦案中摔了电脑的工厂工人,它们能说明为什么麦克维是一个坏人,但无法改变"麦克维是一个坏人"的事实。即使理解了麦克维为什么要这样做,我们依然可以认为他是个坏人,而且他的行为也反映了这一点——无论他是如何走到这一步的。

恶行必需反映行为者自身的缺陷,对此我已经给出了一个例子,但那条一般性原则的应用范围远比这个例子宽泛得多。善行也必需反映行为者自身的善,我对你的帮助必需反映我对你的福祉的关心。道德中立的行为同样存在,它们反映行为者道德中立的事实。例如,我选择穿一件棕色的夹克,而不是蓝色的夹克,这说明我不喜欢蓝色。所有这些行为似乎都反映了行为者的特征,而不是仅仅反映行为者的身体状况或所处环境。而且,无论行为者

---

① 你可能会反对这种说法,并列举出一些在社会革命或对其他的政治理想的追求过程中牺牲生命的例子。先不谈这些考虑——我们假设麦克维的政治目标是错误的,那么为了实现一个错误的政治目标而牺牲其他人的生命就肯定是不道德的。

最终会得到怎样的评价，比如有罪的、可嘉的或是其他，行为所反映的特征都是评价行为者如此行事的重要依据。

在先前的章节中，我说过不是所有人都会接受退路说。基于退路说，自由意志要求我们有采取其他行动的能力。我们现在就来看看对自由意志的另一种解释是如何论述的：一些哲学家声称，为了使你的行为是自由的，你的行为需要反映你自身的人格。这常被称为**来源（source）**论，因为一旦一个行为是以一种反映你之为你的方式决定的，你就可以被看作这个行为的来源。

我们的认知结构对自由意志是构成一定威胁的，而来源论是理解这个威胁的关键。后面我会简短地对此进行介绍，不过我们先再讨论一下自由意志退路说与来源论之间的关系。这两种观点最初或许会被看作关于自由意志问题的截然不同的思考方式，迫使我们不得不跟随其中之一。但接下来，我将说明事实并不是这样。

回想先前的章节，根据退路说，拥有采取其他行动的能力不仅是意志自由的中心，也是其必要条件。相容论者认为，很多时候，我们的确拥有做其他事情的能力——或者更精确地说，即使决定论是对的，"我们拥有采取其他行动的能力"依然是可能的（依然留有使我们能够做其他事情的空间）。为了给这种说法提供辩护，相容论者主张采用关于控制的反事实解释。

> 我对实际情况 P 形成控制，仅当：如果我处于某种心理状态，那么 P 将发生；如果我处于另一种心理状态，那么 P 将不发生。

即使决定论是真的，我们的行为与心理状态仍然存在反事实的回应性。如果反事实的回应性是形成控制的所有条件，那么决定论就无法否认我们对自身行为的控制。而如果对自身行为的控制是能够采取其他行为的充分条件，那么决定论也无法否认我们有选择的能力，因此并不妨碍自由意志问题上的退路说。

但前一章遗留了这样一个问题：为什么我们可以认为反事实的回应性就是形成控制的所有条件？（或者，同样可以问：为什么关于控制的反事实解释是正确的?) 我发现了一个很有说服力的回应:当一个行为的确以反事实关系回应于行为者的心理状态时,行为者就是这个行为的来源,这个行为也反映了行为者的某些特质;而如果这个行动与行为者的心理状态没有反事实的回应性时,行为者就不是行为的来源,这个行动也没有反映出行为者的特质。

举例说明会让这个论断更容易理解,所以现在我们回想一下上一章的遥控玩具汽车。假设现在玩具车和遥控器都工作正常,那么即使我决定不再移动这辆玩具车,它也依然处于我的控制之下,与我的心理状态依然处于有效的反事实回应关系之中——虽然实际上我不会启动它,但一旦我决定启动它,这辆车就会移动。

下面这个问题则随之而来:那该如何解释这辆车现在没有移动?所有可信的答案都绕不开一个事实,那就是我决定再不移动它。因此,我的决定正是这辆玩具车静止不动的原因,也因此,我就是它静止不动的来源。同样的,这辆车的静止状态反映了我的某些特质——我决定使其静止。

另一种情况与此相反,即我同样决定不再移动玩具车,但玩具车的控制器出了故障。在我不知道的情况下,玩具车内部的某个电触点松动了,导致现在即使我想让玩具车移动,它也无法移动。此时,我就失去了对玩具车的控制,因为玩具车与我的心理状态再无反事实的回应性。同时,我不再是玩具车静止不动的来源,这辆车的静止也不再反映任何关于我的事实。如果要回答为什么这辆车没有移动,那么这次新的解释就不需要提及我决定不让它移动了,因为这个决定并没有造成什么影响,而只要指出是控制器的某个组件坏了就已足够。

引用上述案例是为了提供一个理由,这个理由解释了反事实解释在自由意志与道德责任问题上的重要性。为什么行为与行为者心理状态之间的反事实回应性如此重要?因为,当行为者的行为有效地反事实回应于他的心理状态时,行为者本人就是他如此行动的根本来源,而行为者的行为就是他本人特质的反映。相反,当一个事件与行为者的心智状态并不存在反事实的回应性时——用"行为"来称呼一个不受行为者控制的事件,这听上去会很怪,所以此处使用"事件"一词——这就是说这个行为者并不是该事件的来源，该事件也不能反映行为者的任何特质。

基于这些论述，我好像没有感觉到某种迫使我在自由意志的退路说与来源论之间做出二选一的巨大压力。实际上，我宁愿不将这两种理论视为相互矛盾的竞争对手。恰恰相反，我倾向于把来源论当作退路说的改良版本——在内容上进一步解答了其他行动的可能性何以重要。同时，来源论不仅让我们有理由相信有关控制的反事实解释是正确的，也进一步说服我们成为相容论者——让我们进一步相信，决定论本身并不妨碍我们拥有自由意志所要求的那种控制力。

不是所有人都和我一样认为来源论与退路说是相容的。弗兰克福特（Harry Frankfurt）提出了一系列著名的案例，旨在表明：即使你不具有采取其他行为的能力，即不能在反事实解释的意义上控制一个行为，你仍是这个行为的来源。[1] 这些案例中最出名的一个涉及一种脑内置入物，这种置入物可以对主体行为做出预测。[2]

如果它预测到我将要做 P，那么它就会自动激活并促使我去做 Q。但是如果它预测到我已经要去做 Q 了，那么它就会顺其自然。这就是一种我没有能力做出其他选择的情况——无论我最初的意向状态如何，最终我都会做 Q。然而，如果我最初就决定做 Q，那么这个置入物就不会激活自身，也不会对我的行为产生影响。这样，我们似乎有理由认为，我个人依然是我选择 Q 这个行为的根源。

围绕类似例子所进行的讨论已经不在少数，这些例子都以其提出者的名字命名，统称为**"弗兰克福特案例"（Frank furt cases）**。详述有关争论很可能需要花费至少一章的篇幅，所以我不想过多讨论。这一节的目的仅在于介绍自由意志的来源论，说明它至少是合理的。现在，我想你应该同意下面这

---

[1] 参见弗兰克福特（Harry Frankfurt）的《备用可能与道德责任》（"Alternate Possibilities and Moral Responsibility", 1969）。

[2] 这个变种没有呈现在弗兰克福特的原始论文中，而是由约翰·马丁·费希尔（John Martin Fischer）在《责任与控制》（"Responsibility and Control", 1982）一文中提供的。

个否定条件句:如果我不是某个行为的来源,那么这个行为就不是我的自由行为。我将会在这一章的剩余部分讨论一些近期的心理学与认知科学进展,由此证明:实际上,我并不是我的行为的来源。

心灵的模块

本章的第一节介绍了这样一种情况:虽然你可能不知道如何计算抛物线轨迹,但你的某个模块——或者说某个亚人格的心理部分——知道。这就说明,你和你的心理模块是不同的,你的某个心理部分知道某个东西并不意味着你也知道。

下面这个例子增强了上述观点的说服力。这是"维京1号"于1976年拍摄的火星表面。①

图5 "维京1号"1976年拍摄的火星表面

---

① 图片来源:https://photojournal.jpl.nasa.gov/catalog/PIA01141。

你注意到这张照片的有趣之处了吗?和大多数人一样,你可能会注意到:在图片中心稍高一些的地方有一张人脸。它很引人注目,而且你一旦注意到它就很难再忽视它了。这个东西看上去太像一张人脸了,许多阴谋论者将其引为外星生命存在的证据。这些阴谋论者认为,这张"人脸"是一个纪念碑,建造于外星文明的某个历史时刻。①

下面这幅图的拍摄时间距我们更近,是"火星全球勘探者号"在2001年拍摄的照片。这艘无人航天探测器用更清晰的摄像头拍摄了火星上的同一处"人脸"。②

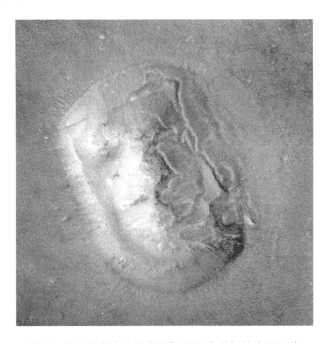

图6 "火星全球勘探者号"2001年拍摄的火星照片

这看上就不那么诡异了,对吧。通过这张高清照片,我们可以看出这个备受争论的构造明显不是一张人脸(也不是一座外星纪念碑!),它只是一座寻常的火星山,受火星风侵蚀形成;它在最初那张照片中所呈现出的不同寻

---

① 当然,这类阴谋论者也认为,出于某些不为人知的原因,NASA和其他航天局企图向公众隐瞒这种外星文明的存在证据。
② 图片来源:https://photojournal.jpl.nasa.gov/catalog/PIA03225。

第六章 自由意志和认知科学　　159

常，只是因为照片模糊不清，光影又带来了错觉。

这又说明什么呢？好吧，回看第一张图，看到这张脸依然让你心里一惊吗？我想可能是的。你现在已经知道它实际上并不那么吸引人了——它只是一座很普通的山——但是你还是会情不自禁地把它看作人脸！这是为什么？有些东西你明明知道它实际上很无趣但的确富有视觉冲击力，为什么你的眼睛就是会被它们所吸引呢？

或许你已经猜到，我马上要做出的解释又会和人们的认知模块联系在一起。想象一下，你现在是一个进化历史初期的原人猿，或者说原始人、类人动物。对你而言，为了识别所处的环境，什么形状是最重要的？是人脸，因为你需要对那些观察着你的人保持警觉。又比如，你该怎样察觉一次其他部落的埋伏并武装自身，又如何确保你储藏食物的地点足够隐蔽？这就需要你发挥辨认族人面孔的能力。所以，在这些例子中，即使对方藏身于令人眼花缭乱的复杂环境中，在密密匝匝的森林中暗中观察你，你也希望把他们辨认出来，认清他们的面孔。而且最好的情况是，你可以在不经意间就注意到他们，因此你就希望他们能以瞩目的方式出现在你的眼前。

这该怎么办？好在你的大脑对接收到的视觉信息已经做了大量的处理：从原始数据中筛选不同的形状，并构成可理解的场景。对这个机制来说，在辨认基本形状的基础上识别人脸并不要求过多的改变；实际上，它最终就是这样运行的。我们的祖先已经进化出了专用的神经系统，专门用于人脸识别。这个系统一旦发现在视觉信息中存在满足人脸特征的东西，就会将这个信息传递至心灵的其他部分。用比喻的方式来说，这就叫做"人脸预警"——只要输入相关的视觉信息，预警系统就会大叫："这是人脸！这是人脸！这是人脸！"即使是有意识的心灵也无法关闭这种警报，所以火星表面的"人面像"始终会让你心中一惊——虽然你的有意识的心灵其实明确知道它实际上并不是一个会引起注意的东西。

火星人脸例所要说明的东西其实已经在前文的物理例子中得到阐述了，而此处要做的首先是对该问题加以重申——显然，你的一个认知模块相信照片里的确有一张脸,然而你并不这样认为,所以你的心理状态与你的模块的心理状态是不同的。(一会儿我们就会看到这个问题何以重要。)而且,举这个例子也是为了更清楚地展示认知模块的功能。

福多(Jerry Fodor)①,这位将模块概念引入哲学研究的学者,提出了一套相当严格的标准用以评判一段认知进程能否成为一个模块。在他认可的模型下,心灵的认知进程最后几乎没有能够称得上模块的。其他学者对模块的描述更为宽泛,他们并不严格追究标准,因此在他们的模型下,许多心灵认知过程都是模块。② 我不会详细地说明关于这两者的争论,相反,我会列出一些我认为重要的模块性质,我认为,在一定程度上,任何满足以下性质的认知过程都足以让我们称其为模块。

专业化:模块是高度专业化的,专门完成某项或者某类任务;除专门负责的任务外,它不执行任何任务。

特定的信息输入:模块仅能抓取某些特定的信息,接受什么类型的信息取决于它们专门用来处理什么任务。例如,专门识别人脸的模块只接收视觉信息,不接受以信念的形式出现的信息。这就是为什么你实际上知道火星上的人面像只是一座小山,但依然无法阻止模块发出人脸预警。

特定的信息输出:模块仅能输出某些特定的信息,输出什么类型的信息也取决于它们专门用来处理什么任务。人脸识别模块只能标出那些与人脸相似的东西,而无法向大脑的其他部分传递任何其他信息。

自觉反省的不可能性:很多时候你可以自觉地对你的思考过程进行反思,但你无法对模块的作用过程进行有意识的思考。对意识来说,模块的运转就像处于一个黑箱之中。例如,我们无法物理地查看到模块的

---

① 在他的著作《心灵的模块化》(*The Modularity of Mind*, 1983)中。
② 详细见,如卡拉瑟斯(Peter Carruthers)的著作《心灵的架构》(*The Architecture of the Mind*, 2006)。

内部，无法看到大脑究竟在用什么方程式计算抛物线。

我相信以下两条主张：第一，即使不是完美符合，我们的大部分心理过程在相当程度上达到了上述这些标准；第二，所有在一定程度上达到上述标准的心理过程都可以被合理地视为亚人格的，对亚人格为真的东西并不必需对整体人格也为真。接受这两条主张，也就是接受构成另一个主张的所有条件，即认知科学给自由意志带来了潜在的威胁。在接下来的部分中，我会把所有满足上述标准的亚人格认知过程称为模块，不过这仅仅是为了简洁与连贯，不代表我在福多及其对手的立场中做出了实际的选择。

模块能独自做什么？

回想一下第一章中帕克斯的例子。我把它复制到这里，供参考：

> 1987年5月24日深夜，帕克斯从沙发上起身，穿上鞋子和外套，走向他的车，然后驾驶20公里来到他岳父岳母家。进房子后，他将岳父勒至昏迷，并多次刺伤岳母。之后他驶离岳父母家来到警局，告诉警察自己可能杀人了……最后帕克斯没有认罪，给出的理由是他正处于"非精神错乱的无意识状态"。他说自己当时正在梦游。

初次听到这个案件时，很多人都会认为帕克斯是在说谎。或许警察最开始也是这样怀疑的，但是经过对案件细节的仔细侦查，警察和法院最终判定，他说的可能是真的，因此判其无罪。他们是专业人士，我们有理由相信他们的判定是正确的，最起码应该听取他们的观点，然后思考：一个人竟会在睡梦中做出这些事情，这究竟如何可能？

令人们感到困惑的一件事在于，帕克斯竟然可以在睡着的状态下开车，还行驶了一定距离。开车是一个很复杂的过程，任何细小的失误都可能会带来致命的结果，不管怎么说至少都会把车开到沟里或者陷在灌木丛中。但是我们再想一想，这件事应该也没有那么不合理。如果你开过车，可以想想，在开车的时候，你会时时刻刻集中精神看着前方道路吗？或者，你是否有过这样的体验，有时分心想想其他事情，或听一下广播里正在放的歌，等回过神来才发现车已经开了好几公里了？事实证明，几乎所有开过车的人都有过这样的感觉。虽然开车要求对道路状况的密切关注和对大量信息的处理，但我们明显不用每时每刻都有意识地做这些事情。

实际上，在这个意义上，开车与走路没有什么太大区别。走路也需要你注意前进的道路，而且为了适应路况的改变以及避开途中障碍，你也需要不断做出调整。同样，你没有自始至终全神贯注，也一样能好好走路；很多时候，你会陷入沉思，然后不知不觉就走到了目的地。而梦游是一种几乎所有人都承认的真实现象，那么，梦游驾驶或许也只是梦游这种基本现象的一种不常见的显现形式罢了。[1]

但这究竟是什么现象呢？根据我们的讨论，存在一种自然的解释进路。你拥有一个或一系列模块，这个或这些模块专门负责协调你的运动行为。它们接收到其他模块传来的视觉信息之后，通常就会对有意识的心灵所发出的指令做出回应。例如，一旦你有意识地决定你要走去图书馆，你的运动模块就会控制你的大腿使其迈向图书馆。但是在特殊的情形下，这些模块会脱离有意识的心灵的控制，然后独立行动。这可能就是帕克斯案所发生的情况，也是更为常见的梦游所发生的情况。当一个人正在梦游，他的梦游行为是由于他的运动系统正在给他的大腿肌肉发送指令，但有意识的心灵并没有参与

---

[1] 还值得指出的是，帕克斯是在半夜开车，当时路上没有多少车辆。因此，他有可能没有像一个人在清醒状态下开车那样好——容易在路上转弯，或忽略一些交通标志，而不会撞上其他车辆或引起警察的注意。

这一过程。在帕克斯的案子中，那些模块或许也发送了指令，使他的肢体做出开车的动作。为什么模块要让他开车去岳父母家？或许是因为那里是一个熟悉的地点——这些模块已经多次带领过他到达那个地方，因此熟知那条线路。正如尼尔·利维所说①，帕克斯的运动系统已经学会了一套专用于开车的"行动脚本"，并且能够在帕克斯的有意识的心灵不参与的情况下，独立运行那套指令。

尽管如此，暴力行为又该如何解释呢？这个问题更加令人疑惑。在我看来，如果我们假设帕克斯的确在梦游，那就存在两种基本可能。第一，帕克斯的暴力行径也是"脚本"——帕克斯的运动系统能够独立进行众多基本行为，而暴力就是其中之一。在这个层面上，这就好比是系鞋带——你的运动系统知道打结的手法，也能够在没有意识参与的情况下实现这个行为。相似的，帕克斯的运动系统知道攻击的方式，而且如这个案子所示，在没有收到指令的情况下，它们也如此行动了。

这个说法一开始是很出人意料的，尤其是帕克斯从来没有暴力历史，更别提大量的暴力行为了。他又不是每天系完鞋带都去捅人！但是仔细想想，我觉得这个说法并不完全让人难以置信。想象一下，你正在表演一个舞台剧，要求演出拉小提琴的样子。再设想，你和大部分人一样，从来没有碰过小提琴。那你知道该怎么演吗？我想你其实知道。你大致知道怎么握住小提琴，知道怎么以一种看上去正在演奏的样子左右拉动琴弦，这至少对外行观众来说已经足够。只要观察电视里或者其他环境里他人是怎么拉小提琴的，你就可以知道这些。通过观察，你就可以掌握这项活动的基本脚本（尽管非常粗糙）。所以我想，如果你听说你在梦游期间随意拿起一样东西然后用它做出拉小提琴的动作，你可能会感到意外，但不会那么震惊。你当然不会问你的潜意识心灵怎么可能知道如何像握住小提琴一样握住其他东西！你的运动系统学习了这个脚本，因此这个脚本就存在于运动系统为自己选择的可独立运

---

① 参见利维的著作《意识和道德责任》(*Consciousness and Moral Responsibility*)。

行的清单之中。①

大部分人在电视电影里看到过大量暴力镜头。即使我们没有亲身体验过，我们也知道被刺伤或者被勒住是什么样子。我们了解了这个程序，我们的运动系统因此可以完成这些动作。然而，与演奏小提琴不同，刺伤或者勒住别人并不要求高超的技术或灵巧的手段。你只要做完那些动作，很可能就已经成功了。这样，帕克斯的运动系统就独自启动并完成了这一系列暴力行为。②

第二种可能性——我认为这是最自然的一种解释，也会给人们留下最深刻的印象——在于，帕克斯的行为反映出他对岳父母的某种无意识的愤怒或者仇恨。这必然是一种非自觉的态度，因为按理说帕克斯清醒的时候与他的岳父母相处得十分称心，也没有对他们产生明显的私愤。但是，有些人或许会想，如果与某种怒火或仇恨没有关系，这样一起暴力事件的发生看上去就是非常不合理的。你如果不讨厌一个人——至少在一定程度上讨厌他，那如何能下得了手刺死他呢？

我更倾向于选择第一种可能性，对第二种保持怀疑态度。如果没有感到愤恨就不会刺伤某个东西，这个观点我并不认同——如果一只老虎准备攻击我，即使我对它没有任何的恨意，我也会刺伤它。所以，即使对于一个清醒的人，"刺击"这个动作本身也并不意味着恨意。而第一种可能性所提供的机制不要求我们设想任何一种负面情绪，在我看来，这更充分地解释了帕克斯的行为。一位梦游者拾起一把羽毛球拍然后把它当作小提琴来"演奏"，这并不一定就表示这个人想要成为音乐家；只是他的运动系统恰好随机抓住

---

① 有一种有趣的现象叫做"利用行为"（"utilization behavior"）可能与此有关。有时，当人们经历了某些类型的脑损伤时，他们会开始强迫性地使用工具。例如，有这种情况的人看到锤子就会试图拿它开始敲打东西，即使他们没有理由这样做；一个人看到剪刀就会拿它开始试图剪东西；等等。这可能被认为是表明我们的头脑有一种自然的倾向，即遵循与这些种类的工具相关的脚本——因此，当阻止我们按照这些脚本行事的机制被大脑损伤所破坏时，我们就会自动这么做。

② 利维更倾向于第一种可能性的另一个版本，即帕克斯的情况导致他的模块执行一个特定的而非随机的脚本。在这个版本中，帕克斯环境中的某些东西被他的一个亚人格系统解释为代表一种威胁，然后该系统启动了用于抵御感知威胁的脚本性行为。

一个东西，然后在此基础上随机执行了一个脚本程序。我想我们可以合理地认为，帕克斯的案子中发生了类似的事情；唯一的区别在于，在他的案子中，运动系统抓住的对象是人，而且这个脚本程序被激活导致的是一个悲剧。

但是，我认为提及第二种可能性是很有必要的，因为：一方面，我意识到很多人很难接受第一种解释；另一方面，第二种解释展示了一些很重要的东西，这些东西将会在下一节中出现。假设第二种解释是对的：帕克斯内心深处的确厌恶他的岳父母，甚至想伤害他们，那么这种态度就支持了道德责任。我们如果想要确定帕克斯是否有罪，就需要回答一个问题：这个态度属于帕克斯吗？如果属于，那么他就是这个恶行的来源，这个行为就是一个自由的行为，需要他来负责。如果不属于，那么他就不是这个行为的来源——来源是他物——因此这个行为（至少对帕克斯来说）不是自由的。

鉴于我们的已知条件，我们有理由猜想，即使在这个过程中可能的确有某种愤怒或者仇恨的参与，这些态度也并不属于帕克斯自己。例如，我们看到，亚人格模块所形成的信念并不必须是这个模块所属的整体人格所形成的信念，这条原则似乎也可以应用到愤怒和憎恨这类态度上。

我们可以用一个测试来判断一个态度是否属于这个主体——可以问这个人是否持有这样的态度，看他的行为是否反映了这种态度的存在。我可能会问，你是否知道计算抛物线的方法？我同时也会观察，例如在一场考试中，在被要求计算抛物线的情况下，你能否有意识地完成。如果你回答了"不会"，也没有算出正确答案，那么这就是你不会计算抛物线的有力证据（即使你的模块可能会）。我可能会问你，火星表面真的有一张脸吗？我同样会观察你的行为，看你是否会表现得和真正相信那是一张脸一样，比如你可能会在阴谋论论坛上兴奋地发布有关它的信息。如果你回答了"没有"，也没有在论坛上激烈讨论，那么这也是你不相信"火星人面像"的有力证据（即使你的模块可能相信）。同样，我们会问帕克斯是否讨厌他的岳父母，并且观察他在清醒条件下与岳父母之间的互动，以此来判断他是否对岳父母怀有恨意。如果他回答"不讨厌"，他的行为也没有显示出恨意，那么这就是他并不憎恨岳父母的有力证据——虽然和前两个例子一样,他的模块可能恨他们。

那你就不会惊讶于我的观点了——我认为帕克斯的行为不是自由的,帕克斯也不需要为攻击他的岳父母而负道德责任。① 无论上述两种可能性中的哪一种是对的,帕克斯似乎都不成为他行动的来源。那一系列行为来源于帕克斯的一个或一组亚人格模块,并且,这些行为虽然可能的确反映了模块的特质,但是丝毫没有反映有关帕克斯的整体人格的特征。

当然,我们关注的核心在于自由意志是否普遍存在,而不在于帕克斯是否自由地做出这些行为。但帕克斯的案子与前一个问题是有联系的,因为它说明:在有意识的心灵没有参与的情况下,一个或者一些亚人格的认知模块是有可能引起复杂的行为的。如果这些事情自始至终都在发生呢?如果在平常的事件中做决定的也是我们的亚人格模块呢?我们将在接下来的部分讨论这种可能性。

清醒与虚构

很明显,我们能感觉到,亚人格模块并没有完全控制我们的所有行为。至少有些时候,我们会觉得我们清醒地做了决定,并清醒地将之付诸实践。因此,上述可能性需要得到进一步解释:在行为的形成原因方面,我们为什么会对意识的作用有如此深刻的误解?

问题的答案或许在于**"虚构症"(confabulation)**。英文中,"confabulation"的词根是"fable",意思是"虚构的故事",因此 confabulation 就是一种讲故事的方式。但是虚构与说谎不同,因为一个人必须知道他说的是错的才能达到说

---

① 在这一点,我与利维的结论相同。我将在本章后面的小节讨论利维对帕克斯的分析。

谎的目的。而虚构的有趣之处在于，虚构故事的人并不知道这个故事是假的。他只是编造了一个故事，然后在这个过程中相信了这个故事。

这提出了一种可能性，即在行动被执行后（或正在执行时），我们的有意识的心灵就在虚构关于这些行动的故事。我们的模块决定了我们要干什么；而当我们的肢体开始运动时，我们的有意识的心灵就会观察这些动作并虚构一套故事来使我们的行为看上去合理、正当。例如，我看到我把手伸进冰箱拿水，由此，有意识的心灵推测：我一定是渴了。更重要的是，有意识的心灵会让自己成为这个虚构故事中的主角。所以，它会推想：我清醒地感觉到我渴了，而且正是这些清醒的想法推动了我去拿水。

在患有一系列神经系统疾病的患者中，我们可以观察到虚构症现象，但是在大多数情况下，这些患者虚构得都不是很好——他们讲的故事明显不是真的，而且除了他们自己，没有人会相信这些故事的真实性。如果作为正常人的我们也在每时每刻地虚构故事，那我们一定精通此道——因为，毕竟我们原则上还是相信，我们周围的人也是在做有意识的决定，而不是事后对他们的行为胡编乱造。

有一组小众而特别的患者群体，他们可以将故事虚构得非常完善。我们能在实验环境下知道他们的确在混淆视听，但在日常交流中简直无法对此进行分辨。这些就是**裂脑症患者**（**split-brain patients**），他们大脑的左右半球之间的联系是被切断的。

癫痫就是这样一种情况：大脑神经元间的异常放电导致患者突发抽搐或无法控制的肌肉活动。这是很危险的，而且在非常严重的情况下，必须通过彻底的手术才能减少未来发作的机率。这种手术将会切除患者的脑胼胝体，即联结左右半脑的神经元。

你可能会想，做这个手术患者一定会深受影响，毕竟这个手术实实在在地把他们的大脑切成了两半。然而非常惊人的是，患者并没有受到什么影响。他们的生活照常进行（痉挛的次数少了很多），而且在交谈中，他们听上去也与常人无异。

如果进一步了解了两个脑半球与身体之间的关系，你会更惊讶的。比如说，大脑的每个半球只控制左右一半的身体，这是一个非常重要的事实。这种控制的对应关系是相反的：左脑控制右半边的身体，右脑控制左半边的身体。由于某种未知的原因，左右半脑可以很好地协调彼此，即使它们之间的联系被切断了，人也可以正常地行动。另一个很有趣的事实说的是，一些极其重要的精神功能是高度分工的。比如，大脑中产生语言的部分位于左半脑。这就是说，当一位裂脑症患者在说话时，他的言论完全是由他的半边大脑独立决定的——而且这个对话听上去还是正常的。

然而，如果在精密的实验室条件下检查裂脑症患者的大脑，我们会观察到非常有意思的现象。产生这个现象的原因在于，我们的左右半脑不仅各自控制了另半边身体，而且从另半边身体中接受信息。具体而言，左半脑仅从右半视野，即每只眼睛的右半视界中接收信息，而右半脑则仅从左半视野，也就是每只眼睛的左半视界中接收信息。

这个描述看来有些复杂——它说明，我们的左半脑接收的信息并不来自整个右眼，而是来自每只眼睛的左半边视野，因此，继续使用"左边的这个"和"右边的那个"会让人很难理解。这样，我们就可以达到一个共识：我们能够独立地向左右半脑传递信息——我们能向左半脑发送一套信息，向右半脑发送另一套。同样，我们还可以接收到单独来自其中某个半脑的回应——我们可以用右手写下得自左半脑的信息，同时用左手画出得自右半脑的信息。更关键的是，左半脑可以处理语言，而右半脑不具有这样的功能。

加扎尼加（Michael Gazzaniga）曾利用裂脑症患者的这些特性进行了一系列令人瞩目的实验。① 其中，最有意思的实验是裂脑症患者完成的一项连线任务，即给左脑展示一幅图像，给右脑展示另一幅图像，然后让左右半脑各自选出一幅与所见相关的图像。② 加扎尼加观察到，当被要求解释右脑选中

---

① 这些实验进行了很多年，加扎尼加在《心灵的过去》（*The Mind's Past*, 1998）一书中对一些结果进行了概述。
② 当你对分裂脑的患者大声说些什么时，比如给他一个口头指令，这个声音就会传到两个半脑。尽管右半球自己不能产生语言，但它可以理解口语指令。

的图像时,左脑会虚构出一套说明。例如,在一次实验中,向左脑展示了一张鸡爪照,向右脑展示了一张雪照。然后,控制着左手的右脑选择了一张雪铲的照片作为最符合所见的图像。当以口头的方式被问到"为什么要选择铲子"时,裂脑症患者答道:"啊,这很简单……你需要一把铲子才能把鸡窝打扫干净。"①

明显可以观察到,这些患者在其他行为上也虚构了解释。右脑可以在要求下完成一套呈现给它而没有给左脑的指令,因此,当收到指令"走一走"时,右脑会指示该患者离开座椅。而如果被问到为什么要起身,这个患者会根据没有收到"走一走"的指令却处理着语言的左脑,给出类似于"噢,我想喝点东西"的回答。②

事情是这样发生的:为了解释患者的实际行动,患者的左脑编了一个故事,并且在这个过程中愈发相信这个编造出来的故事。很多专家认为,意识和语言是紧密相连的,因此意识也是左脑的核心功能。如此看来,也许你就可以把上述例子理解为这样一种情况:患者大脑的有意识部分虚构了一份叙述,其目的在于解释那些出于无意识的右半脑的行为。

如果这种情况并非裂脑症患者特有,那会怎样?这很令人担忧。毕竟,我们分辨虚构的唯一根据,是足以向左右半脑发送不同信息的实验室条件,也恰是这样的条件,才使我们分辨患者行为的真实原因与口头自述成为可能。或许,这些特殊的患者正揭示着一个更为普遍的现象,一个一直以来未曾在道德主体身上被发现的现象:如果我们大脑的有意识部分,日常在为无意识部分、亚人格模块所造成的行为做出虚构的叙事,那会怎样?

如果你觉得裂脑症患者的情况所提供的证据非常有意思,我会非常高兴,但我并不指望你会仅凭这个就被说服。正如天文学家萨根(Carl Sagan)所说的,"非凡的理论要求非凡的证明"。③ 我们的意识并没有真正控制我们的行

---

① Gazzaniga, M. S. (1998). *The Mind's Past*. p. 25.
② Gazzaniga, M. S. (1998). *The Mind's Past*. p. 113.
③ 1980年萨根在他的电视节目"宇宙"(Cosmos)上介绍了这个说法。

为，这个提案当属非凡！或许要通过数次的实验——无论是否吸引人，你才会相信它是真的。

给出一个真正强有力的例子要求花费一整本书的篇幅也不为过。这个理论并不是这样一个观点，即任何人一旦了解一个或者一系列实验之后就会接受它。相反，它产生于各式各样的观察，这些观察又为这个理论提供不同程度的支持。不幸的是，限于本书的篇幅与主题，你或许不得不部分地"相信"这个理论——你不得不认为，许多科学家出于一些你现在没时间浏览的证据，相信了这个理论。对你来说，这可能并不足以使你确信这个心灵理论。但我认为，它已足以让你承认，这个理论可以是真的，并且是值得慎重考虑的。

即便这样，接下来我仍将简短地介绍另外两条证据。第一条来自利贝特（Benjamin Libet）所做的关于神经科学的实验。[1] 大脑中存在一种特殊的电信号"准备电位"，准备电位的出现恰好先于一个意向行动，而这一现象可以被实验室中对脑区活动的监控探查到。考虑到准备电位与意向行动之间的联系，我们可以合理推测：前者是后者在神经上的显现。也就是说，脑区活动不仅形成一个关于行动的决定，而且形成一个准备电位。利贝特由此进行了一系列实验。在这些实验中，参与者被要求做一个非常简单的动作——摆手，而做出这个动作的时间可以自由选择。利贝特监测了参与者脑区的准备电位，并且要求参与者记录下他们意识到的、做出摆手决定的准确时间。利贝特发现，准备电位的出现总是先于参与者有意识地决定摆动双手。

现在，对这些结果所做的切题阐释应该明了了。我们可以用它们来说明，无意识机制下的大脑才是摆手行动的决定者，而且，直到完成了这个行为，心灵的有意识部分才知晓这个决定。你可能不会马上被利贝特的实验说服然

---

[1] 最常被引用的实验是利贝特与格利森（Curtis A. Gleason）、莱特（Elwood W. Wright）和皮尔（Dennis K. Pearl）合作的论文《与大脑活动（准备电位）的开始相关的具有行动意向的意识的时间》["Time of Conscious Intention to Act in Relation to Onset of Cerebral Activity (Readiness-Potential)", 1983]。

后接受我所表明的观点①，但我仍要如此写明，因为在研究意识对决定的作用的文献中，这种观点已经受到大量关注。虽然它并不具有决定性，但的确可以作为一条证据，证明这样一种新兴的观点，即意识的作用是非常有限的。

第二条证据来自**观念运动效应**（ideomotor effect），它可以是实验室研究的课题，也可以在日常生活中为我们所熟悉。这个效应指这样一种情况，当心灵中的某物促使我们的身体以某个特定的方式行动时，我们却没有意识到，正是我们自己在推动这个行动。我不清楚对中国读者来说比较熟悉的例子有哪些，但是对大多数美国人来说，他们都听说过"通灵板"——一种聚会游戏。"通灵板"本身是一块平板，硬纸或是木制，表面写有字母表。玩这个游戏的人要使用一块表面平滑的木块，木块中有一圆洞，这样，每次木块在平板上滑动，木块上的洞就会圈住一个字母。一般而言，这个游戏需要聚集一群人来进行，每个人放一只手在游戏块上，木块在平板上滑动，然后标记字母，一次一个，就此拼出一条信息。

木块和平板没有什么特殊之处——并没有什么类似于发动机的东西在移动它。这个游戏只是假定了一个前提，即它充当了一条与精神世界中的超自然力量——推动木块移动使之拼出信息的精神力量——进行沟通的通道。当然，这是无稽之谈，大多数人也只把它当作一个玩笑。但即使是这样，当人们把手放在木块上时，木块确实移动了。因此，一些人——通常是孩童或者是迷信的成年人——确凿地相信，通过通灵板，他们收到了超自然力量的启示。为何如此？

问题的答案自然在于，那些把手放在木块上的人实际上移动了木块。一些人有意为之，因为他理解了这个所谓"游戏"的虚假之处，但另一些真心相信它的人却是无意识地完成了这个动作。他们期待看到木块在幽灵的控制下位移，所以他们大脑的无意识部分按照这份期待，慢慢挪动了木块。

---

① 正如你可能设想的那样，这种实验设定有许多潜在的复杂因素。例如，准备电位和有意识的行动决定之间的时间差异是十分之几秒的数量级。利贝特不得不为受试者提供一种特殊的时钟，以便让他们尽可能准确地确定他们做出有意识的决定的时间。

观念运动效应的实例还有很多，它们也都是确实存在的现象，但是，从这个效应到说明我们的所有行为都由无意识进程支配之间还存在距离。不过，我本就不指望我刚才所展示的新兴观点能被单单一种现象所阐明，观念运动效应只是作为又一条证据而存在。① 在接下来的章节中，我们会进一步看到，如果我们所做的假说是真的，那么结果会是怎样，自由意志又会何去何从。

意识与自由意志

让我们先详细说明对自由意志的威胁何在。我们已经花费了大量篇幅来说明，你并不完全同一于你的无意识的、亚人格的认知模块。并且，按照我们现在假定的，正是这些亚人格的认知模块造成了你的种种行为。因此，你的行为并不取决于你；因此，你并不是你的行动的来源；因此，你的行为并不是自由的；也因此，你并不负有道德责任。这就是威胁论的基本推理。②

那么，问题就来了：如果你不是任何一个你的亚人格模块，那么你到底是什么？不久之后我们就会发现，这个问题的答案对威胁论是非常有利的。但目前，还是让我们先来考虑另一个问题：如果有意识的心灵并不造成我们的行动，那么它的作用与目的是什么？对第二个问题的思考同样有助于给出第一个问题的答案。

近来对"意识"进行的科学研究和哲学研究推动了这样一种回答的形成：意识的关键作用正是使我们的不同亚人格模块得以相互沟通，而且，除

---

① 参见韦格纳（Daniel Wegner）的著作《有意识的意志的幻觉》（*The Illusion of Conscious Will*，2002），其中有许多关于意念运动效应的其他例子，并讨论了它们如何融入这个新的图景。
② 在我看来，对自由意志的这种威胁最好的哲学描述是由利维在《神经伦理学》（*Neuroethics*，2007）第七章中提供的。利维描述了这种威胁，并对它做出回应。最后，他认为我们的认知结构实际上并没有阻止我们拥有自由意志。我的论点，正如本节所介绍的，在很大程度上遵循了利维的论点。

了意识，模块之间再无沟通的可能。有时模块之间或多或少地能够直接交流。举个例子。视觉处理系统或许可以直接将信息传递到行为控制系统，但情况并不总是这样，模块之间不可能总是可以直接交流。别忘了，模块所接收、输出的信息类型是非常有限的。所以，再举个例子。我的面部识别系统可以传达"这是个脸！"的信息，但除此之外什么信息也传递不了，就连分辨友方或敌方的面孔也做不到。这个现象的存在原因在于，分辨敌友面孔需要分析环境中的其他要素（例如，我们是否正身处敌境？或者，我们是否在警惕一场伏击？再或者，我们是否正期待与友人的会面？），而对这样的工作，面部识别系统是无法完成的。因此，仅靠视觉上识别出的一张面孔，我们没办法决定是否应该激活大脑中的危险预报系统。

而这正是有意识的心灵发挥作用的地方。它可以整合来自不同亚系统的信息，然后将这些信息组织成一套融贯的叙事，从而帮助、指引我们做出决定。现在，我的面部识别系统辨认出了远处的一张面孔，我的近期记忆保存了我与友人约定相见的场景，我的行动系统引导我走上一条已知是前往友人住宅的道路，这样，有意识的心灵就可以将这一切整合在一起：我曾决定与我的朋友见面，而且，远处的那一张面孔可能就是她。这套有关我目前状况的叙述，只要存在一定的正确性，就是一套非常有帮助的叙述。而且，如果我已经意识到即将见到我的朋友，那么这样的预期就会引起一些能被意识到的感触。这些感触可能难以言说却很温暖，因此我的行动系统会让我展露笑容，而不是让我像感受到危险一样准备进攻。

正如上述故事所体现的意识的作用，许多认知科学家也将意识描述为一种**"全局工作空间"**（global workspace）。为了更清楚地理解这项比喻，你可以把心灵想象成一个委员会——委员会中有诸多成员，每个委员接触的信息仅来自非常有限的领域，他们监察的焦点也仅是特定的一系列具体事物。通常来说，委员之间并不直接交流，但办公室中有一块白板，供他们相互留便条，传信息。这些便条不是专门为谁而留的，任何一人写下"X项目超出预算"后，其余的人路过时都能看到这条信息。这样一来，所有人既然都知道该项目已

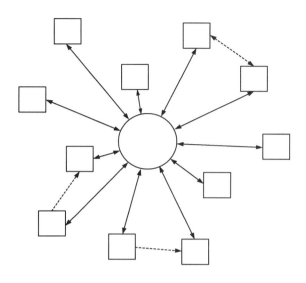

图 7 作为全局工作空间的意识

[有一个观点十分有影响力,它说意识(这个圆圈)是一个被心灵的亚人格认知模块(这些方块)所使用的全局工作空间。模块之间的直接交流(这些线段)是有限的;为了有效地协调各模块的活动,各模块需要将信息提交给意识,即全局工作空间,那里是所有其他模块都可触及的地方。]

经超出预算,那么继续从事 X 项目时,他们就会自发地做出相应调整。之后,委员们可以依次在白板上留下消息,将最新进展告知其他委员。有了这样一块白板,委员会的工作效率远超过没有白板的委员会,我想你不会不同意这一点。白板以一种其他事物不可能做到的方式协调了成员之间的活动,而我们的有意识的心灵,被比喻为一个全局工作空间,也发挥着相似的作用:任何一个模块都可以在意识这个全局工作空间中留下信息,供其他模块参看,也就是说,正是由于意识,模块之间的相互交流与高效协作才成为可能。①

---

① 参考的是巴雷特(H. Clark Barrett)在其论文《酶的计算与认知模块》("Enzymatic Computation and Cognitive Modularity",2005)中提出的类似比喻:全局工作空间被比喻为一个公告牌。很遗憾,由于篇幅的限制,此处我对全局工作空间模型的说明和对比喻的展开是非常有限的。不过,卡拉瑟斯在《心灵的架构》(*The Architecture of the Mind*, 2006)中详细(而且不带比喻性)地对这个理论进行了讨论。他不仅讨论了什么类型的信息能够经过心灵全局工作空间的处理从而成为公共信息,还讨论了这些公共信息是如何让各个模块得以协同工作的。

我们可能还可以设想，再设一位"秘书"，专门在一天结束的时候阅读白板上的记录，然后据此撰写有关委员们最近活动的总结报告，第二天一早，这份报告就会在委员会中人手一份。秘书将委员们过去一段时间的行为和未来一段时间的任务系统地组织成文，的确有助于对成员们的活动做出协调。当然，所谓"秘书"，其实也是对意识的比拟说法——对心灵中的活动做出融贯的叙述，这就是意识的工作所在。[1]

设想某天白板忽然不能使用了（比如白板所在的区域修缮关停），秘书又因病请假，委员们彼此联系不上，更无法得知对方的情况，而一位委员又正好做了一个不明智的决策。在这种情况下，我们应该不会把失策归咎于整个委员会，毕竟决策只是单独一个成员做出的，与整个委员会无关。

再设想白板正常使用、秘书也正常出勤的一天，一位委员在白板上写下了他不明智的意向——"做 X"。其他委员没有提出异议，秘书于是记下："今日，委员会决定做 X。"第二天早上，所有委员也都读到了这条记录。当天晚些时候，提议的委员执行了 X，结果很糟糕。那么，在这个情境中，我们应该责怪谁呢？

在这个情境中，我认为责怪整个委员会是更合理的，毕竟委员会的每个成员都有机会拒绝这个糟糕的计划，但是都没有选择这样做，因此这项提案是经过委员会一致同意而作为共同行动被秘书正式记录下来。委员会成员对这项计划的不拒绝，实际上就是在用沉默签发同意书，含蓄地接受这项计划。

现在，我们先就此暂停，回到本章最开始的问题：如果你不等同于你的任何一个亚人格部分，那么你是什么？设想我们也在对委员会提出一个相似的问题。我们知道委员会不同于委员会中的任何一个委员，因为委员的行为当然不是委员会本身意志的结果。委员会更不是各委员之和，因为当白板无法使用时，委员们将独立做出决策，但我们不会将这种情况下做出的任何决策看作委员会的工作成果。如果我们一定要把一个行动归因于委员会，那么

---

[1] 加扎尼加在《心灵的过去》中将心灵中做出叙述的部分称为"解释者"。

这个行动就一定是委员会所有成员协作的结果。也就是说，所有成员必须通过公共白板进行沟通，这是委员会工作的最低要求。再回到个体问题，至少就有了一种适用于委员会的答案：委员会是一个其中所有个体成员通力协作的整体。

你可能已经猜到我的下一步计划了——我想说明：在关于人的问题上，同样存在一种类似的回答。你，不等同于你的任何一个亚人格模块，也不等同于模块独立工作时的相加总和，但你等同于**一个整体，一个由所有模块通过沟通、协作而构成**的整体。使得模块们的协作成为可能的，正是所谓的全局工作空间，即我们的意识；也正因为作为全局工作空间的意识，模块们才得以凝聚，并产生出你的行动。

我在本章节中所辩护的观点并非我的首创，最早由利维在其对自由意志与认知科学的讨论中提出。① 值得注意的是，利维认为，他的观点既有利于说明为什么某些行为不是自由的，又有利于说明为什么其他自由行为是可能的。在一些特定而具体的案例中，我们的亚人格认知模块无法相互沟通，在利维看来，这正是帕克斯梦游时的情况——帕克斯的行为控制系统形成了"攻击"的指令，但其他模块系统没有机会权衡、修正这个指令。而这之所以发生，很明显，是因为他睡着了，正处于无意识状态，此时模块用以交流和协调的全局工作空间不可用。这就解释了为什么帕克斯的行为并不反映他的为人——他不是这个行为的实际来源，按理来说，也不必为此负责。

不过，在寻常案例中，行为是有意识地做出的，全局工作空间是可用的，人们的亚人格模块的确可以参与行为的决策。比如，麦克维决定在俄克拉何马城炸政府就是这样的：这个决定在清醒状态下做出，行为者也有相当长的时间来思考、执行爆炸计划。在麦克维脑中的白板上，接连多天全是关于爆炸的信息；而一旦他的某个模块反对这项计划，这条反对信息也有相当充足

---

① 可参见利维2007年发表的《神经伦理学》和2014年发表的《意识和道德责任》。本章节中的论述基于利维的理论，但我也不确定他是否会认可我对"一个人就是他所有处于协作状态的亚人格模块"的说明。相比于对"人"的形上定义问题，利维的研究更关注一个行为何以反映，或说显露行为者人格的问题。

第六章　自由意志和认知科学　177

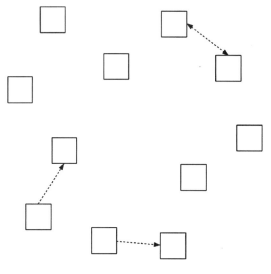

图 8　全局工作空间的缺失

（如果一个人无意识，而且不能使用全局工作空间，他的亚人格模块将只能非常有限地发挥其协调各个模块的能力，每个模块多半只能独立行动。）

的时间扩散，并最终阻止麦克维的实际行动。因此，麦克维最终没有改变计划，就说明他的任何一个模块都没有提出反对，或者至少提出的反对都不够有力，都不足以让麦克维做出改变。也因此，麦克维的行为反映了作为模块整体的他，反映了他的人格；他有理由被归责。

对那些担心认知科学的最新进展会对自由意志说造成威胁的人来说，这就是一个很好的回应。有意识的心灵要发挥作用，如下条件就是必需的：至少存在一些行动，即那些在清醒状态下做出，也有足够的时间来反思与修正的行动，是真正出自我们的行动。由于篇幅的限制，更复杂的情况不再赘述，但尽管如此，我还是希望，在"为什么有人会担心认知建构威胁了自由意志"和"为什么这种担心会被对意识的新兴解释所消解"这两个问题上，到目前为止的讨论能为你们提供一条大体的思路。

或许我们的行动，至少部分时候的行动，的确反映了我们自身的某些品质，因此足够被称作自由的行动。然而，即使达到这项要求，也仅仅说明我们是负有道德责任的。要使我们因行动而被夸赞道德崇高或被批评道德败坏，这些行动所反映的就不能只是我们的某些品质，而必须是我们身上那些或好或坏的道德品质。在下一章中，我们来看看这些道德品质具体是什么。

睡梦与责任

首先，让我们简单地回顾一下第一章中提到的两则难案。出于强烈的嫉妒，夏洛特企图开枪打死她的朋友，但是并未打中。对大多数人来说，她意图谋杀有罪，为此负道德责任，理应受到惩罚。戴维梦见他出于强烈的嫉妒，企图杀死他的朋友。对大多数人来说，戴维却不应因此获罪，不应为此负有道德责任，也不应该受到任何处罚。这是为什么？这两个案例又有什么区别？

这问题很令人不解，别忘了，夏洛特和戴维的精神状态看上去是相同的，都是一个实际的杀人犯的状态——都相信他们将要杀死他们的朋友，也都有意愿如此行动。当然，他们最终都没有成功，但是失败的结果并不影响他们的精神状态，更何况他们的失败都源于外部因素：夏洛特手抖，戴维在做梦。如果夏洛特的意志被移植给一个手稳的人，那这场谋杀就不会失败。同样，如果睡着的戴维将他的意志移植给另一个清醒的戴维，那么戴维的朋友也活不了。

不过，很可惜我们不能再花篇幅来详谈这个难题了。这个问题其实很古老——中世纪早期的奥古斯丁（Augustine）早已讨论过相关问题①，学者们也提出过许多解决方法。在这里我只提一种可能的解决方式，一种诞生于本章所讨论过的认知科学的解决方式。

为什么帕克斯不用为他梦游期间的犯罪负责？对这个问题，一种已知的解释是：帕克斯的行为源于其亚人格认知模块，而他又处于无意识状态，模

---

① 奥古斯丁对该问题的相关讨论可参见马修斯（Gareth Matthews）在1981年发表的《论梦中不道德》（"On Being Immoral in a Dream"）。

块间无法相互交流，因此帕克斯本人不足以成为行动的来源。而戴维当时正在做梦。他们的情况当然稍有不同：帕克斯似乎并不能意识到他在梦游，但戴维可以清醒地感知他的梦境——否则他怎么能记起梦中的细节并汇报给警方呢？不过尽管如此，我们依然有理由认为，就算睡梦中保留了意识，睡梦状态下意识的全局工作也不如清醒时做得好。

需要注意的是，对睡梦做出这样的解释，意味着要对我陈述过的观点做进一步审视。当然，这没有关系，不过要记住，你只是在单纯地思考，不需要过于注重思考的结果，因为这能给你一种感觉，让你清楚地分辨目前条件下的可能性与合理性。我们要做的也只是提出一种可能的解释，一种符合已知情况的解释，而且这种解释如果是真的，就可以帮助我们看出夏洛特案与戴维案究竟有何不同。

接受这样的限定条件后，我们就可以开始一个思想实验了。试着回忆一下你在梦中遇到过的最匪夷所思的事情。当然，我并不知道在你的梦中究竟发生过什么，但据很多人说，他们有过光怪陆离的梦境，所以我假定你也有过这样的体验。比如，或许你曾梦到，在上班的途中一只雷龙与你擦肩而过。现在，我希望你思考如下两个问题：第一，如果在现实生活中真实地体验了那些离奇的经历，你会做何反应？第二，如果这些离奇的经历发生在梦中，你又会如何应对？（你在梦中的反应会是什么？）

我猜，如果你真的在上班的路上看到一只雷龙，那你的反应再怎么激烈都不为过。根据雷龙和你的距离，你的反应可能有所不同：你可能会赶紧逃跑，可能会停下拍照，可能会立即报警，可能会直接把这个情况汇报给当地大学的古生物学系或者其他人。不过无论如何，这件事都会成为你那一天中最激动人心的遭遇，即使上班迟到也不愿意就此错过。

不过有趣的是，面对这些难以置信的事件，很多人在梦中却不会表现得如此激动。你应该回想起了一些类似的梦中事件，它们如果在现实生活中发生可能会让你目瞪口呆，但梦中的你却对它们视若无睹、不以为然。如果你告诉我，你曾梦到路遇雷龙，但是梦中的你因为上班要迟到了就急匆匆地走了，我也不会惊讶。

如果这两个观察到的现象足够准确，那么我们就可以发现，同样是有意识的心灵作为全局工作空间发挥功能，睡眠时的功能效果就不如清醒时的功能效果优越。设想你的有意识的心灵正和往常一样运作，这时，你看见一只雷龙，雷龙的图像将会由视觉中心做出处理并投送至全局工作空间，在那里，所有其他模块都将接收到这条视觉信息。看到雷龙之后，一些模块可能会立马拉响警报。比如一些较为原始的本能性模块，可能一见到大型动物就像固定线路一般产生剧烈的反应。还有一些更精细的知识性模块，在那里储存着你关于雷龙的全部知识，比如，其实雷龙已经灭绝了，而且如果人们看到一只雷龙正迈着步子穿越整个城市，这将是一个绝对的爆炸性新闻。如果这些模块正常运行，那你肯定会做出某些反应，因为，至少你的某些模块会因这件事而激动不已。借用白板比喻来说，看见一只雷龙就像是往白板上贴了一张橘红色便条，委员会成员必然会注意到它并做出反应。

不过，如果事情没有照常运行呢？设想，委员会办公室正举办新年晚会，委员们着实关注不到白板上的便条；他们之中有人早已回家，剩下的人也基本在晚会社交；可能的确有委员在路过时看了一眼白板，但并没有像往常一样严肃对待，也没有考虑事情可能的后果，虽然按理来说他们不应当如此。

我们在睡梦中时，模块的情况可能就像是新年晚会上委员们的情况：一些模块掉线了，另一些模块即使在线，也没关注到全局工作空间中发生的状况。这也就是为什么同样是偶遇雷龙，在梦中时的模块没有像在醒着时那样拉起某种警戒。雷龙还是被投送到了全局工作空间，但是模块们都没有注意到它；或者注意到这条信息的模块们并没有很好地处理它，忽略它的特别之处。

如果这个推理是正确的，那我们就有理由说明为什么夏洛特有罪而戴维无罪了。夏洛特在形成杀死朋友的意图时，她的全局工作空间完全是正常运作的。她的所有模块都有机会参与这个决策，所以这个决策就反映了夏洛特本人的特性。与此相对，戴维杀死朋友的意图形成于他的全局工作空间功能失常时，此时戴维的很多模块可能没有机会注意到这条决策，更无法参与和修正，或者那些模块即使注意到了，也无法正常地推导可能的结果。

  这就可以作为一条可能的原因，解释为什么戴维可以不用对他在梦中杀人的行为负责：因为梦中的认知机制就是这样的，梦中的决策并不能真正反映决策者的特性。我认为继续按这条思路来思考可能很有帮助。睡梦中的戴维，其全局工作空间运行得相当糟糕，在我看来，可能已经糟糕到戴维已经无法对行为的后果负责。但是很明显，这里还是存在程度差异的。帕克斯的全局工作系统是完全停摆的；一些总是深思熟虑的人可能在睡梦中也能发挥全局工作空间的最大效用；而还有一些人，比如戴维，就处于这两种极端之间。我会认为戴维更倾向于功能停摆的那一端，因为相比于夏洛特的情况，他的情况更像帕克斯。不过，不同的人可能处于不同的程度。或许，有人的工作空间受到了不完全的损伤，比如喝醉了，全局工作空间发挥作用时既不像戴维的那么糟糕，也不如夏洛特的那么完善。或许，当人们在匆忙地做决定时，意识没有完全参与思考，于是同样陷入两个极端之间，因为如果他们的亚人格模块没有足够的时间使用全局工作空间，那么这其实也就相当于全局工作空间运行失常。由于篇幅的限制，我们无法对这些有意思的案例进行详细的讨论，仅留给你们自行思考。

第七章
意志的品格

本章的主题是意志的品格。再次重申,我认为,引入主题的最好办法,莫过于考察一系列案例。让我们从考察案例开始吧:

> 尤斯塔斯(Eustace)在重新布置公寓的陈设。他要做出决定,究竟把桌子放到主窗前面,还是靠墙摆放。一方面呢,尤斯塔斯喜欢在工作的时候眺望窗外;另一方面,他知道有时候就算窗户紧闭,总还是会有些冷风透进来,这样,有时在靠窗的位置上工作会稍冷些,会不太舒服。尤斯塔斯寻思良久,不断权衡两种位置的利弊。最终,他认为自己还是更在乎开阔的视野,于是决定把桌子摆到窗前。

我们假定,有关自由意志的一般意义上的焦虑已经解决了;也就是说,假定我们的行动**有时候**是自由的。倘若如此,尤斯塔斯决定将桌子摆到窗前,这个行动想必是自由的。同时,这个行动也**反映出**尤斯塔斯的某些特质:比起冷暖而言,他更在意工作时的视野。但是,尤斯塔斯需要为这个行动**承担道德责任**吗?

请回想一下我在第三章中捍卫的那种对道德责任的解释。其中说到,如果行动者对某个行动负有道德责任,那么,在他这样做了之后,我们对待他的道德理由就发生了某些变化:我们有道德理由对他**好一点**或**差一点**。但这很难用到尤斯塔斯身上:他布置家中陈设的方式,似乎根本不会影响我们应该如何对待他。所以，尽管尤斯塔斯的行动是自由的，而且他的行动反映出他的特质，他也完全不用为这个行动承担道德责任。何以如此？

可以这样解释：一个行动是自由的，且反映出你的某些特质，这还不足以说，你要为这个行动承担**道德**责任。道德责任还需要以下条件：通过行动反映出的特质得具有**道德意义**。在上述事例中，尤斯塔斯的行动所反映出的特质，**并不**具有道德意义。从道德层面来看，他是更在乎开阔视野，还是更在乎工作时的冷暖，实在是无关紧要。不过是他个人的偏好罢了；无论他实际上更偏好哪一方，都丝毫不会反映出他作为一个人所具有的**道德**品质。

或许可以在无关乎道德的意义上说，尤斯塔斯对他的行动负有"责任"。从某些方面来说，这的确是**他自己的**行动；如果别人通过催眠迫使他这么做，那我们就不能说这是他自己的行动了。同样，我们可以用某种无关乎道德的方式来"指责"尤斯塔斯的行动，因为他是在无关乎道德的意义上为他的行动负责。比如说，如果尤斯塔斯抱怨他工作时冷嗖嗖的，我们可以告诉他，这是他咎由自取；如果是催眠师导致他把桌子放在窗边，那这么说可能就不太公允了。但是，我们关于他的**道德**理由不会因此改变；我想，我们没有理由去伤害他，我们想要去帮助他的理由也不会因此而失去力量。因此，尽管这种无关道德的"责任"可能在某些语境下很有意思，但是它并不是本书感兴趣的那种责任。

但是，一个行动反映出行动者具有"道德意义"的特质，到底是什么意

第七章　意志的品格　185

思呢？不妨思考，一些行动者的行动显然**没法**反映出任何具有道德意义的东西，起码没法反映出任何**缺德**的地方。通过思考这些行动，我们或许可收获一些洞见。尤斯塔斯的事例相对简单，因为不管他有没有把桌子放到窗前，这对道德而言都没什么影响。现在我们思考一个稍微复杂一点的例子，这里面的行动**本身**是坏的，但是它似乎没有**反映**出行动者有任何缺德的地方。

  弗兰西斯卡（Francesca）对花生严重过敏。就算一丁点花生或是花生油都会把她送进医院，她对饮食不得不慎之又慎。通常她对此非常上心。加斯顿（Gaston）并不知道弗兰西斯卡对花生过敏，某天他给了她几块糖以示友好。弗兰西斯卡被这件礼物打动了，但是她那天也有点心不在焉，忘记去仔细检查配料表里有没有含花生。她吃下了糖，产生了严重的过敏反应，最终进了医院。

  她的闺蜜哈丽雅特（Harriet）来医院看望时，弗兰西斯卡已经清醒了，对加斯顿满腔愤恨。"他差点要了我的命！"她不断重复着，显然怒不可遏。哈丽雅特很同情她，但还是劝弗兰西斯卡不该对加斯顿如此恼火。毕竟，加斯顿并不知道她对花生过敏，而且他送糖"本是一番好意"。

首先，我想大多数人会觉得哈丽雅特对加斯顿的辩护是有道理的。（设想一下：加斯顿**本应该知道**弗兰西斯卡对花生过敏，比如弗兰西斯卡曾经多次跟他讲过过敏的事，但他当时忘了。倘若如此，那就是另一回事了。① 但在这里，我们先假定他无从得知过敏一事。）不过，我们且将注意力集中在哈丽雅特为加斯顿辩护的那个表述。她说，弗兰西斯卡不应该对他生气，因为他"本是一番好意"。我们常常用这个表述——通常在非正式的情形中而非哲学讨论中——来主张，一个干了坏事的人应该免受责备。但是，"一番

---

① 在这种情形下，加斯顿做坏事是因为我们所讲的**过失**（negligence）。稍后将回到过失这个主题略做讨论。

好意"到底是什么**意思**呢？

在这个语境中，"一番好意"的"意"指的是**有意**做某事。所以，按照字面直截了当地解释，加斯顿"本是一番好意"实际上说的是：加斯顿做事的**意图**本来是好的，而不是坏的。这牵涉到下文将要细致讨论的一种复杂情况：同样的行动，它的意图可以多种多样，或者可以用多种方式加以描述。现在，我们先搁置这种复杂情况，而将加斯顿的意图描述为：他只是想让弗兰西斯卡开心，他真的**无意**让她生病。

哈丽雅特似乎想说，弗兰西斯卡应该根据加斯顿的**意图**来评价他，而不是根据他实际上**做了**什么。这就是说，弗兰西斯卡应该问的是，加斯顿的意图究竟是好是坏，既然他的意图**是**好的，那么她就不应该责怪他把事情办坏了。

但愿第一反应会让你觉得，这在加斯顿的事例中是一个合理的建议。但是**为什么**对弗兰西斯卡而言，通过加斯顿的意图来评价他，比通过他行动的结果来评价他更为合理呢？将加斯顿和另一个行动者对比，对我们会有帮助：

> 与加斯顿不同，艾萨克（Issac）**实际上知道**弗兰西斯卡对花生过敏。而且，艾萨克对向弗兰西斯卡示好丝毫不感兴趣。其实，他把她视为工作上的敌手，他想要把她挤兑走。他清楚地知道糖里含有花生，还把糖给了她；他希望她忘记仔细检查糖，吃下它之后产生剧烈反应。艾萨克很开心，弗兰西斯卡吃了糖后被送进了医院；他颇感失望，弗兰西斯卡第二周就康复出院上班了。

如果哈丽雅特想要为艾萨克开脱，还说他本是一番好意，那可就太荒谬了。毕竟，他是**不怀好意**——他本来就意图毒害弗兰西斯卡！尽管这个案例本身不复杂，也不是很有意思，但把它和加斯顿的案例放在一起比较时，就揭示出一些重要的东西。这不仅仅是因为艾萨克的意图不同于加斯顿，而且这些意图所反映出**有关**艾萨克的特质，似乎跟加斯顿的意图所反映出的有关加斯顿的特质大不相同。

如果我故意去毒害我工作上的对手，想把她挤兑走，这反映出我的什么特质呢？这反映出的事实是，我显然不是一个多好的人。更进一步：反映出我想要或是关心的是什么呢？想必其中反映出的是，比起他人的幸福，我更关心自己的晋升之路。① 想必你也会认为，我们**不应该**关心自己晋升而不顾他人幸福。因此，关注自己晋升而不顾他人幸福是**坏**的。因此，艾萨克毒害弗兰西斯卡的意图反映出他身上某种坏的品质。

相反，如果我想要通过送某人小礼物来让她开心，这反映出了我的什么特质呢？更具体来说，这反映出我想要什么、关心什么呢？想必这反映出，我有些许关心这个人的幸福——至少胜过了花在礼物上的那几块钱。这种关心可以说是好的，虽说可能不是**特别**好；舍得掏几块钱让某人开心，我并不会因此就成为英雄。但无论如何，这种关心的确不是**坏**的。所以，加斯顿送小礼物让弗兰西斯卡开心的意图反映**不出**他有任何坏的品质。

现在，我们可以对善意和恶意的本性多说一点。我在第四章讨论斯特劳森的观点时曾提到过，但没有讨论它们究竟是什么。在此，我们给出第一次更为实质的刻画：如果行动者用**正确**的方式关心**正确**的事，或者他的关心**在道德意义上是好的**，那么他具有**善意**。如果行动者没有做到用正确的方式关心正确的事，或者他的关心**在道德层面是坏的**，那么，他具有**恶意**。

这一表述还没有达到我们最终要求的细致刻画，因为它既没有讲到对一个行动者而言，用正确的方式关心正确的事情究竟意味着什么，也没有讲到什么样的关心在道德的意义上是好，而不是坏的。不过，即使目前这种表述形式也有助于我们理解，是什么将加斯顿和艾萨克这两类行动者区分开来。无论什么是在道德的意义上是坏的关心，如果艾萨克对自己晋升的关心胜过对同事幸福的关心，那么我们都能够合理地认为，艾萨克的关心具有坏的品质。而且，我们也能可靠地认为，加斯顿的关心在品质上**不算坏**，也就是说，

---

① 倘若这还不够清楚的话，不妨设想一个截然相反的人，他关心他人的幸福胜过关心自己的晋升。这个人不会出现故意给工作对手下毒的念头吧！

要么是道德上好的，要么是道德上中立的。因此，艾萨克的行动反映出他的恶意，而加斯顿却并非如此，通过指出二者之异，我们可以解释艾萨克和加斯顿二人在责任上的差异。

对善意和恶意的粗糙刻画也能够帮助我们看到，为什么考察行动者的意图有助于评价他是否负有道德责任。行动者的意图通常揭示出他意志的品格，去做错事的意图可以强有力地证明怀揣坏的关心及恶意。在艾萨克的例子中，我们已经看到这一点。

在评价行动者意志的品格时，看他的意图往往很管用；在下文的讨论中，我也会经常这么做。但是请特别注意，诉诸意图纠缠着某些复杂情况。前面已经提到第一种情况，即行动者有意去做好事还是去做坏事，对它的描述可能是多种多样的。要解释这个复杂情况得费一番功夫，所以且留待下文再做进一步讨论。

第二种复杂情况是，做错事的意图，并非是一个行动者该受道德指责的必要条件。比如说，在有过失的情况下，行动者受到指责并非因为他有做错事的意图。在第一章中，我们考察过艾伯特的案例，他误以为车中有个婴儿，于是打破汽车窗户去救他。在本章后面，我们将回到他的案例（也关联到比阿特丽克斯的案例）。现在，我们先设想一下，**真的**有一个婴儿被锁在炙热的车里：

> 雅各布（Jacob）初为人父，今天轮到他照料宝宝。他需要去跑一趟差事，所以他把婴儿车装好，把宝宝绑在汽车座椅上，开车前往银行。在开车过程中，雅各布一直在担心他去银行要做的转账。上次由于官僚主义的刁难，他没能把这事搞定，所以雅各布真心希望他这次把所有的文件都准备齐全了。他因为一门心思担忧官僚主义的问题，等开到银行，全然忘记了已经在后座上熟睡的宝宝。雅各布走进银行。过了两个小时，雅各布从银行里出来，宝宝已经因为车内的高温夭折了。

不幸的是，像这样的故事在现实生活中经常上演。大部分的父母不会故意把宝宝留在车里，从而导致宝宝死亡；这一点或许并不会让你感到惊讶。往往是由于父母大意忘记了，而且当他们知道事情发生时，往往肝肠寸断。但是，或许让你感到惊讶的地方在于，许多做这种事的父母，实际上并不是坏父母。你或许会认为把宝宝丢在车里的人必定是极其不负责的人，或者这些父母实在是太不在乎他们的宝宝了，或者他们吃了健忘药，凡此种种。但事实往往并非如此。通常这些父母非常爱他们的宝宝，平时照顾得无微不至。他们真的仅仅是**忘记了**带上宝宝，就像你出门前可能忘记带伞、带手机那样。假设雅各布的情况也是如此。他深爱他的宝宝，平时照顾得无微不至，他也没有因为服用任何药物或其他东西而没有能力负责任地照顾宝宝。

问题在于，**把宝宝丢在车里，雅各布是否负有道德责任**？我想绝大多数人可能倾向于回答"是的"。像雅各布这样的父母到底应该受到**怎样的**责备，这是存在争论的。我们大部分人可能会认为，相较于那些蓄意杀害宝宝的家长，他受到的指责应该**轻些**。但是，他似乎多少该受到点指责。①

在这个案例中，首先需要注意的是，如果我们的直觉是对的，雅各布的确负有道德责任——那么在这个案列中，道德责任并不需要坏的意图。正是因为没有任何坏的意图，它才是一种过失的情形；雅各布下车的时候压根没有想到宝宝，因此，他不可能**故意**把宝宝丢在那里。

其次，需要注意，我们不能直接看出雅各布的行动如何或是否反映出任何恶意。**如果**雅各布有意识地决定把宝宝留在车里，那么就**可能**看得很清楚：比起宝宝的幸福，雅各布更关心完成转账，而这样的关心是坏的。但是，雅各布当然不是有意识地决定把孩子留在车里，他当时满脑子都是转账。而且，关心自己的金融交易当然在道德上是中性的，而不是坏的。

---

① 法律有时会惩罚这些家长（当然，比蓄意杀婴轻很多）。有人可能会觉得，从法律上**惩罚**雅各布这样的父母不太妥当，但这不等于说，这些父母无需**承担道德责任**。我倾向于认为，在大部分情况下，他们**的确**负有道德责任，但**不**应该受到惩罚。理由在于，糟糕的事已经在他们身上发生了，他们已经失去了一个孩子，所以在他们头上再加法律惩罚，将会导致他们所受的惩罚太过分了。

如何对待雅各布这样的过失行动者，我们似乎有三种选项。第一种，认为他们**无需**真正承担道德责任。提出这一选项只是为了讨论的完备——万一后面两种选项行不通，我们还有它可以指望。但是我已经指出，绝大多数人**的确**认为，像雅各布这样的行动者是有责任的。如果我们能找到符合我们直觉的方法，那就太好了。

第二种选项是反对这里讨论的一般原则，也就是说，恶意是应该受到指责的必要条件。我想，这个选项不具有吸引力。如果恶意不是应该受到指责的必要条件，那么我们就搞不清楚，如何能够将艾萨克和加斯顿这两类行动者区分开。尽管他们的行动以及行动的效果都是一样的，艾萨克显然该受道德指责，而加斯顿显然不该。似乎其中唯一的差别在于，一个表现出了恶意，而另一个却没有。

当然，有人可能提出如下替代原则：道德责任真正的必要条件，**要么是恶意，要么是**过失。这可以解释，为什么艾萨克和雅各布是有责任的，而加斯顿却没有，因为加斯顿既无恶意，又无过失。但是，这个办法并不能令人十分满意。如果一种理论能够对艾萨克**和**雅各布两者该受指责提出统一的解释——因为恶意，那将会是一种更好的理论。更进一步，尽管我们能够理解，由于恶意反映出行动者坏的特质，因此他该受指责，但是我们不能理解，为什么行动者由于过失而该受指责（当然，除非过失反映出某种恶意，但这一点在第二种选项中是被否认的）。

第三种选项是坚持认为，像雅各布这样的行动者，在行动出现过失的时候，**的确**展示出一种恶意。在我看来，这是最有希望的选项，但是它的细节要更为复杂。这并不是说，似乎雅各布比起关心宝宝更在乎转账；要是这样理解他的态度，那就大错特错了。如果你把他放在其他各种处境中，让他有意识地选择，是要完成转账还是要保护他的宝宝，他肯定每次都会选择去保护宝宝。所以我的意思不是说，他在"背地里"或者"潜意识里"不在乎他的宝宝；解决方案必须更为微妙。

近年来出现了大量关于过失问题的研究，限于篇幅，此处无法细致地讨论任何一种解决方案。相反,我将勾勒其中一种方案的基本要点。① 回想一下,上一章讨论了意识的角色。按照一种很有影响力的观点,意识是一种"全局工作空间",心灵中所有亚人格模块都能提供信息,而其他所有模块都能看到信息。意识在责任问题上扮演着重要的角色,因为它允许一个人的所有模块来"权衡"所给出的决定;因此,这使得这个决定有可能反映一个人**所有**的部分,因此所反映的就是**人格**。一个单独运作的模块跟人格是不同的,而人格并不为模块所做的事负责。模块更像委员会中的一个成员,他没有告知其他成员就做出了自己的行动。

委员会的类比在这里也是很有用的。假设委员会成员能够接触到他们的共享白板,也就是他们的"全局工作空间",而且正在用它来交流很多话题。但是,一件要事的截止日期迫近,委员会必须在下周提交议案。令人好奇的是,居然没有人在白板上提出任何有关的东西。日子一天天过去,白板上还是没有任何关于议案和截止日期的讨论。最后,事情逾期了,议案也没提交。那么,关于没能成功提交议案这件事,把委员会当做一个整体加以指责是公允的吗?

有人可能会指出,既然议案从来没在全局工作空间中提到过,委员会没有经过协商而决定去忽视截止日期(他们也没办法这么做)。这当然没问题,但我不认为它能够有效地为委员会开脱。我认为,我们**可以**指责作为一个整体的委员会。理由在于,在一个重要的意义上,没能提交议案这件事**的确**跟每一个委员会成员相关之。任何一个成员**原本都可以**在白板上提这件事,但是**没有任何一个成员真的去做了**。在某种意义上,所有成员都进行了"权衡"——在沉默中,每个成员都表达了如下判断:这事的截止日期没有**那么**重要。

可能你已然明白怎么把它运用到像雅各布这样的行动者身上。雅各布把

---

① 下面讨论的解决方案是蒂默曼(Travis Timmerman)和我 2015 年在评论利维的《意识和道德责任》时简要提出的一个版本,尽管那里的讨论集中在一个行为是否反映了行动者的"真实自我",而不是它是否反映了恶意。

他的宝宝忘得一干二净,这意味着当他下车去银行时,没有任何关于宝宝的念头出现在他有意识的心灵之中。因此,他不能展现出对宝宝缺少关怀的意识,也不能主动地决定把宝宝丢在车里。但是,关于宝宝的念头没有出现在他有意识的心灵中,其**原因**在于他没有任何一个模块在全局工作空间中提出关于宝宝的念头。他心里没有一个部分认为宝宝足够重要,需要把它提交到这个自觉考量的空间;它们全都装聋作哑。在装聋作哑的时候,它们都传达出了这么一个观点:宝宝没有**那么**重要。所以从某种意义上说,雅各布没有想到宝宝确实反映出他对宝宝的幸福缺乏**某种**关心。这种缺乏关心不会导致他采取有意识的行动来伤害宝宝,但它**的确**会阻止他有意识地把宝宝放在第一位。没有能够周全照料自己的宝宝当然是不好的,而且它反映出一种恶意。

我很看好这种解释能够成功,由此与过失相关的道德责任可以被解释为一种恶意。并非所有哲学家都看好它,如果你不觉得信服也完全没有问题。①这不太会影响到下面的讨论,只要我们承认,至少在**有些**例子(不包含过失的例子)中,一个**特定的**行动者是否有责任取决于他是否表现出(自觉的)恶意。我们即将面对的问题是:恶意表现于自觉的态度,那么究竟哪些自觉的态度是坏的?

描述与从物或从言之分

这个问题还缠绕着许多谜题,在进行讨论之前,搞清楚一个非常普遍的

---

① 谢尔(George Sher)对过失的解释与此类似,不过没有涉及恶意。谢尔的主要观察是,过失行为的原因可以追溯到"使(行为者)成为这样一个人的性格、态度和倾向的组合"。参见谢尔的《谁知道?》(*Who Knew?*, 2009)第 92 页。引申而言,过失行为的原因可以追溯到行为者的**人格**缺陷,这解释了为什么这些人要对自己的过失负责。谢尔并没有把这些缺陷跟恶意等同起来,因为他**不**认为任何或所有这些缺陷必定意味着缺乏对道德上重要之事的关心。

现象对我们而言至关重要；它在各种各样的哲学语境中都会出现，但跟我们正在讨论的恶意尤为相关。这个现象就是：一个给定的对象可以有多种描述；同样的对象，可能一种描述对应着某种态度，而另一种描述则对应着另一种态度。

我知道这个说法非常抽象，不用例子就很难说清楚。所以，我们来看一些例子。第一个例子：

> 卡尔（Karl）今天过得很糟糕。他跟同学们一起参观研究实验室，意外地掉队了，结果被锁在了大楼里。看起来，他整晚都要被困在里头。他渴得要命，但找不到饮水机和能出水的水龙头。在一个房间里，他找到一些瓶子，里面装满液体，标签上写着"H_2O"。卡尔看到这些瓶子，想都没想就走开了；他想喝的是水，而不是某种叫"H_2O"的化学药剂，无论它到底是什么。当然，卡尔化学不太好。由于在课堂上不专心，他不知道水和 H_2O 是同一样东西。

众所周知，水**就是** H_2O。"水"和"H_2O"不过是对同一种物质的两种不同的**描述**。但是由于卡尔不知道这是对同一种物质的两种不同描述，他对它们就有了不同的态度。当它被描述**为**水时，他非常渴望喝水——如果他找到一个写着"水"的瓶子，他肯定会去喝它。但是，当它被描述为"H_2O"时，他丝毫没有兴趣去喝水，因为对他来说 H_2O 听起来像是某种可怕的化学药剂。

再来看另一个例子：

> 卢克（Luke）生活在美国旧西部无法无天的年代。他是一名职业枪手，试图通过在各地厮杀来扬名立万。他前往道奇镇，进入一家酒吧，宣布他今天之所以来这里，就是想要挑战镇上最好的枪手。一个明显喝醉酒的老汉塞缪尔（Samuel）听到这话站了起来，含糊地对卢克说了些

带有敌意的话。因为卢克习惯了在酒吧里遇到那些咄咄逼人的醉汉,所以压根没有当回事。没人告诉卢克谁是最好的枪手,所以他悻悻地离开了酒吧,去了杂货店和镇上其他地方。卢克并不知道塞缪尔**就是**道奇镇上最好的枪手,只不过他今天不在状态罢了。

在这个案例中,有一个人可以用两种方式加以(正确)描述:我们既可以把这个人描述为"道奇镇最好的枪手",也可以把他描述成"酒吧里喝醉酒的老汉"。显然,卢克没有意识到这两种不同的描述指向的是同一个人,而且他对两种描述有着不同的态度:他想要跟道奇镇最好的枪手较量,无论那人是谁,但他对酒吧里喝醉酒的老汉没有任何想法。

卢克的案例再次说明一种普遍现象,即对同一对象的不同描述会让行动者产生不同的态度。这也有助于我们引入讨论这种现象的特殊方式。卢克奔赴道奇镇,为的是找到那个特征极其抽象的人——他想跟镇上最强的枪手战斗,**无论那个人是谁**。在卢克的头脑当中,这个人可能是警长,也可能是邮递员,或者是其他什么人都行。不管谁是最好的枪手,对卢克而言都没什么区别;只是**因为**他是最好的枪手,卢克就想跟他较量一番。因此我们可以说,卢克想要较量的是**从言(de dicto)意义上最好的枪手**①——或者说,是在他的描述中最好的枪手。

一个和卢克形成对照的例子:

> 米哈伊尔(Mikhail)前往道奇镇找他的死敌塞缪尔。当他进入酒吧时,米哈伊尔发现得来全不费工夫——塞缪尔就在这里。他上了年纪,看起来喝多了,但米哈伊尔仍然知道这人就是他,然后立刻要跟他比枪法。顺带一提,塞缪尔就是道奇镇最好的枪手。

---

① "从言"(de dicto)来自拉丁语。就其在英语中的使用而言,我们很难给出一个精确的、能避免语法矛盾的翻译。它的意思接近于"从语词的方面来说"——因此,如果以从言的态度对待某物,那么焦点就会放在它的(用语词表述的)抽象描述,而不是符合这一描述的具体事物。[如果你懂一点英语,可能会发现同样的词根见于"dictionary"(词典)。]

"道奇镇最好的枪手"这个话是要挑出某个特定的具体的人。碰巧那个人就是塞缪尔，而米哈伊尔要跟他较量。但是，米哈伊尔并不关心**那个**塞缪尔是道奇镇最好的枪手，他不是出于这个原因而跟他较量；另一方面，就算塞缪尔**不是**道奇镇最好的枪手，米哈伊尔也要跟他较量。事实上，米哈伊尔对那个特定的人怀恨在心；他之所以想和塞缪尔较量，只是**因为**他就是那个人。所以，诚然米哈伊尔想要跟道奇镇最好的枪手较量，但是并不想跟**这一描述之下**的他较量。因此，米哈伊尔不是在从言的意义上跟道奇镇最好的枪手较量。相反，我们认为米哈伊尔是在**从物的意义**上跟道奇镇最好的枪手较量①——这是说，他想要跟一个特定的人较量，而这个人实际上是最好的枪手。

以从言的态度待物，还是以从物的态度待物，二者之间的区别可能非常微妙。你可能得琢磨一下然后才能理解。我想不出更清晰的方式来描述它，唯一能想到用来阐明它的其他例子，基本上是卢克和米哈伊尔例子的变形。②多说无益，我们且进入下一节。我们将会看到这个区分跟道德责任的关系。如果你对这个区分还有困惑，随着讨论的展开，或许它会变得清晰起来。

从言的"一番好意"与从物的"一番好意"

我们回想一下在第二章中发展出来的道德观。我们假定道德实在论为真，在此观点下，特定的行动具有道德属性。例如，一个行动可能具有道德上错

---

① "从物"（de re）同样来自拉丁语，对它的精确翻译同样会导致语法上的尴尬。它的意思接近于"从事物的方面来说"——因此，如果以从物的态度对待某物，那就是直接指向某个特定的具体的事物。
② 虽然我不会在这里给出更多的例子，但它对于**读者**来说或许是一个有益的练习：试着另外想一些例子，在这些例子中，行动者以从言的方式对待某物 X 是一种态度，而以从物的方式对待它又是另一种态度；反之亦然。

误的属性，这可能意味着我们有着绝对的理由拒绝做出这样的行动。

第二章没有讨论这个问题，不过，大部分的道德实在论者认为，类似错误这样的道德属性都不是原始的或基本的。也就是说，并非有的行动无缘无故就是错的，或者其他行动无缘无故就是对的。无论一个行动在道德上是对是错，我们都可以解释它为什么是对或是错。例如，一个行动之所以是错的，是因为它违背了承诺。或者它是错的可能是因为它伤害了某人，或是它没能将幸福最大化。我们还可以找出一大堆其他可能的理由加以解释。关键在于，总是有某种理由来解释这个行动是错的。这个行动还有其他属性，例如伤害他人的属性，我们通过指出这一属性来解释为什么这个行动具有错误的属性。

但是，具体说来，到底是哪些属性能够解释行动的错误？这个问题众说纷纭，而回答它是一阶规范性理论研究者的首要工作。当然，本书并不关注一阶规范性理论，我们也不需要确切知道，接下来要讨论的错误行动到底能够用什么属性来解释。我们只需要赞同，某些属性能够解释行动之错误；尽管在某些案例中，我为了解释起来方便，先预设了这些属性。

现在，让我们聚焦于以下问题：有意去做错事是什么意思？正如我们所见，这和怀有恶意还不太一样，但在许多案例中二者紧密相关，这有助于我们把本章的论点讲得更清楚。

当我们说，有一个人有意去跟"道奇镇最好的枪手"较量，我们实际上陷入了某种含混。我们的意思可能是，他有意去跟最好的枪手较量，无论那个人是谁——也就是说，他有意在从言的意义上跟最好的枪手较量。但是我们的意思也可能是，他有意去跟某个特定的人较量，而那个人实际上就是最好的枪手——也就是说，他有意在从物的意义上跟最好的枪手较量。在此我想让你确信的第一件事是，当我们说某人有意去做"错事"的时候，我们所陷入的混淆是类似的。我们的意思可能是，这个行动者有意去做他可能描述为"道德上错误"的事；在这种情况下，他有意做从言意义上的错事。但是我们的意思也可能是，这个行动者有意去做某件实际上是错误的事；在这种情况下，他有意做从物的意义上的错事。

一个简单的例子有助于讲得更具体。我们可以想象一个行动者，出于某种原因，他想让自己变得尽可能地坏。只要他认为是道德上坏的事，他就会去做，而且他不断地去想办法做更多的错事。① 这个行动者有意做从言意义上的坏事。但是，我们也可以想象一个更为现实的行动者，他根本不考虑对错，而且他恰好想要（且有意）去偷东西。如果偷盗实际上是错误的，那么这个行动者就是在做从物意义上的坏事。

这种含混带来一个问题。我们可以想象，一个行动者有意做从言意义上的坏事，同时又有意做从物意义上的好事。我们也可以想象，某行动者有意做从言意义上的好事，同时又有意做从物意义上的坏事。

这里有两个颇为有名的例子，可以帮助说明从言和从物的区分，并且表明，行动者在某种意义上有意去做坏事，在另一种意义上则有意做好事，这从根本上说并非不可能。第一个例子对稍微熟悉美国文学的人来说可能并不陌生：它由阿帕里（Nomy Arpaly）改编自马克·吐温的小说《哈克贝利·费恩历险记》。② 下面是我的改写：

> 哈克贝利·费恩是个在密苏里州长大的孩子。那时美国还没发生内战。奴隶制在密苏里州是合法的，哈克从小就相信奴隶制在道德上是可接受的。实际上，人们告诉他，帮助奴隶逃离主人是不道德的。但是，哈克和吉姆成了朋友，而吉姆是当地的奴隶。吉姆此时身陷困境——他饱受奴隶制摧残，想要逃跑。现在哈克面临着挑战，他打心底里在乎他的朋友，希望吉姆幸福快乐。可是他同样也相信，帮助吉姆逃跑在道德上是错误的。哈克考虑一会儿后下了决心，认为比起做道德上正确的事情，他更关心朋友的幸福。所以他和吉姆一起乘船下密西西比河，帮助他躲避当局沿途的追捕；可是他自始至终都相信他在做不道德的事。

---

① 当哲学家想找这种行动者的例子时，他们总是会诉诸弥尔顿在《失乐园》中所描述的撒旦。弥尔顿笔下的撒旦，在被放逐出天堂后，决定要变得穷凶极恶。
② Arpaly, N. (2002). *Unprincipled Virtue: An Inquiry into Moral Agency.*

这应该是一目了然的,但是为了让它更清晰,我想要预设哈克从小就接受的道德信念是**错误**的。奴隶制在道德上是**不可**接受的,帮助奴隶逃离主人**没有**道德上的错误。过一会儿,我们再讨论应当如何评价哈克。现在,我仅仅想要指出,哈克有意做从言意义上的坏事,但是他没有做从物意义上的坏事。他相信他有意去做的事是错的,而且如果有人问起,他也会将其描述为错的。但是他想要去做的那个特定的具体行动——帮助奴隶逃跑——并不是错的,实际上,它是**正确**的。所以哈克有意做从物意义上的好事,但是有意做从言意义上的坏事。

阿帕里和其他许多哲学家也用了"真诚的纳粹"来举例说明一个具有相反问题的行动者。这是我的版本:

> 1944年,冈瑟(Gunther)是纳粹党卫军的一名军官。他的任务是搜寻并逮捕德国军事占领的欧洲地区的犹太人。他知道自己逮捕的人随后会被送到集中营杀害。冈瑟对这件差事极不情愿,但是他没有任何道德上的反对意见。毕竟他认为,他正在为建立一个种族纯正的欧洲做出贡献,而且他相信这在道德上是正确的。虽然他对抓人去送死这件事感到有些压力,但是他不喜欢琢磨太多细节;归根结底,比起关心被他杀害的人,他更关心去做他认为在道德上正确的事。

冈瑟有意做从物意义上的错事,但是他不是有意做从言意义上的错事。他想做的特定的具体行动,即基于种族而去杀人,在道德上是错的。但是他不**认为**他所做的事在道德上是错的;如果你向他质疑这一点,他会论证他的行动在道德上的确是正确的。

如果你和大部分人一样,那么你就会对这两个案例都有强烈的直觉。你可能会强烈地觉得哈克贝利·费恩**不该**受道德指责;而且虽然他有意做从言意义上的坏事,这并不证明他怀有恶意。可能你也会觉得冈瑟**的确**该受指责。如果为冈瑟辩护的人说,因为冈瑟有意做从言意义上的好事,所以他"本是一番好意"，这恐怕很难使人信服。冈瑟有意做从物意义上的坏事，这就足以证明他有明显的恶意。

假设这些直觉都是对的——冈瑟真的**就是**该受指责，而哈克贝利·费恩真的**就不**该受指责。那么通过这个事实，能够揭示出恶意具有怎样的本性呢？为此，我们应该问一下，这两个行动者的意图反映出怎样的态度？

冈瑟有意去杀害无辜的人，来追求他所认为的道德上正确之事。这似乎意味着，比起杀害无辜的人，他更**关心**自己所认为的道德上正确之事。换言之，这意味着冈瑟更关心做从言意义上的正确之事，而非从物意义上的正确之事。对哈克贝利·费恩而言，情形正好相反。他有意帮助奴隶逃跑，即使他相信这么做在道德上是错误的。这似乎意味着，他更关心做从物意义上的正确之事，而非从言意义上的正确之事。如果我们牢牢认定，冈瑟展现出恶意而哈克贝利·费恩没有，那么这使我们得出什么结论呢？

在这两个例子中，行动者是否在乎在从言的意义上正确行动，似乎无关紧要。冈瑟**的确**在乎作为抽象概念的道德，但这个事实对他的意志品格而言无关紧要。哈克贝利·费恩**的确**不在乎作为抽象概念的道德，这个事实也无关紧要。要紧之处在于，这些行动者有没有关心特定的、在道德上真正重要的对象。哈克贝利·费恩关心他朋友的幸福；这件事才是真正重要的，而这似乎意味着他的意志品格是好的。但是，冈瑟不关心他是否在杀害无辜者这件事上助纣为虐；同样，这件事才是在道德上重要的，而这似乎意味着他的意志品格是坏的。

那么，在此我们可以尝试对恶意做出更精确的解释。我在第二章中承诺过，在本书的末尾，我们实在论者对道德的解释会再次与我们的讨论相关。现在，我们可以解释其中的缘由了。在实在论者的解释中，存在着本真的道德事实——何者在道德上轻于鸿毛，何者在道德上重于泰山，都是客观的。**我们通过道德事实来认定什么是具有客观的道德重要性的事。说一个人拥有恶意，指的是他未能恰当地关心这些事情，也就是说，未能恰当地关心如何做出在从物的意义上正确的行动。**

在展开进一步讨论之前，我要提醒读者注意，尽管我将捍卫上述对恶意的解释，但它并不是我发明的。阿帕里在《无原则的德性》（*Unprincipled Virtue*, 2002）一书中引入了一个与此基本上相同的解释，它在阿帕里和施罗德（Timothy Schroeder）合著的《欲望颂》（*In Praise of Desire*, 2013）一书里得到了深化。我本人对恶意与责任的思考受这两本书影响颇深，所以有必要在此暂且打住，来给予它们应得的赞许。①

答谢上述恶意观的最初提出者固然重要，但在本书的叙述脉络中，我认为我们也完全有理由不必过分关注上面两本书所讨论的细节。在某些语境中，细节很重要（在第八章结尾处我们就会遇到），但是，如果要评估这一恶意观在宽泛的意义上是否合理，那么细节就不一定那么重要了。聚焦某个**哲学家所捍卫的**观点，还可能导致分心的重大危险——我们很容易陷入解经式的讨论，总要考虑这个哲学家是否真的**坚持**该观点，从而忘记将注意力集中于正在讨论的观点是否**正确**。

为了保持聚焦，对于上述恶意观，接下来的讨论将被称为"我正在捍卫的恶意观"，或者简单称为"我们"的解释——我指的是我们正在对其进行评价的解释，而**不是我们发明出来**的解释！在下一节中，我们将考虑对这一解释的几种反驳，但是在继续推进之前，我想暂且打住，先强调四个要点。

第一，想必你已经注意到，我们在上文中给出的对恶意的解释包含一个重要的修饰词：恶意是没有能够**恰当地**关心道德上重要的事情。这里的"恰当地"是什么意思呢？

不妨设想一下，在道德事实中，财产权被认为在道德上是重要的。有这样一个行动者，他生命中最大的爱好就是偷窃。他真的为此狂热，一旦有机会侵犯他人的财产权，他一定会这么做。② 这个行动者可以正确地主张说，他"关心"财产权；毕竟，正因如此他才会想尽办法去侵犯它。可是，我们

---

① 读者如有兴趣进一步研读关于意志品格的英语文献，这也很重要，因为英语文献中对恶意的上述解释跟这两部书密切相关。
② 这里设想的行动者对偷窃是有意为之且乐在其中，故而不同于下一章所讨论的偷盗癖患者。

当然**不**愿意说,这样一个行动者的态度是正确的,或者他的行动竟没有反映出恶意!

这便揭示出:道德事实并非**仅仅**将某些事视为在道德上"重要的"。相反,道德事实将某些事视为在道德上**好的**或者**正确**的,而另一些事则是道德上**坏的**或者**错误**的。这两类事行动者都应该"关心",但他应该用**不同的方式**关心它们。他应该**支持**好的或正确的,**反对**坏的或者错误的。在道德事实中,财产权被认为是道德上好的,行动者只有在他**支持**财产权的时候,才是**恰当地**关心它。所以想要**侵犯**财产权的行动者是以错误的方式关心它,而这就是一种恶意。①

另一个例子:试想一个行动者反对杀害他人,但是他仅仅是**在弱的意义上**反对它。他不会为了十块钱而杀人,但是他**会**为了一万块钱而杀人。毋庸置疑,**这个**行动者也拥有恶意!

虽然这个行动者也关心不道德的事,而且用正确的方式关心它——就反对它而言,然而他关心的程度**不够强**。道德事实给出的命令是,杀人不仅仅是坏事,而且**穷凶极恶**。为了避免恶意,你对道德上重要之事关心的程度,需要跟**它们的重要程度成正比**。你需要强烈地反对那些穷凶极恶之事,弱一些反对那些情有可原之事,如此类推。② 一个行动者若要**恰当地**关心道德上重要之事,他的资质需要满足如下两个条件:他既需要以正确的**方式**关心这些事物,也需要以合适的**强度**关心它们。

---

① 这可能会让你想起在第三章中讨论的赫尔卡对道德品格的解释:如果行动者的态度"匹配"道德实在,他们是有道德的;反之,则是不道德的。实际上,这里的确容易让人联想到赫尔卡的解释,尽管恶意与道德败坏这两个紧密相关的概念不能完全等同。
② 我恰好认为,行动者会因为过度关心道德上的重要之事而具有恶意。所以,如果粗鲁仅仅是轻微的恶,那么,如果行动者非常强烈地反对粗鲁,他就过于关心它而具有恶意了,就像一个对谋杀漠不关心的行动者具有恶意一样。[虽然我并没有为这一观点进行明确的书面辩护,但可以参阅拙文《积极和消极的道德无能》("Positive and Negative Moral Incompetence", 2021),其中讨论了一个非常类似的有关道德败坏的观点。]然而,这不是一个常见的观点,如果你觉得它太奇怪而无法接受,你可以选择忽略它。你不需要认为,行动者关心某对象的强度需要跟其重要性程度成正比。相反,你可以认为,行动者关心某对象的强度至少不能比它的重要性程度还低;也就是说,你可以认为,为了避免恶意,行动者关心某重要对象的程度要么与它应当关心的程度一致,要么比这还要高。

第二，我们应该可以构建一种有关**善**意的解释，其结构与恶意大致对称。这种解释大概如此：**有善意就是恰当地关心那些在道德事实中被认为具有客观的道德重要性的事**。然而，我们可能需要用不同的方式来调整这种对善意的解释，让它能够在直观上更为合理。通常一个行动者用行动表达出善意时，他是值得称赞的。然而，有时行动者对道德上重要之事表现出恰当的关注**并不会**因此得到称赞。你一整天都没有杀人，你总是表现出对人的生命的恰当关心，但是似乎你并不会**因此**受到任何称赞。所以这个解释可能得调整为，善意需要对道德上重要之事予以**不同寻常**的关注。为避免这个复杂情况，下文将仅仅聚焦于恶意。①

第三，还有一个重要而复杂的问题，我们暂且先放一下，但是在下一章中将花很多笔墨来讨论它。这个复杂问题源于这样一个事实：一个特定的具有道德重要性的对象本身就可以在多种描述下被理解。因此，关心在从物意义上具有道德重要性的事物，其途径也是多种多样的！实际上这意味着，对恶意的解释不是完全充分的；而且，除非我们已经能够确定，哪种对道德上重要之物的描述是相关的，否则我们对恶意的解释便不可能是完全充分的。在此我预先标出这一点，是为了避免给读者留下这样的印象：我们对恶意的解释已经"完成了"。其实，它只是就本章的目的而言足够充分罢了。

第四，冈瑟的案例似乎看起来很眼熟，因为他在很多重要方面与第一章中比阿特丽克斯的例子相似。回想一下，比阿特丽克斯由于司机是移民而砸碎了他停在那里的汽车的玻璃；再回想一下，比阿特丽克斯为此感到自豪，因为她相信有道德理由来支持她以任何可能的方式骚扰移民。我们大部分人都想说，比阿特丽克斯该为她的所作所为受到谴责，但困惑之处在于，比阿特丽克斯确实相信她做的是正确之事。将这个案例与艾伯特的案例放在一起，就变得尤为让人费解了。艾伯特打碎一辆停在那里的汽车的玻璃，是因为他误以为这样做可以救一个婴儿。艾伯特相信他做的是正确的事，在此基础上

---

① 阿帕里和施罗德的确认为，善意有着大致对称的解释，他们在书中给了一个例子来应对这个复杂情况。

似乎他**的确**可以免于受到指责。所以，艾伯特和比阿特丽克斯之间有什么不同？如何解释为什么一个人能够免于受到指责，而另一个人却不能？

根据本章的讨论，在这里我们可以为这个谜题提供一个解决方案。他们两者的区别在于，艾伯特认为，他做的是在从物的意义上正确的事，而比阿特丽克斯却不是。比阿特丽克斯做的是在从物的意义上**错误**的事；她只是认为，她做的是在从言的意义上正确的事。艾伯特错误地认为自己在救一个婴儿，但救婴儿这个具体行动在道德上是正确的。然而，比阿特丽克斯正确地认为她在骚扰移民，但骚扰移民这个具体行动是错误的。假的信念可以为错误行动辩解，使行动者免受责备，但前提是他认为他做的是在从物的意义上正确的事。认为自己做的是在从言的意义上正确的事，不能成为获得谅解的理由——冈瑟的例子就说明了这一点。

一些反驳意见

我认为上面描述的观点是正确的——也就是说，我认为恶意就是不能恰当地关心在从物的意义上具有道德重要性的事。我没有花太多笔墨来论证这个观点，仅仅指出了我们对几个案例的直觉；但是，我希望许多人对此会有非常强烈的直觉——可能强烈到足以作为证据来充分地支持这一观点。尽管如此，这个观点还是极具争议的，在此我们有必要暂且停下来讨论两种反驳意见。

第一种反驳，我们似乎忽视了努力做在从言的意义上正确之事的重要性。如果像我主张的那样，努力做在从言的意义上正确之事实际上与行动者的意志品格无关，那么我们或许会认为，它在我们社会实践中的作用微乎其微。然而事实并非如此。实际上，我们通常鼓励行动者去做他**认为**正确的事。当他们做了的时候，我们经常赞扬他们；当他们没做的时候，我们总是批评他们。当我们努力对小孩子这样的行动者进行道德教育的时候，尤为如此。如果有人问及，我们大部分的人可能会说，我们希望孩子们去做他们认为正确的事，而对孩子们的奖惩似乎往往也是为了鼓励他们这样做。

若要消除这种反驳，我想有一个类比可以帮上忙。有时当我们试图鼓励某人要适当地行动时，我们可能会提醒他注意家人的意见。所以，如果一个醉汉在餐馆里耍酒疯捣乱，我们或许会问他："你现在这么做，你妈妈会怎么想呢？"当然，他的母亲**不会**认同他在做的事；如果我们能让他省悟这一点，便会使他稍稍安分一点。

当然，我们这么说并不意味着我们主张，对一个行动者而言，正确的事就是唯其母命是从。也许这个人来自一个非常奇怪的家庭，他的母亲会为他惹恼餐馆里所有人而感到骄傲。与之类似，出于同样的理由，我们不能认为，避免指责仅仅在于唯其母命是从。

无论如何，"诉诸母亲"（我们或许可以这样说）是非常有帮助的启发。启发在绝大多数情况下能促使我们形成正确答案，所以它非常有用；尽管它并不总是能（或者说，自动地）产生正确答案。由于我们知道，**大部分**母亲不会赞同她们的儿子醉酒又在餐馆里大吵大闹，所以我们也知道，让这种人想一想他们的母亲，**通常**可以鼓励他们稍微控制一下自己的言行。

鼓励孩子去做他们**认为**正确的事也同样有用，即使这跟意志品格没什么关系。这是因为，我们大可放心地认为，大多数孩子从他们身边的大人那里获得了许多好的道德建议。如果大人告诉孩子说做某事是错误的，这并不必然意味着做这件事真的就是错误的——但是在大多数情况下，它们确实是错误的。所以，如果我们只是想鼓励孩子们去做好事，一个合理且有效的方法就是，鼓励他们去做他们认为正确的事。

当然，这是有局限性的——我们很快就会讨论到。虽然有理由相信，有些孩子**没有**从身边的人那里获得好的道德建议，但是在很大程度上，我们还是足以证明，鼓励孩子去做在从言的意义上正确之事，这种做法是对的。同样的推理也能够解释，为什么我们也鼓励成人去做他们认为正确的事——只

第七章 意志的品格 205

要成人有正确的道德信念（而他们一般都是有的），这就会有助于鼓励他们去做**真正**正确的事。

第二种反驳试图破坏我们的某种直觉。上文为了说明恶意在于未能适当地关心在从物的意义具有道德重要性的东西，我用了几个案例来激发这种直觉，并运用它们来支持我所捍卫的观点。但是有人可能会反驳说，这些案例在某种程度上是不切实际的，由它们所导出的直觉可能不可靠。

例如，有人可能会主张说，在案例中描述的冈瑟，并**不**代表现实世界中的纳粹战犯。我们可以合理地认为，这些人当中的许多人并不是真正地想做他们真心相信在道德上正确的事。譬如说，他们中的一些人可能天生残暴，不过是为杀人找个借口罢了。还有些人可能仅仅是出于对犹太人的仇恨，而不是真的相信杀死他们在道德上是**正确的**。

另一类纳粹分子的态度可能更为复杂。这些纳粹分子可能相信他们所做的事在道德上是正确的，但是他们并不是**由衷地**或**真诚地**相信。他们可能是通过故意的自欺才相信这一点的。大多数人可能熟悉这种不那么戏剧化的现象——如果你**想要**相信某件足够坏的事，你可以在有些时候**让**自己去相信它。例如：

>赫尔曼（Herman）的车以中速行驶，发出了不同寻常的噪音。这很让人担心，因为它可能说明出了机械故障。这意味着汽车很有可能突然失灵，从而危及赫尔曼或其他人的安全。但是，赫尔曼也知道，这类问题的排查和修理可能要花不少钱，所以他真的不希望他的车出任何问题。担心了一小会儿之后，他成功说服自己相信车子一点问题都没有。尽管噪音是刚刚才开始的，赫尔曼说服自己说，车子**一直**都在发出这种噪音，并且据此推断，没有任何理由惊慌。某天，赫尔曼在高速公路上开车，汽车引擎突然意外熄火，结果造成后面的车追尾，司机受了重伤。

假设这个案例描述的情况是可能的——像赫尔曼这种行动者真的能够自

愿地使得自己相信，他的汽车状况良好。① 在这种假设之下，有人可能会说，赫尔曼的车失灵并导致其他司机重伤，但是赫尔曼不应受到指责。毕竟，在赫尔曼决定开车的时候，他相信他的车是绝对安全的！

我想，大多数人对赫尔曼不会有这种反应。大多数人会认为，他就是该为伤害其他司机而受到指责。理由在于，赫尔曼的错误信念并不是无辜的。这是经由他选择而获得的。可能赫尔曼在选择获得错误信念的时候表现出了恶意。② 他知道，他对自己车子的信念可能是假的，这就要冒着伤害他人的风险。当他最终还是选择相信自己的车子没有问题时，就表明他对其他司机的福祉不够关心。③

我想在此提出，纳粹中有相当一部分人可能欺骗了自己，认为纳粹的政策在道德上是正确的。生活在纳粹德国的人可能有很多理由情愿去相信它。例如，相信这一点可能让他们自我感觉更好，也可能使他们更容易通过跟纳粹政府合作而获得个人利益。任何用这种方式欺骗自己的纳粹分子，都可能表现出对从言的意义上的道德缺少关心。当你知道或者怀疑某个道德信念是错误的，却还是有意识地使自己接受它，你也就接受了做在从言的意义上不道德之事的风险。

这一切和上述反驳有什么关系呢？回想一下，我的目标是要表明，关心从言意义上的道德与行动者的意志品格无关。再回想一下，我引用冈瑟来支持这一主张——他被认为是一个充分关心在从言的意义上的道德的人，但是他的意志品格极其恶劣，该受指责。然而，通过证明冈瑟的案例不切实际，

---

① 你**可能**会否认这一点。诚然，我们自愿改变自己信念的能力在某种程度上受到了限制，尽管我们自愿移动自己身体的能力却没有受限。（举例来说，试图真诚地说服自己相信一个你明知错误的简单事实——比如试着相信洛杉矶是美国的首都。）为了论证方便，我假定，我们**能够**自愿地改变某种信念，如果我们非常想要这么做的话；与之并不矛盾的是，我们并不能自愿地改变另一些信念。

② 我在这里忽略了一个复杂的问题：如果赫尔曼案件发生在现实中的话，赫尔曼需要花一些时间来说服自己，他的车是安全的。所以并不存在某个决定去相信的特定瞬间。

③ 如果你还没有这么做，那么你或许想看看第二章最后一节对詹姆斯的讨论，那里涉及在道德上是否允许假设这种风险。

反驳者试图破坏冈瑟案例，使之不能够用来支持我的主张。的确，对大多数人来说，冈瑟似乎应该受到指责，但是我们对冈瑟的直觉可能被我们对现实世界中的纳粹的信念"污染"了。当然，现实世界中的纳粹的确该受指责；但是反驳者主张，现实世界中的纳粹并没有对从言意义上的道德予以充分的关心。

我对这种反驳没有明确的答复，但是我可以说的是，为什么我不觉得它有说服力。简而言之，我不认为冈瑟这样的行动者在根本上是不切实际的。在现实世界中有冈瑟这样的行动者，而且我们确实经常遇到他们。因此，我们没有特别的理由去怀疑我们在回应冈瑟案例中所形成的直觉。

为了更彻底地解释我的立场，首先要说的是，当人们反驳像冈瑟这样的案例时，我有时会怀疑一些事情正在幕后发生。这个反驳至少部分地反映出一种怀疑论，它怀疑有人竟然会真诚地相信纳粹的道德主张是正确的。这反过来反映出一种道德认识论上的乐观主义——它反映了一种信念，即人们很擅长道德推理，他们不可能犯那么严重的错误。

虽然我愿意分享这种乐观的观点，但归根结底我认为它没有事实依据。我持怀疑态度的一个原因是，有大量的证据表明，有些人真心相信怪事情。非道德的主张中有最明显的例子。例如，在网上随便搜索一下"论证地球是平的"，就会发现这些论证在某些圈子里相当流行，而且很多人显然觉得它们很有说服力。

当然，有人可能会试图否认存在真正相信这类事情的人。有人可能会主张，网上那些支持地球是平的人只是在开玩笑，或者在其他情况下，他们在欺骗自己相信一些他们明知（在某种程度上）不是真的事情。虽然有些人可能是在开玩笑，但其他人显然是真诚的；在许多情况下，没有证据表明他们是在欺骗自己。值得注意的是，目前还不清楚为什么有人愿意相信地球是平的。毕竟，支持地球是平的人，经常面临社会的嘲笑，他们的世界观似乎并不让人舒服或者愉悦。它要求人们相信，世界上所有的科学家都参与了一个巨大而险恶的阴谋，要向公众隐瞒地球的真实形状。

如果就像我提议的那样，人们在非道德主张上可能会犯非常恶劣的（却是真诚的）错误，那么很难理解为什么他们在道德主张上不会同样犯非常恶劣的（却是真诚的）错误。也许有一个论证可以支持二者之间存在差异，但在我看来，任何这样的论证都不可能成功。要提出这样的论证，你可能不得不坚持，道德直觉的可靠程度在某种意义上超过了我们了解世界的其他方法，比如我们的感知和逻辑推理。但是，正如第二章所讨论的，哲学家们更倾向于担心相反的情况——我们的道德直觉不如我们的其他信息来源可靠。

平心而论，很难想象有人坐下来思考道德问题，然后得出结论说纳粹政策在道德上是正确的。但也很难想象有人坐下来思考我们今天拥有的科学证据，然后得出结论说地球是平的！当思考这些不良信念的案例时，我们要记住一件重要的事情：不是每个人都有相同的认知起点。也许你我都不可能说服自己支持纳粹主义或者相信地球是平的，但是，如果一个人从小在不良信念或产生不良信念的制度下长大，那么他就更容易真诚地接受这些信念。

我想，明确教导孩子们地球是平的，这是非常罕见的。但是有的孩子在成长过程中，肯定会认为批判性思考是没有价值的，科学是不值得信任的，这个世界上充满了邪恶力量，从根本上就要欺骗人们。如果一个孩子带着这些信念长大，那么不难想象他可能会真诚地相信地球就是平的。在纳粹信念的案例中，这个过程可能更为直接——在希特勒掌权后长大的孩子们从小就被灌输纳粹的意识形态。我认为，我们当然应该允许这种可能性存在，即那些行动者真诚相信纳粹主义。

我自己的观点是，世界上许多恶贯满盈的人在犯极恶之罪时，可能相信他们做的是在从言的意义上具有道德正确性的事。其理由之一是：像种族灭绝这种极恶之罪并不是冲动的行动，他们需要筹划和持续用力才能实施犯罪。有人真诚地相信，他们正在实施的计划是正确的；这种人更有可能自愿而严肃地在此计划上投入时间与精力，纵使它实际上是十恶不赦之罪。

但是我要强调，**这并没有想要给任何行动者找借口，使之免于道德责任**。其实，我的意图恰恰相反——我正在捍卫的观点是，这些确实都应该受到指责！关键在于，我们需要澄清这些人真正在想什么。而且，如果最终结果正如我提议的那样，他们许多人真诚地相信他们所做的是在从言的意义上正确的事，那么这个论证不是说他们不该受道德指责，相反，这个论证是：有意做某种在从言的意义上正确的事并不是使行动者免于受到指责的理由。

当然，有些事情的确可以使行动者免于受到指责。在下一章中，我们将考虑精神疾病这种现象，它常常被用来当作免责理由。我将要论证，实际情况要稍微复杂一些。

第八章
精神疾病和精神病

我们在本章中要探讨的一个主题是心理疾病和道德责任之间的关系。因为这个话题不仅特别重要，而且存在潜在的敏感性，在本章开头，我想有必要去澄清两个观点。关于我将辩护的"什么才是精神疾病"的观点，是相当有争议的。

第一个观点是，因为这是一本关于道德责任的书，所以很多讨论自然而然地集中在那些有着不良行为的主体身上。当某人做了某件坏事时，我们想弄清楚此人是否应对其所做的事情负有道德责任；正是这个问题使得我们在看待此人应受到何种对待上具有道德差异。鉴于这些坏的行为同样也违法，因此在施加法律惩罚上，即就刑事司法体系的公正性而言，也会造成影响。由精神疾病所引起的坏的行为的案例，是其中最具挑战性的。也就是说，在这些案例中，我们很难弄清楚行为主体是否真的需要为此负责。因此，这些案例受到了有关责任问题研究的大量关注，也是本章主要关注的主题。

然而，在进入主题前，我认为有必要着重强调一下：**绝大多数患有精神疾病的人是不会犯罪或伤害他人的**。需要重申的是，我之所以在这里花这么多时间来讨论精神病患者所造成的恶劣行为的例子，是因为这些都是非常棘手的案例，需要通过广泛考量，以便我们确定如何公平地对待每一个人；因此，这并不是说精神病患者常常会做出不好的行径。作为一个道德哲学家，我觉得我有道德上的义务来阐明这一点：我们不应该因为错误认为"精神病患者对他人常常是危险的"而对其进行污名化。并且，在哲学讨论中，我们也应该保持谨慎，不要去助长这种错误的认知。第二个观点是：尽管在本章中我对特定精神状况的描述是有意涉及一些现实基础的，但并不意味着我打算声称这是对相关精神状况的精准描述。当然，我所介绍的案例是抽象的，并不代表真实个体的临床情况。而且，尽管我已试图给出一些大致合理的例子，但实际情况很复杂。若要进行全面讨论，可能需要单独为此著书叙述。（在本章的后半部分，我将试图讨论精神疾病具体的经验性的细节，在那里你可能会理解我们所避免谈论的问题有多复杂。）

如果我们是在现实中做判决，就好比我们是陪审员，决定是否用一个给定的条件来惩罚一个罪犯，那些经验细节当然非常重要。但是，我们有理由在这里省略这些具体的细节，因为这和我们去思考那些哲学思想实验一样，有必要加以简化。思考简化后的案例有助于我们弄清楚那些一般的道德原则所起到的作用，且理解这些简化后的案例可以说是理解现实世界中所出现的更为复杂案例的一个先决条件。

因此，在我描述高度简化版本的精神分裂症或吸毒成瘾等情况时，目的在于帮助大家厘清问题，如果这些情况真的有那么简单，那它们将会怎样影响到道德责任。一旦我们清楚这一点，当添加更多的接近现实生活的复杂因素时，我们就能更好地思考这些新添加的因素是如何影响到道德责任的。（然而，我们可能会发现，即使是这些已经高度简化后的案例也非常棘手！）

精神疾病

在做出上述澄清之后,我将为有关精神疾病本质问题的一个主张进行辩护,这将引领至接下来对于责任的讨论。去理解这个主张蕴含什么(以及它不蕴含什么)是很重要的,所以我将从一个我认为有助于理解的类比开始讨论。

图 9　边桌

图 9 中是一个在加州盖蒂博物馆展出的物品,其官方名称叫作"边桌"(Side Table)。① 但它真的是一张桌子吗?一方面,这好像是一件家具,它像桌子一样是独立的,而且它有合适的尺寸。另一方面,其表面没有任何一处是平的,所以你不可能在上面放置物品。我们不知道它最初的用途是什么,因为这是在 17 世纪制造的,我们也无法去寻问物件的创造者。② 我们可以再

---

① 图片来源:https://www.getty.edu/art/collection/object/103RQY。
② 参见布拉温德(Tristan Bravinder)在 2016 年发表的文章《何时桌子不是桌子?》("When Is a Table Not a Table?")(盖蒂博物馆官网)。

考虑一下这个问题：这物件是一张桌子？还是说不是？

　　有人可能认为存在一个绝对的"是"或"不是"的答案。例如，有人可能认为存在一个非常确切的物理意义的标准，需要满足这些标准才能使之成为一张桌子。或许任何只要是尺寸合适的家具都是桌子，在此意义下我们可以确切地认为这是一张桌子；或者，也许一张桌子的顶部要有一个平面，在这种情况下我们可以确切地认为这不是一张桌子。或者，它是不是一张桌子取决于创作者的意图，尽管我们已经无法知晓创作者的意图究竟是什么，但我们至少可以确切地知道这要么是一张桌子，要么不是。

　　可以想见人们是如何根据上述某些立场而争论，但我认为可以用一种更吸引人的方式来回应这个问题，而且会让大多数人觉得更加合理与自然。这种回应是：对于这是一张桌子与否，根本不存在客观的事实根据。在某些情境下我们可能想称之为一张桌子，在另外一些情境下我们不认为这是一张桌子。例如，如果你正在寻找一张可以用来装饰寓所的桌子，那么你把它当作一张桌子是很合理的；如果你正在寻找一张可以在上面放置物件的桌子，你可能并不认为这是一张桌子。无论如何，这是一张桌子与否从实际上来看是无法由科学家或哲学家来决定的；从宇宙的角度来看，并没有正确答案。

　　假设这样的回答让你觉得合理，那么接下来的问题是："边桌"是否存在？我希望你将会同意这个问题有一个确切的答案并且这个答案是"'边桌'是存在的"。不论能否有确切的事实证明这个物体是或不是一张桌子，对于这个物体是否存在是有一个非常确定的事实，即它确实存在，并且这是一个客观的事实；若你在黑暗中走向这个物体，你会撞到它，它相当生动地提醒着你它在物理现实意义下是存在的。

　　我想说的是，我们通常称之为精神"疾病"①的各种性状在某些方面颇像盖蒂博物馆的"边桌"。这些性状是客观存在的，且每一种性状都如同一件具有物理实体的家具一样真实。至于任何特定的性状是否为某种精神疾病

---

① "疾病"加了引号，强调只是**中性意义的性状、状况**，从而有别于我们通常对"疾病"的用法。

的症状，则没有客观的事实判断标准。去质问某种特定的性状是不是某种精神疾病，就如同于质问某件物体是不是一张桌子一样，其答案并没有铭刻在宇宙之中。至于我们把某种特定性状称为某种精神疾病是否合理，这取决于我们这样质问的原因以及所处的情境之中的其他因素。

我希望你们能理解，如此仔细地介绍该论断在我看来为什么是非常重要的。有些糊涂人倾向于认为，心理状态如同物理状态一样，是不"真实的"。例如，他们认为抑郁症仅仅是"脑子里的某些想法"，而且患者应该"摆脱"这些想法。我认为这种观点有误，且不希望我的观点会被认为是对这种有误观点的暗示。抑郁症、精神分裂症、成瘾性疾病等其他精神状况是真实存在的，其存在也是客观事实，而并非客观事实的则是把特定性状看作精神疾病的症状。我意识到我在这里所提到几个性状（这些性状太容易被或几乎被合理地认作疾病的症状）并不足以作为这一观点的最好说明，所以我将给出几个其他的例子更加清晰地展现出我的所思所想。

以阅读障碍症为例，这是一种干扰人阅读能力的精神状况，其影响范围较小，只是使人更难识别出书面字符，而不影响他的一般智力水平或其他能力。（我熟悉的阅读障碍症所影响的是那些学习西方字母语言的人，但根据我的理解，学习与阅读汉字的人当中也存在相同的情况。）鉴于阅读能力的重要性，阅读障碍对受其影响的人来说事关重要。如果不加以治疗，可能会严重阻碍孩子在学校的进步，最终影响就业前景。这正是它通常被认作一种病症而得以特别关注的原因，从而有阅读障碍的儿童通常在其受教早期就被发现，并给予特殊训练，以帮助他们克服障碍。

阅读障碍的形成可能在于特定个体大脑内的某些特定部位逐渐发展得与常人有所不同。因此，这种性状或许长存许久，而不只是现代才出现的。我们可以设想一个思想实验：想象一个生活在万年之前的阅读障碍患者，他是否因其"病症"而受到显著影响？他所在社会群体的其他成员是否认为这是需要特别关注的事情，并把他单独挑出来进行特别训练以帮助他克服障碍问题？他的职业前景是否比那些没有阅读障碍的同侪更差？

当然没有，那时还没有发明书面文字呢！我们可以更有把握地去假定：一万年以前的人们当中大部分人是阅读障碍者，如果一些人穿越回古代，尝试着教他们阅读，这些人是很难学会认识书面文字的。但实际上，书面文字在当时的社会中没有起到什么作用，因此阅读障碍患者并没有因此受到多少负面的影响。在这样的社会情境下，将阅读障碍看作一种特殊的症状是没有意义的。

第二个是近视的例子，也许这并不是一种真正的精神状况，而只是眼球的生理状况，但还是有助于阐明我在这里所想要表达的观点。① 你自己就可能是近视眼，而且你可能认识很多近视患者。我自己就是一个重度近视患者，没了眼镜，我无法看清面部距离超过 20 厘米的东西。当人们患有重度近视时，他们的生活是否因此受到严重的影响？他们的职业选择是否因此受限？他们因此是否需要依赖他人的照顾？这类问题的大多数答案都是"不"。② 多数情况下，近视是很容易借助眼镜而得到矫正的。大多数近视患者并不觉得这对他们的生活有多大的影响，且任何情况下我们都不会认为近视是一种残疾。

我们可以再次尝试相同的思想实验：设想一个生活在万年以前的重度近视患者，仅仅补充一些细节——想象一下他所在的社会群体主要的经济活动是用弓箭狩猎以及在森林里采集野果，而这些活动都需要很好的视力才能成功进行。当然，那时并没有眼镜。那这个万年前的近视患者的生活是否会为此受到严重影响呢？他的职业选择是否因此而受限呢？他是否会因此需要严重依赖他人的照料？在这样的情形下，问题的答案则为"是"了。在史前时代的环境下，近视是一种使人衰弱的病症，那个时代的人把近视看作严重残疾就并不奇怪。

---

① 对身心状况之间存在着鲜明的、有客观依据的区分这样的观点，我是有点怀疑的。毕竟眼睛在感知中是起作用的，而感知又是一种精神活动。在这里我先暂且不谈这个问题了。
② 在我还是个孩子的时候，每年我去检查眼睛，验光师都会对我开相同的玩笑："你会完全好起来的！……只要你不希望成为一名战斗机飞行员。"因此我想有**少量**职业是会被近视所限制的，因为这些职业需要在没有眼镜的情况下仍拥有良好的视力。

因此，我们呈现了一种情形，即阅读障碍在现代社会的情境下可能使人变得衰弱，但在史前并不会；我们还呈现了近视这种情形，史前社会的情境可以使患者成为羸弱之人，但在现代不会。虽然这些性状在两种社会情境下都存在，但患者是否会因此被视作羸弱之人是根据情境而定的。在某些情境下我们视之为残疾或疾病，但另一些情境下则不是。我举这些例子是旨在说明和支持我的主张，即这对于更为普遍的心理状况也同样正确。这些性状的存在是生物学或心理学意义下的客观事实，但这些性状是否应该被视为疾病则取决于情境，因此就不是一个客观事实的问题。

这一观点极大影响着对精神疾病和道德责任之间关系的探讨。有些人认为，精神疾病可以自动地为行为主体免责，也就是说，只要是由心理疾病所引起的任何行为，行为主体是无法负责的。但若本书的前面部分所捍卫的主张是正确的，这种观点就不可能是正确的。根据我们所发展而来的观点来看，"行为主体是否需要对特定行为负有道德责任"这一问题总存在着一个客观的事实。但如果是因精神疾病使得行为主体自动就可以免除责任，这种观点将被证明是错误的：因为对于哪些性状属于精神疾病，是没有客观事实的，对行为主体而言，也就无所谓负责或无需负责。所以，我们必须反对这种精神疾病可以自动免除道德责任的观点。

但这并不意味着精神状况（其中一些可能被我们视作疾病）从来就不能为行为主体开脱责任。实际上，似乎很清楚的是，这些性状至少在某些时候可以为行为主体开脱责任。这可能也是人们误以为精神疾病可以使得行为主体免担责任的原因所在，人们只是关注到少数引人注目的案例，而其中不寻常的精神状态的确使得行为主体无需负责，然后就被普遍地误以为精神疾病总是可以使其得以开脱。

我们已经呈现了一些类似且相当直接的案例。回顾第四章中卡西米尔和德米特的案例：卡西米尔因接触到有毒霉菌而产生幻觉，他打碎了安娜贝尔的花瓶，因为他误认为那是一个外星发射器；德米特打碎了安娜贝尔的花瓶的原因则在于超出其意愿所控制的肌肉运动。我认为这些被合理界定为精神疾病是值得怀疑的：卡西米尔只是暂时而非持久性地处于幻觉状态，而德米特的情况看起来可能更像是身体上的问题，而非精神问题。但无论如何，它们还是说明了一点，即这些都是一些症状。经过第七章的讨论，我们可以看到，无论是卡西米尔还是德米特都可以免担责任，因为他们的行为并没有表现恶意。当卡西米尔打碎花瓶时，他表达的是他想保护世界免于外星人入侵的事实；这是出于好意，而不是一件坏事！而当德米特打碎花瓶时，她根本就没有表达任何属于自己的态度，因为她的身体在不由自主地移动。

当然，这些都是假想出来的案例。我只是用以阐释我的意图，现实中的心理状态往往更加复杂。但许多现实世界中的案例和这些清晰的人为制造的案例在不同程度上有相似之处，且这些案例是否（以及在多大程度上）可以免于责备，似乎常常取决于这些特定案例之间的相似程度。

例如，我们可以来看看**精神分裂症**（schizophrenia）。精神分裂症的情况复杂，并且有不同的表现。其中幻觉（意味着患者有着不是基于现实反映的感官体验）和妄想（意味着患者对现实有着错误的信念，在他面对与之相反的证据时，依旧不或者不能够放弃自己的信念）是令我们感兴趣的两种表现形式。这些幻觉和妄想有时会成为危险的现象，精神分裂症患者因此会对这些他所理解的威胁做出不好的行为。①

我们来思考下面这个例子，为了对哲学理论进行说明，这是一个简化后的例子，而非真实的临床病例，但我仍相信，从根本上而言，它依然具有现实性。

奈杰尔（Nigel）正处于精神分裂症发展的初期。他看到周遭有原本并不存在的图案，并且他渐渐开始接收到一些他认为只能通过心灵感应

---

① 在此值得我重申一下之前提出的一个观点：绝大多数的精神疾病患者**不会**有伤害他人的行为，这也包括大部分的精神分裂症患者。我不希望助长对社会有害的观点，即精神分裂症患者都特别危险；同样，我们在这里讨论该问题的原因在于，在那些精神病患者**做出了**破坏性行为的案例中，也很难去决定他们是否应该对自己的行为负有道德责任。

才能获知的信息。奈杰尔认为，这些图案与信息揭示出，外星人有即将入侵地球的邪恶计划。而且到处都是外星人间谍，因此他没有把自己的发现告诉其他人。他的行为看上去并没有达到足以让别人认为他有问题，而需要将他送去进行心理治疗的程度。一天，安娜贝尔带着奈杰尔去看她的花瓶，他立马察觉到这是一件外星人制造的工艺品，大概率是某种发射器。他信任安娜贝尔，但他顾不上去解释，于是毁掉了花瓶。

我们可能会认为奈杰尔同卡西米尔一样可免于承担责任。当奈杰尔打碎安娜贝尔的花瓶时，他只是想保护地球，所以他的行为并没有表达恶意。然而，我们也可以构建一个由精神分裂症患者所实施的例子——其行为能够表现为是症状的结果，也确实能够反映出恶意，例如：

> 奥兰多（Orlando）正处于精神分裂症发展的初期。他开始看到图案且接收到一些信息。这些图案和信息使之相信自己的配偶有了外遇。而奥兰多一直是个嫉妒心和占有欲都很强的人，他无法忍受这一点，于是开枪杀死了自己的配偶。

奥兰多的举动是由他的精神分裂症造成的，也就是说，如果他不是精神分裂症患者，他也就不会这么做。但我相信大部分人都认为他不能因此而免于责备，因为奥兰多的行为确确实实反映出恶意。他不应该如此不在乎自己配偶的生命，仅因为怀疑其出轨就把她残忍杀害。这与你所认为的出轨证据——来自现实世界的观察，还是幻觉——都无关。①

从这些案例我们可以得出一个重要的启示：当一个精神"症状"可以使得行为主体免于责备时，是有如下理由的，即其坏的行为并没有表达出恶意。

---

① 如下是思考奈杰尔与奥兰多两个例子之间差异的另一种方式：如果奈杰尔的错误信念为真（如果外星人真的用花瓶来配合他们的侵略），那么他的行为就是对的。但即使奥兰多的错误信念为真（即配偶确实有婚外情），也不能谋杀她——奥兰多的行为仍然是错的。

有时，能够导致坏行为发生的精神症状并没有表达恶意，因此行为主体便可以就此开脱；而有时，导致坏行为发生的精神症状的确表达出恶意，那么行为主体就不能够就此开脱。

让我们来思考另一个"症状"：**偷窃癖**（kleptomania）。偷窃癖患者往往感到不得不去偷点东西。如果你之前从来没有听说过这种"病症"，可能你的最初反应是怀疑，如果一个被逮住的小偷为自己辩解，是因为他患上一种迫使自己去偷盗的"病症"而实施偷盗，那这也太便宜他了吧！然而有大量数据表明，偷窃癖是一种真实存在的"病症"，且从那些被诊断为偷窃癖的人的表现来看，如果仅仅是借其"病症"来为其偷盗行为开脱责任就说不通了。例如，他们通常会偷一些对他们而言并没有什么价值或很容易买得起的物品，而且在实施盗窃之后还会表现出悔意，会把偷来的东西扔掉或羞愧地藏起来。我们可以看看如下案例：

> 普里西拉（Priscilla）从小就有偷盗的冲动，每当她进入一家商店时就想偷一些小玩意。她讨厌这种冲动，而且她已经与其斗争了很长时间，但似乎无法控制自己。每次去购物时，她发现自己都会顺手装点棒棒糖或其他小物件到自己的口袋里面。渐渐地，她不再去商店了，而是通过快递购买所需物品。但偶尔她也免不了去实体商店。例如今天，她车坏了且手机不能正常使用，她不得不走进一家便利店并借用手机。当店员到后台拿取手机借给她的时候，普里西拉虽然觉得羞愧，不出意外地，她忍不住从柜台上顺了一包口香糖放进自己的口袋。离开商店时，她把口香糖扔进了垃圾桶。

普里西拉对其偷口香糖的行为需要负有道德责任吗？我的感觉是，她可能并不需要如此。她察觉到无法阻止自己偷东西，如果她的这种觉察是如实的，那么我们很难去判定她需要负什么样的责任。这种偷盗并没有表现出恶意，因为这根本就不是她真正的行为；这可能是她身体的问题或某种不好的

"亚人格层面"的机制造成的。① 回到主题,我们可以暂且搁置这个可能属于经验层面的问题,即有偷窃癖者是否完全不可能控制住去偷盗的冲动,还是说克制冲动只是比较困难而已。如果仅仅是困难,那么偷窃癖作为免责借口的地位就不那么明显了。或许在上面的例子中,像普里西拉这样的行为主体在他们没有成功阻止自己的偷盗欲转换为行动的时候,的确表达出了一些恶意。只是他们的恶意可能要比那些正常的盗窃犯所表达的程度要轻一些。

到目前为止,我还没有谈到任何与恶意程度和道德责任程度有关的论点。这种对程度的考量在这里似乎表现得自然而然,所以让我们先暂停一下。我的预设是,一个行为主体在其行为中所表现的恶意越多,那么他应该受到的责备越多。我希望这看起来是一个较为合理的预设。假设你和我是邻居,我正急着开车去工作,我看到你的报纸被遗落在地上(送报员有时懒得走到箱子跟前投递),而且正好遗落在我的车道上。我径直开了过去而没有停下帮你捡起来,而且我知道这样做会损坏报纸且给你带来些许不快。我这样做表明我更关心的是我能否按时上班,而非惹恼你。这可能并不正确,我更应该关心的是是否惹恼了你,而非我是否能够准时上班。所以,当我开车碾压过去的时候,我表现出某种程度的恶意,因此我需要对此受到某种程度的责备。

但假设现在你站在路上,或许正在捡起你的报纸。为了避免停车带来的麻烦,我故意从你脚上直接开了过去。这不仅是一个糟糕的行为,也反映了糟糕的意志品质。在碾脚的行为中,我表明了我更关心的是按时上班,而非是否可能会给你带来严重疼痛和伤害。而我应该考虑更多的是后者,而非前者。我没有这样做,似乎就明显表明了我的恶意。因此,似乎就有理由得出这样的结论:较之于故意开车碾压报纸,我故意开车碾压你的脚更应受到指责(相应的,碾脚行为就应该得到更严重的惩罚,你指责我的道德理由也会发生显著变化)。

这就与我们目前所要探讨的议题有关,因为某些精神"症状"可能会促使行为主体做出在一定程度上是恶意的行为,但比正常人做出相同的行为所

---

① 我们也可以认为这是一个证明普里西拉缺乏自由意志的案例,因为她自己并不是偷盗行为的原因。

表现出来的恶意要少。重度毒品成瘾可能就是这样的。一个重度毒品成瘾者对毒品有着很强烈的冲动，因此可能会犯下偷窃或其他犯罪行为以获取购买毒品的钱财。理论上，这可能并不能说明成瘾患者真的无法控制住自己的冲动，相反，这只是说对成瘾患者而言，要控制住自己上瘾的冲动是很难的，如果想要成功地戒毒，他们可能会面临自己非常不情愿面对的后果，比如说某种形式的戒断症。譬如下面这个例子：

> 里贾纳（Regina）海洛因成瘾，并且她没有钱。她知道如果自己不尽快服用一些海洛因，她将进入戒断状态。尽管她知道这可能不足以致命，但预料到这将非常难受。她还知道，可以通过在公园里抢劫来赚些快钱，尽管她讨厌偷窃。但她所在的城市没有任何治疗吸毒者的诊所，而且她已经被非正式地禁止进入公共医院系统就医，所以她不认为有任何其他别的办法来避免戒断症状。

当里贾纳决定偷东西时，她需要负有道德责任吗？她确实可以选择不这样做——可以放弃海洛因而经历戒断。因此，她的行为表达了这样一个事实：她更关心的是避免戒断，而不是尊重他人的财产权。这很难说是恶意的一种形式。我们可能会认为，她的情况实际上是一个"胁迫"的案例，尽管实施胁迫的是化学品，而不是他人，而胁迫有时确实可以为不良行为开脱。回顾第四章中埃伦的案例，她打碎安娜贝尔的花瓶是因为有人威胁她如果不这样做就会伤害她的家人。埃伦可能免遭责备。她的行为反映出她更关心的是保护家人，而不是保护安娜贝尔的财产，但这并不是出于恶意，因为它并不是坏的——人身安全比任何人的财产安全更为重要，且应该更值得去关心。因此，里贾纳是否表现出恶意，可能取决于她是否更应该关心的是避免戒断症状，而非尊重他人的财产。这个问题很难回答，因为我们不知道戒断症是什么样的，有多危险，所以我们可以暂且忽略它。①

---

① 请注意，即使在此案例中里贾纳无需因抢劫而受到责备，但她仍有可能就其上瘾开始方面而受到责备。

但是，即使里贾纳是应该受到责备的，她所受到的责备似乎确实比那些为了达到其他目的去抢劫的行为主体要少，比如一个想通过抢劫为自己买一套全新立体声系统设备的行为主体。很清楚的是，较之于拥有一套新的音响设备，你应该更关心的是尊重他人的财产权；而事实却是，你更不关心的是他人的财产权，因此这个行为主体表达出大量的恶意。

我们来简单地考虑一种更为复杂的精神状况——**抑郁症**（depression）。抑郁症可以通过许多不同的方式表现出来。它有时表现为冷漠，即在抑郁症发作过程中，患者可能不再去关心那些本来对他来说很重要的事情。而到了抑郁症发作的最深阶段，则会觉得毫无意义和目标。

考虑下面这个案例：

> 塞巴斯蒂安（Sebastian）临床诊断为患有重度抑郁症。安娜贝尔认为她可以通过给他看她的花瓶让他高兴起来；安娜贝尔走出去接了一个电话，让塞巴斯蒂安独自在放花瓶的房间里待着。塞巴斯蒂安注意到，花瓶非常接近其底座的边缘，而且，安娜贝尔关门的时候导致花瓶开始微微摇晃。其实，看起来花瓶要掉到地上了，除非塞巴斯蒂安能够上前阻止。塞巴斯蒂安在生理上有能力做到这一点，但他就是看不出有什么意义，也振作不起来。于是，他站在那里，漠然地看着花瓶掉到地板上并摔得稀烂。

塞巴斯蒂安需要对花瓶的掉落负有道德责任吗？我认为这是一个很难回答的问题。他的行为反映了这样一个事实，即他当时并不关心花瓶是否会碎。花瓶打碎是件坏事，所以他的不关心似乎代表着恶意。然而，另一方面，塞巴斯蒂安的行为并不能够反映出他更关心的是出于自私的那些东西。他不像那位更关心立体声系统而不是他人财产的行为主体，因为当塞巴斯蒂安处于抑郁症发作的最深阶段时，他什么都不关心。由于塞巴斯蒂安的抑郁症只是短暂发作，因此情况更加复杂；我们可以假定，抑郁症没有发作的时候，塞巴斯蒂安对保护他人财产是上心的。

我不会对塞巴斯蒂安提出任何意见。我们无需惊讶有些案件是很难理清的，通常需要填补一些经验性的细节，比如我们需要知道很多关于这些"病症"的信息以及它们是如何运作的，以便开始进行分析。即使我们有了这些信息，也很难做出最后的判断，因为在这些特殊案例中，我们可能并不清楚什么样的态度才算是恶意。但我在这里提供一个一般性的程序，用于评估行为主体是否因精神疾病而足以开脱——我们应该设法找到，精神疾病患者的行为是否表达了恶意。[①] 我认为，这一程序在实践中有时难以实施的事实并不意味着它是不正确的。

在下一节中，我们将考虑另一种棘手的案例。该案例诠释了上一章遗留下来的有关恶意的本质的问题，也就是精神病患者的案例。

精神病患者

至少在英语中，"精神病患者"（psychopath）和"精神病"（psychopathy）这两个术语有时使用得相当宽泛，这些术语究竟应该如何广泛使用，甚至连专业人士也存在分歧。按照我在书中其他地方提出的模式，我将试图避开任何术语上的争议，给精神病患者正面的特征描述，然后明确地指出我们感兴趣的是这类满足我所提供的特征描述的人。正如你们所看到的，当我写下"精神病患者"时，我想到的是一个非常具体的群体，他们有着非常具体的性状。而且我希望你们会同意，这些人能否为他们的行为承担道德责任，是

---

① 实际上，这是我们应该一直用来评估是否应受到责备的程序：无论相关的行为主体是否患有精神类疾病，我们都应该检查其行为是否表现出了恶意。所以我在这里真正所要做的是论证，无论是精神疾病患者还是普通人，都应该使用相同的程序。请留意阿帕里对精神疾病也采取了类似的方法，参见 Arpaly, N. (2002), *Unprincipled Virtue*. pp. 149-159。阿帕里举的例子与上述普里西拉和里贾纳的例子类似，结论也类似。

一个极其有趣和具有挑战性的问题。

在开始之前，先说明一下资料来源：关于精神病的文献非常多，而且是跨学科的，有时很难说某项关于精神病患者的研究究竟是属于哲学，还是属于心理学。至少在我看来，这并不奇怪，鉴于哲学和科学都属于致力于理解世界的事业，人们会期待发现一些科学家和哲学家都感兴趣的主题。我将在接下来的内容中为一些论断提供文献引注，尤其是那些特别著名或有趣的相关文献。但我会尽量少使用脚注，以避免它们变得冗余。对普通读者来说，值得在本文中提及的最重要的资源有两个：第一本是赫维·克莱克利（Hervey Cleckley）的《理智的面具》（*The Mask of Sanity*），这本书普遍被认为是第一本全面讨论精神病的现代著作，其中包括许多有趣且令人不安的精神病患者的案例报告；第二本是罗伯特·黑尔（Robert Hare）的《良知泯灭》（*Without Conscience*）①，这是一本由负责制定精神病诊断标准的专家撰写的面向普通读者的著作。

简而言之，**精神病**（psychopathy）②是一种由一系列范围非常小但重要的认知缺陷所组成的症状。精神病患者拥有正常的智力，而且几乎在其他所有的方面都是正常的。但他们无法理解大多数人认为在道德上需考量的那些重要因素的意义所在。有时精神病被描述为一种道德上的"色盲"，这种比喻有助于理解这种状况。③作为行为主体的色盲者可以看得很清楚，只是不能区分不同颜色的物体。他也知道正常人所能感知的被称为"颜色"的属性，在感知这些属性的基础上，正常人将物体分为不同的类别，例如"红色"和"绿色"，但色盲者看不到那些他知道是被描述为"红色"的物体和那些他知道是被描述为"绿色"的物体之间的区别，对他来说，它们看起来

---

① 中译本详见罗伯特·D.黑尔.良知泯灭——心理变态者的混沌世界[M].刘毅，译.重庆：重庆大学出版社，2011。
② 需要注意的是，中文日常语境下的"精神病"是包括"精神分裂症"等一系列精神类疾病的，但这里的"精神病"（psychopathy）主要是精神类疾病的一种，或许称为"精神变态人格"更准确，但这一说法会带来污名化，故弃而不用。
③ 克莱克利在其著作的症状概论部分把精神病症比作色盲［Cleckley, H.（1941），*The Mask of Sanity*, p.40］，而黑尔延续了这一比较［Hare, R. D.（1993），*Without Conscience*, p.129］。

是一样的。

在本书中,我们在很大程度上一直在依赖道德直觉。(我假设)我们都有这样的感觉,即,对行动而言,存在特定类型的理由,它们并不源于我们的关心所驱使形成的理由,而是一种绝对的道德理由。我们能够"侦测"到这些理由,因为某些类型的行为对我们而言"似乎"是正确或错误的。例如,当我们听说一个行为主体为了图个乐子而折磨婴儿时,他的行为对我们来说似乎是错的,而大多数正常的行为并不如此恶劣。精神病患者知道其他人相信这类理由,即他们知道其他人非常关心一种叫作"道德"的东西。他们还知道其他人会将行为划分为不同的道德类别,即"正确"和"错误"。但他们感知不到这两类之间的区别。我们通常认为是错误的行为和我们通常认为是正确的行为在精神病患者那里的感觉是一样的。

正如你可能想象的那样,这种对正确与错误行为之间区别的感知失灵会产生戏剧性的行为后果。大多数精神病的症状,实际上是做坏事。精神病医生会对照一份包含有 20 个条目的检查表对病人进行评估,这是诊断精神病的标准程序。简单描述这份检查表上的一些条目有助于我们了解精神病患者究竟是什么样的。[1]

病态说谎——精神病患者说谎的频率之高,似乎已经成为一种习惯,即使谎言肯定会被发现,他们也会说谎。

控制——心理变态者善于利用他人的情绪,以便让他们以某种方式行事,而且众所周知,他们会实施复杂的欺诈行为,这既是对受害者的冷漠,也需要对人类心理有充分的了解。

早期行为问题和**青少年犯罪**——精神病患者的问题始于童年早期,包括在儿童时期犯罪。

犯罪的多面和**撤销缓刑或假释**——精神病患者是多面性的,这意味着他们不限于一种类型的犯罪;一个特定的精神病患者可能在不同时期因抢劫、

---

[1] 这被称为《黑尔精神病检核表修订版》(*Hare Psychopathy Checklist-Revised*),或 PCL-R,是以其发明者罗伯特·黑尔命名的。

袭击和电信欺诈而被捕。尽管被逮捕的精神病患者通常能够获得假释，或提早释放，但他很可能在出狱后不久就会因新的犯罪而被捕。

不接受责任，缺乏悔意或内疚感——精神病患者很少承认自己做错了什么，即使他的不良行为证据确凿，他似乎也不会对自己的行为感到难过。

理解精神病患者的最重要线索之一来自他们显然没有认识到**道德与习俗的区别**（moral/conventional distinction）。我们都知道，一些规则的效力来自譬如法律或社会习俗等形式的外部权威。例如，在中国和美国，我们知道逆向行驶是错误的。但这仅是因其违反了法律而错，如果明天改变了法律，那逆行便不再是错误的。（毫无疑问，这种改变会导致大量的交通问题！①）还有其他一些规则，它们的效力并不来自外部权威。比如说，谋杀也是违法的。但即使出于某种原因政府明天宣布谋杀合法，谋杀仍然是错误的。②

研究道德认知的心理学家经常将属于第二组的规则，即与权威无关的规则等同于道德规则。③ 即使是很小的孩子也能理解道德规则和依赖权威（或习俗）的规则之间的区别。关于这个问题，最著名的研究是拉里·努奇（Larry Nucci）和埃利奥特·图里尔（Elliot Turiel）④ 对学龄前儿童区分这些不同种类规则的能力进行了测试。他们就一些违反幼儿园规则的行为对孩子

---

① 1967年，瑞典将靠左侧道路行驶的制度改为靠右侧道路行驶。你可以在网上找到改制后第二天在瑞典发生的各种交通混乱场景的图片，打破在某一侧驾驶习惯是很难的。
② 美国系列电影《人类清除计划》，其情节预设了在这个虚构的世界中，政府每年单独留出12个小时，在此期间所有犯罪都是合法的。这样设定的初衷是，可以使人们能够释放在一年中所积累的紧张情绪。但通常爆发的却是暴力和混乱，因为人们趁此机会合法地互相残杀。我发现这在心理学上是极其不现实的。在现实生活中，正常人没有互相残杀的原因在于这是错误的，而**不在于**这是非法的。
③ 请注意，这种道德的心理学特征并不必然等同于我在第二章中捍卫的哲学特征。我的感觉是，这两种特征是相容的。我论证了道德理由是直言的推理，并将其定义为独立于行为主体所关心的事物之外的理由。但我认为，直言的推理也必须独立于外部权威——如果你不做X的理由取决于某个外部权威谴责X的事实，那么你只在你关心外部权威时才有这样去想。因此它是一个假言的推理，而不是一个直言的推理。
④ 参看他们在1978年发表的论文《学前儿童的社会互动和社会概念的培育》（"Social Interactions and the Development of Social Concepts in Preschool Children"）。

们进行了访谈,并在每一种情况下要求他们考虑一个反事实的问题:如果幼儿园的规则得到改变,从而这种行为获得正式许可,那这些行为仍然是错误的吗?

对于不同种类的行为,儿童对这个反事实问题的回答是不同的。当有关行为只是违反了习俗规则时,孩子们会说,如果规则改变了,这个行为就不再是错误的。故我们举例来看,他们可能会说,如果规则不再禁止孩子在教室的禁区内玩耍,那么之前的违规行为就没有什么问题。但是,当有关行动违反了道德规则时,孩子们似乎认识到它的错误是与权威无关的且对规则的变化并不敏感。因此,孩子们坚持认为,像同别的孩子打架这样的行为仍然是错误的,即使规则变成允许。显然,这些孩子还太小,并没有接受过确切的道德教育,也没有思考过有关道德理由本质的任何理论问题,所以他们认为将某些错误行为视作独立于权威的感觉可能是与生俱来的,构成了自然认知能力的一部分。

成年精神病患者无法通过这一测试,而他们无法通过的方式相当有趣。你可能会认为精神病患者会将所有的错误认定为依赖权威的、习俗的错误。也就是说,由于他们对是非问题没有天然的感觉,你可能会认为他们会说——例如,只要规则允许,对他人进行人身攻击是不成问题的。实际上,情况恰恰与之相反。他们对类似问题的回答表明,精神病患者把所有的错误都认定为是与权威无关的、道德上的错误。因此,当实验者在监狱或医院环境下询问时,精神病患者会说,无论规则如何,攻击都是错误的;但他们中的大多数人也认为,无论规则如何,那些轻微的越轨行为,例如违反课堂礼仪,也都是错误的!

对这一证据较标准的解释如下。精神病患者知道正常人认为道德规则与权威无关。监狱里和精神病院里的精神病患者都有强烈的动机去使其他人相信他们是正常的,因为这可以使他们获释。因此,精神病患者不得不假装他也相信道德规则与权威无关。但他无法像正常人那样感知行为的道德意义,如攻击和违反课堂规矩这样的行为对他来说都是一样的。因为他知道这两个行为都是违反规则的,所以他认为正常人必须将这两个都视为与权威无关的错误。所以他告诉面试官,无论规则如何,这两个行为都是错误的。①

精神病和色盲之间至少有一个重要的区别。色盲者意识到他们失去了一些东西——他们意识到正常人可以看到一些真实的东西,而他们看不到。如果可能的话,大多数色盲者会选择恢复他们的色觉。但是,尽管精神病患者意识到他们与大多数人不同,但精神病患者通常不会觉得自己有什么错误。尽管在某些情况下(比如他们被监禁并申请释放)精神病患者会试图说服他人自己是正常的,但他们对真正成为正常人几乎没有兴趣。这可能是精神病患者通常对治疗没有反应的一个主要原因;如果有人是精神病患者,他很可能不会好转,部分原因是他对好转没有兴趣。

精神病通常是在**司法(forensic)**环境中被诊断出来的,而非在**临床(clinical)**环境中。我们中的大多数人可能对临床环境中的精神病学更为熟悉,在这些正常环境中,精神病医生是作为医生来帮助他的检查对象。司法精神病学是刑事司法系统中的一种。例如,当一名囚犯申请释放时,法院可能会对其进行心理测试,以确定他是否仍然对社会造成危害。精神病的诊断通常由法医精神病医生进行;在临床环境中,精神病医生更有可能对患者做出名为"反社会人格障碍"的诊断,这个病与精神病相似,但二者的诊断标

---

① 布莱尔(R. J. R. Blair)在其1995年发表的《道德认知发展方法:调查精神病患者》("A Cognitive Developmental Approach to Morality: Investigating the Psychopath")一文中描述了支持精神病患者未能通过道德/习俗测试的最为著名的实验,布莱尔赞同这里提出的一种解释。我个人的观点是,精神病患者在测试中的糟糕表现确实表明他们在感知行为的错误性方面有很大的困难,尽管我应该指出,关于这一主题的文献很多,也存在很多分歧。例如,最近的一项研究表明,精神病患者在"被迫选择"的道德/习俗测试中表现得更好:当给他们一个错误行为的清单,并告知他们其中正好有一半是道德错误,另一半是习俗错误时,精神病患者能更好地将它们正确地进行分类。参见埃亚勒·阿哈罗尼(Eyal Aharoni)、沃尔特·辛诺特-阿姆斯特朗(Walter Sinnott-Armstrong)和肯特·基尔(Kent Kiehl)在2012年发表的《精神病罪犯能辨别道德错误吗?——道德/习俗区别的新视角》("Can Psychopathic Offenders Discern Moral Wrongs? A New Look at the Moral/Conventional Distinction")一文。

准有所不同。①

这个小小的混乱已经引起了很多不必要的疑惑，尤其是在目前关于精神病的讨论中。有些人将这种状况解释为，精神病不是一种"真实"的症状。但这一结论并不成立，在我看来，临床心理学家通常不会将患者诊断为精神病患者，这一事实只是反映出这种诊断在临床环境中并不十分有用。我们可以理解，为什么一个以帮助患者为主要目标的临床医生会认为将患者诊断为"精神病患者"是没有用的。这个词在一定程度上被污名化了，没有人愿意雇用被贴上"精神病患者"标签的人，或与他们有所联系。而且，由于没有有效的治疗方法，精神病的诊断对精神病患者没有多大好处。在法医学背景下——至少诊断的目标部分是为了保护他人免受伤害——这个诊断是有用的，因为它有助于准确确定哪些罪犯会对他人造成持续的危害。

有时我们也会讨论精神病是不是一种真正的精神疾病，但鉴于本章第一部分的评论，我们不必担心这一点。我认为，没有客观事实来支持任一症状是否"真的"是一种疾病这一问题，而且，无论该症状是否是一种疾病，我们都可以也应该问，这是否会阻止那些存在这种情况的行为主体对其行为负有道德责任。

对精神病患者来说，这是一个相当重要的问题，因为正如你可能想的那样，在监狱中的精神病患者就是很好的代表。他们犯下的罪行不胜枚举，而法律系统对他们的惩罚通常与对普通罪犯的惩罚相同。因此，如果事实证明精神病患者不负责任，那么我们可能在道德上有义务改变刑事司法系统对待很多人的方式。我们隔离精神病患者以防止他们伤害他人，这种做法在道德上可能是正当的，但我们通过对他们进行普通刑事处罚而故意伤害他们，在道德上就是不正当的。

人们提出了各种各样的论点来支持精神病患者不负道德责任的说法。在这里我不可能对所有或大部分论点进行概述，因为这将花上一整本书的篇幅。

---

① 英语国家精神病诊断的标准手册《精神疾病诊断和统计手册》（*Diagnostic and Statistical Manual of Mental Disorders*, *DSM*）直到最近才把"精神病"的诊断标准纳入其中。2013 年出版的第五版将"精神病"列为一种反社会人格障碍。

因此我集中讨论一个论点，许多人认为这一论点在直觉上很有吸引力，并且与本书中讨论的几个主题相互关联。这一论点诉诸这样一个事实，即精神病患者的大脑中存在一些微小的生理反常，这些反常可以通过医学扫描检测出来，并将其大脑与非精神病患者的大脑区分开来。这些主要位于前额叶皮质和边缘系统的身体反常，可能就是导致精神病患者道德认知缺陷的原因，并因此导致他们的不良行为。

这一原则在直觉上似乎合理：一个行为主体不能对由其大脑的物理特征引起的行为负责，除非他对这些物理特征本身负责。我们可以通过类比进一步感知这一原则在直觉上的吸引力。例如，责怪一个个子矮的人无法够到高架子上的东西似乎是不公平的。毕竟他无法够到高架子上的物品是因为他的身材矮小，并且，当然不是他选择让自己身材矮小。同样的，精神病患者也不会选择让自己的大脑出现反常，而且，考虑到这些反常的存在，他们只能做出不好的行为。因此，有人认为，指责他们的不良行为是不公平的。①

根据第五章和第六章的讨论，我们已经能够理解这一论点涉及的重要问题：如果大脑的物理机制可以免除精神病患者对其行为的责任，那么可能大多数正常行为主体也可以免除对其行为的责任。除非笛卡尔是对的——但几乎可以肯定，他是不对的——否则，我们所有的行为都是由我们大脑中的物理特征引起的。在大多数情况下，我们对拥有某些大脑特征而非其他特征这一事实无需负责。②

精神病患者和普通行为主体之间的一个区别似乎与此相关：精神病患者大脑中导致他以某种方式行动的结构是反常的，而普通行为主体大脑中的结构则不是。也许我们可以对正常的大脑结构引起的行为负责，但不能对非正

---

① 在个人谈话的基础上，我发现这种观点在非哲学家中相当流行。我不知道有哪位哲学家能将这一观点准确地写出来，但我认为利维在2007年发表的论文《重访精神病患者的责任》（"The Responsibility of the Psychopath Revisited"）中提出了一个相当类似的观点。利维将精神病患者比作一个因肿瘤而做出不良行为的行为主体，如下文所述的埃里克。

② 我们可以想到一些并非如此的案例，也许一个知道毒品的副作用会导致大脑损伤的吸毒者应该为他吸毒后产生的大脑特征负责，但这种情况最多只占现实世界中行为主体的一小部分。

常的大脑结构引起的行为负责。

然而，我不认为诉诸脑部非正常的解释能使这一论点更加成功。为了让这一解释发挥作用，我们需要更准确地解释大脑结构"非正常"与"正常"的区别，而我认为没有任何方法可以澄清那些支持精神病患者不负责任说法的术语。

一种解释是，我们说一个大脑结构是"反常的"，我们的意思是，这种结构会导致反常的精神功能，而非健康的精神功能。但根据这一解释，我们本质上是在诉诸精神疾病的概念来区分正常结构和反常结构——反常结构导致疾病，而正常结构则不会。正如我在本章的前面所说的，没有客观事实来说明哪些情况是疾病，哪些不是疾病。这意味着不存在客观事实来说明哪些结构是反常的或正常的；反过来，也不存在客观事实来说明谁在道德上负有责任。因此，这种解释似乎是不可接受的。

我能想到的唯一可供选择的解释是：我们说一个结构是"反常的"，我们只是指它在统计上不常见，或者说罕见。问题是，这种解释似乎意味着有太多的大脑结构是反常的，因此太多的行为主体可以免除责任。回想一下第一章中弗兰克的例子，他谋杀妻子的意图是在他大脑的微观结构中产生的（他所有的意图都是如此）。由于绝大多数行为主体并不打算谋杀他们的配偶，因此这种意图在统计上是不寻常的，而产生这一意图的大脑结构在统计上也一定是不寻常的。因此在这个意义上，导致弗兰克行为的大脑结构是"反常的"；尽管他显然应该受到责备，但这种解释意味着他可以免受责备。我认为这种解释是难以置信的。

像埃里克这样的行为主体确实构成了一个难题（根据第一章所述，埃里克的不良行为是由肿瘤引起的）。很多人都会直觉地认为埃里克可以免受责备，因为肿瘤在导致他的行为中起了作用。在我看来，埃里克是否应受责备取决于对一些更深入的问题的回答。在上述案例中，我们尚未得知关于影响其行为的肿瘤或机制的详细信息。我将简要讨论两种可能性。

首先，我们可能会发现肿瘤在某种程度上干扰了埃里克的认知，这意味着他的行为并不表达恶意，或者它们表达的恶意比大多数坏人要少。例如，肿瘤的影响可能是干扰埃里克整个大脑的可用性；这使得他的大脑功能区更难公开传递信息，或者更难阅读已经传递的信息。如果是这样的话，那么埃里克需要承担的责任可能会减少（或消除）到和梦中的行为主体一样。或者，也许肿瘤会产生不可抗拒的冲动——也许它会发送（或导致某些模块发送）"做点暴力的事！"的命令，而埃里克的其他模块无法阻止这些命令转化为行动。在这种情况下，他需负的责任可能会减少（或消除）到和偷窃癖一样。

另一方面，也许肿瘤并不做这些事。也许它不会以这种方式干扰埃里克的认知过程；也许它的效果只是让他不太关心别人的幸福，而这种不关心才是导致他暴力行为的原因。在这种情况下，很难避免得出这样的结论：埃里克的确表达了恶意，因为他并不关心他人的幸福。而一个不关心他人幸福的行为主体就会表现出恶意，无论他是如何表现出不关心的。如果这是肿瘤的所为，那么我认为最好接受埃里克得对他的行为负有道德责任，尽管这个结论可能有点令人惊讶。①

回到精神病患者。我已经反驳了一个旨在说明精神病患者不负道德责任的论点，但这使得其他论点可能成功。在下一节中，我将不会考虑任何特定的、进一步的论点，而是直接用我在本章前文所述的原则来处理精神病患者责任的问题。也就是说，我会考虑精神病患者在行动时是否表达恶意。当然，做出这样的判断需要我们思考，精神病患者的行为是否反映出对从物的道德上重要的行为缺乏关注。

---

① 有时，当你赞同一套哲学主张，而这套主张又隐含着另一个主张 P 时，你就会被迫接受 P，即使 P 有些令人惊讶。哲学家们经常把接受这种令人惊讶的说法称为"咬紧牙关"（biting the bullet）。这个短语被认为起源于麻醉药发明之前战场上的外科手术——有时受伤的士兵会醒着接受外科手术，他会死死地咬住一颗子弹，来分散自己对疼痛的注意力。虽然接受令人惊讶的说法可能**令人不快**——因为我们不一定希望认为它们是真的——但有时这可能已经是最好的结果了。毕竟，无论是伦理学、形而上学还是物理学，任何正确的理论都可能会有**一些**我们最终应该接受的令人惊讶的说法。除非有**太多**令人惊讶的说法，或者说法不仅令人惊讶，而且的确**不可接受**时，才会产生问题；这个时候，他们就会开始认真考察该理论的合理性。

精神病患者与恶意

精神病患者未能通过道德/习俗测试的事实表明，他们对道德的理解是有限的。但有不同的方式来解释这种道德理解的缺失。一种解释是，精神病患者只是不理解道德术语——他们不知道一个东西"在道德上是错误的"意味着什么。另一种解释是，精神病患者确实理解道德术语，但并不将道德属性归于任何行为。也就是说，也许一个精神病患者可以理解，当人们说一个行为是"错误的"时，人们的意思是有一个明确的理由不去做它，但是因为精神病患者不认为有任何这样明确的理由，所以他不认为有任何行为实际上会是错误的。

这两种解释似乎都暗示精神病患者在行动时不会表现出对从言的道德的不关心。如果第二种解释是正确的，就非常容易理解。如果我认为某个行为不是错误的，那么，我做出该行为也不代表我对从言的道德不关心。而在第二种解释中，精神病患者并不认为有任何行为是错误的，因此他从不表现出对从言的道德的不关心。①

从第一个解释来看，这可能有点难理解。如果精神病患者真的不理解什么是道德概念，这似乎意味着他不关心它们，因为你不可能关心你根本无法理解的事情。因此，似乎精神病患者在行动时的确表现出对从言的道德的不关心。

但这里有一个微妙之处我们还没有解决，就是对特定对象缺乏关心意味着什么。再想想安娜贝尔的猫的例子可能会有用。这只猫不关心安娜贝尔的

---

① 如果我们考虑到自我欺骗的可能性，事情可能会变得更加复杂——如上一章所述，自我欺骗的行为主体可以表现出他对**从言**的道德的不关心，即使他不认为自己所做的是错误的——但据我所知，从来没有人认真地宣称精神病患者在道德问题上自我欺骗。精神病在患者很小的时候就会显现，所以这并不是说一个精神病患者一开始相信道德推理，之后再欺骗自己认为道德理由不存在。

第八章　精神疾病和精神病

财产权，所以它把她的花瓶从底座上碰了下来。在这种情况下，这只猫和伯特兰很相似，伯特兰也打碎了安娜贝尔的花瓶，（部分）原因是他不关心安娜贝尔的财产权。然而，两者之间存在着明显的、直观的区别。为什么呢？

我认为最好的答案是，行为主体可能不关心某事的方式有两种，只有一种可能被视为恶意。一种是你可能根本不知道某物是什么，因此不关心它。另一种是，你可能知道某件事是什么，但你认为它不重要，因此不关心它。安娜贝尔的猫不关心安娜贝尔的财产权是第一种情况，而伯特兰不关心安娜贝尔的财产权是第二种情况。我们有理由说这两者之间存在道德上的区别。在第一种情况中，不关心只反映出无知；而在第二种情况中，不关心反映了行为主体的优先度，因此反映出他的道德不良。

如果对精神病的第一种解释是正确的（精神病患者只是不理解道德概念），那么他们在第一种情况中就无法关心从言的道德，在第二种情况中就不可能无法关心道德。在第二种情况中，对某物不关心，需要做出此物不重要的判断，而这至少需要对所讨论之物有一个基本的把握。

这些都是基础的。当然，我们假设，无论怎样，对从言的道德的关心（或缺乏关心）与意志品质无关。所以，我们来谈谈精神病患者是否有时会表现出他们对从物的道德上重要的东西缺乏关心。答案是，他们几乎肯定是这样的。

这是因为精神病患者似乎通常能够控制自己的行为，并且对周围的世界有很好的理解。尽管他们往往行事冲动和寻求即时的满足，但他们的错误行为通常似乎不是由于像偷窃癖那样无法控制的冲动。他们的智力正常，对现实的把握相当扎实；他们不会像精神分裂症患者那样产生幻觉或妄想。① 此外——事实证明，他们能够操纵他人来实施欺骗——他们似乎相当了解人类心理。他们知道，其他人想要某些东西，其他人不喜欢被以某些方式对待，其他人会感到痛苦。

---

① 众所周知，精神病患者会产生"夸大妄想"——他们往往认为自己比实际情况更好或更重要——但他们不会有如外星人入侵之类的妄想。

根据这些观察，我们可以推断出精神病患者在行动时所表现出的态度。假设一个精神病患者刺伤了某人。精神病患者知道人们不喜欢被刺伤，所以我们可以推断他判断受害者的偏好不重要。精神病患者知道被刺伤是痛苦的，所以我们可以推断他认为受害者的痛苦并不重要。精神病患者知道被刺伤会导致严重伤害，甚至死亡，因此我们可以推断他判断伤害和生命危险也不重要。

借助于一些非常温和的假设，我们可以得出结论，精神病患者有时确实表现出对从物的道德上重要的事情缺乏关心。我们所需要假设的是，违反人们的偏好在道德上是不好的——或者造成人们痛苦在道德上是不好的，或者造成伤害和生命危险在道德上是不好的。精神病患者知道他正在做这些事情，但他不关心道德；由于这些事情实际上在道德上是重要的，精神病患者表现出他对从物的道德上重要的事情缺乏关心。

但他是否因此表现出恶意？似乎答案一定是肯定的，但这里有一个关键的复杂因素。我先用一个与精神病无关的简单案例来说明这种复杂性。我们已经讨论过这样一个事实，即一个给定的对象有时可以用一种以上的描述来理解。最简单的例子是"水"和"H_2O"，当然，它们只是用来指代同一种物质的不同方式。

一些心灵哲学家认为，每一种心理状态都等同于一种神经状态。也就是说，他们认为每一种特定的大脑活动，与每一种思维或感觉方式相对应，并且是可以等同的。因此，举例来说，这可能证明处于疼痛中的心理感受与某些脑细胞放电的神经现象是等同的。如果他们是对的，那么有两种方法来描述每一种心理现象——我们可以用心理学的术语来描述它，也可以用神经学的术语来描述它，但在这两种情况下，我们指的是同一件事。为了说明的目的，假设持此观点的心灵哲学家是正确的。假设我们可以将与疼痛相同的神经活动的特定模式缩写为"神经状态 P"，那么"疼痛"和"神经状态 P"只是对同一现象的两种描述。

现在考虑以下情况：

泰比里厄斯（Tiberius）是一位医生，他的病人大多不能说话。也就是说，他们患有疾病，无法向他人讲述或以其他方式交流他们的经历。有一个这样的病人患上了轻微感染，泰比里厄斯决定使用抗生素来治疗。有两种抗生素药物（A 和 B）可供选择。两者都能很好地治愈感染，唯一的区别在于，药物 B 会导致一种副作用，即患者出现神经状态 P，而药物 A 则不会。

泰比里厄斯知道药物 B 会导致神经状态 P，但他不知道神经状态 P 与疼痛是相同的——因为科学尚未发现，所以没有人知道这一点。实际上，因为泰比里厄斯生活的时代还没有很好地理解大脑与心灵的关系，他没有任何理由怀疑神经状态 P 有任何坏处或对人有害。许多药物具有无害的生理副作用（例如，有些药物可能会导致皮肤暂时发红），泰比里厄斯将神经状态 P 视为其中之一。

当他开处方时，泰比里厄斯意识到他的医院几乎把药物 B 用完了，如果他把最后一份药物 B 用在这个病人身上，会给医院药房带来一些便利，因为这意味着药房可以继续订购一批全新的药物 B。所以泰比里厄斯给他的病人开了药物 B，却没有意识到这会给他带来剧痛。

问题是：当泰比里厄斯给他的病人药物 B 时，他表现出恶意了吗？一方面，泰比里厄斯似乎表现出他对从物的道德上重要的事情缺乏关心。要知道，疼痛和神经状态 P 是一样的。因此，如果疼痛在道德上很重要，那么神经状态 P 也很重要。泰比里厄斯已经证明，他一点也不关心导致神经状态 P，他之所以想要这样做，是为了避免给医院的药房带来非常轻微的不便。

另一方面，我认为，我们大多数人会十分不赞同泰比里厄斯应受责备的说法。如果你对自己的直觉尚不确定，请考虑一个稍微不同的例子：

韦罗妮卡（Veronica）也是一名医生，负责治疗被感染了的不能说话的患者。与泰比里厄斯不同的是，她知道神经状态 P 和疼痛是相同的，因此她知道服用药物 B 对她的患者来说会是一次痛苦的经历。然而，她并不认为这是选择药物 A 而非药物 B 的原因。她宁愿给病人服用药物 B，来给药房行个方便。毕竟她认为，她的病人不能说话，所以他好像不能抱怨。

即使你不确定如何看待泰比里厄斯，我也希望你会觉得他和韦罗妮卡之间有很大的不同。韦罗妮卡给我们的印象应该是她非常应该受到责备，她看起来像个怪物，而泰比里厄斯却不是。

我从这两个案例中得出以下教训：虽然意志品质是关于关心（或不关心）那些从物的道德上重要的东西的，但真正影响我们是否表现出恶意的是对我们关心（或不关心）的相关对象的描述。正如韦罗妮卡的案例所显示的那样，不关心"疼痛"代表着强烈的恶意。但正如泰比里厄斯的案例所显示的那样，不关心"神经状态 P"（实为疼痛）则并不代表强烈的恶意。

在我们准备好了解为什么这与精神病患者的情况相关之前，还需要稍微离题一下。考虑这个例子：

> 厄休拉（Ursula）的公寓楼着火了，她刚刚踉跄着走出来。愣了片刻，厄休拉似乎突然意识到了什么。"她还在里面！我必须回去！"厄休拉惊叫道。她冲回大楼，旁观者无法阻止她。

当然，厄休拉在这里表现出一定程度的对危险的漠视。显然，她更关心的是从公寓里找回什么，而不是自己的人身安全。但我们对厄休拉的确切描述可能取决于其他细节。这是一个可能的结局：

> 几分钟后，厄休拉咳嗽着带着她的孩子走出大楼，但没有受伤。

当这个例子这样展开时，我想我们大多数人都会认为厄休拉很"勇敢"。

以下是另一个版本：

> 几分钟后，厄休拉带着她的吉他走出大楼，这把吉他是她非常珍爱的乐器，她会用"她"来称呼它。

如果这个例子以这种方式展开，我认为我们大多数人会认为厄休拉很"鲁莽"或"不负责任"。

这说明了什么？它表明，"勇敢"和"鲁莽"等概念是**厚概念（thick concepts）**。厚概念是既具有描述成分又具有评价成分的概念。当我们说一个人"勇敢"时，我们的意思不仅是说她对危险不敏感，而且她对危险的不敏感也是好的。因此，当厄休拉对危险的不敏感导致她去救她的孩子时，我们说她是勇敢的。当我们说一个人"鲁莽"时，我们的意思是说她对危险不敏感，但她对危险不敏感是坏的。因此，我们说厄休拉冒着生命危险去救她的吉他是鲁莽的。①

一些描述错误行为的方法可能会使用厚概念。例如可以想想，当我们说某人对一个物体（比如手表）拥有权利时，我们是什么意思。这种说法有一个描述性的成分，即这块手表是他的合法财产。但这并不是我们想说的全部。当我们说某人有权拥有某一特定财产时，我们的意思不仅是该财产在法律上是他的，而且其他人不应该剥夺他的财产。当我们说权利时，这种评价性或规范性成分通常似乎是隐含的；对一个人来说，拥有某项权利意味着其他人有道德理由不干涉他行使该项权利。

---

① 琢磨厚概念可能是一个有趣的语言练习。罗素（Bertrand Russell）在一次电台采访中指出，在某些情况下，我们会自然而然地这样做。例如，和描述他人相比，我们在描述自己的时候会用更有利、更具评价性的语词。这一现象有时称作"情感用词变化"，格里芬（Nicholas Griffin）对此做了简要的说明，参见 Griffin, N. (1999). "Emotive Conjugation." The Cambridge Dictionary of Philosophy (2nd ed.). Ed. Robert Audi, p. 260。你可以自己试一试：设想一个性格特征，保持该特征的描述性内容不变，试着用积极、中立和消极的评价性判断来表达该描述性内容。例如，我可能会把自己描述为自信的（积极），把你描述为进取型的（中立），把别人描述为好战的（消极）。

现在，我们来考虑一下这与精神病患者有什么关系。假设一个精神病患者偷了别人的手表，我们会如何描述精神病患者的所作所为？我们可能会说精神病患者拿走了受害者的一些东西，也可能会说精神病患者侵犯了受害者的财产权。就内容而言，二者对我们来说可能没什么不同——后者可能听起来比前者更正式，但仅此而已。对我们来说，二者似乎是等价的，是因为我们知道不拿别人的东西是有道德理由的。因此，我们自然推断，如果没有令人信服的理由这样做的话，拿走某人的东西代表了对权利的侵犯。

但精神病患者并不知道这一点。他知道其他人合法地拥有属于他们的东西。但是，因为他要么不理解什么是道德理由，要么不认为道德理由存在，所以他无法将自己的行为视为侵犯财产权的行为。即认为某件事侵犯了一项权利要求你把它看作一种你有道德理由不去做的行为。

因此，偷手表的精神病患者的确表现出他对拿走别人的东西的不关心（对"拿走别人的东西"这一描述来说），但他没有表现出他对侵犯他人的财产权的不关心（对"侵犯他人的财产权"这一描述来说）。当然，这两件事是等价的，拿走某人的东西就是侵犯他的财产权。① 可精神病患者并不知道这一点。

在泰比里厄斯的例子中，直觉上很清楚，一个行为主体需要以什么方式不关心他人疼痛，才能说他表现出了恶意——如果你因为不关心所描述的"疼痛"而造成疼痛，你就有恶意，但如果你仅仅因为不关心所描述的"神经状态 P"而造成疼痛，你就没有恶意。而在精神病患者的案例中，我认为哪一种描述与恶意相关就不那么明显了。这个情形下的恶意究竟指的是你不关心"拿走别人的东西"，还是你也必须不关心"侵犯财产权"？

需要注意的是，虽然我用了一个盗窃案来说明这个问题，但我认为它可以推广到其他类型的精神病的不良行为。精神病患者的许多错误行为可以有

---

① 更准确地说，所有（缺乏正当理由拿取）他人财物的行为都构成对财产权的侵犯。可能存在一些并不拿取他人财物而侵犯财产权的行为（蓄意毁坏公物罪可能是其中之一），但这种复杂情况对我们的论证目的没有影响。

两种描述。例如，刺伤某人既可以理解为伤害某人，也可以理解为侵犯某人不受伤害的权利。尽管精神病攻击者知道他伤害了受害者，但他可能并不知道这样做侵犯了受害者的权利。和之前一样，精神病患者是否应该受到责备这一问题取决于他需要怎样理解自己所表达出恶意的行为在道德意义上的重要性。为了简单起见，我将在下面的讨论中继续引用盗窃案例，但需要知道，这个问题也会影响我们评估那些做出更多不同的不良行为的精神病患者的能力。①

恶意与概念化问题

虽然我在这里介绍的是一个狭隘的、实际的问题——关于精神病患者是否能够表现出恶意——但它对应的是一个更普遍的、理论化的问题，我在别处②称之为**概念化问题**（problem of conceptualization）。在前几章中，我认为当行为主体通过其行为表达善意或恶意时，他们负有道德责任，善意和恶意主要就是对从物的道德上重要的东西采取适当或不适当的态度。但我们最近看到，道德上重要的对象能够如何在多种描述下被理解，因此，行为主体能够如何以多种方式表达对从物的道德上重要的事物的特定态度。因此产生了一个普遍的问题：行为主体需要如何理解道德上重要的对象，才能将其对这些对象的态度视为善意或恶意？这个问题的答案有时会影响行为主体是否

---

① 我在 2016 年发表的一篇论文《精神病患者、恶意和具有错误决策特征的行为》（"Psychopaths, Ill-Will, and the Wrong-Making Features of Actions"）中首次将这一问题应用于精神病患者，我用来说明的案例涉及一名精神病攻击者，他知道自己伤害了另一个人（human being），但无法理解自己伤害的是一个具有特殊道德地位的"人"（person）。我不想在这里使用这个特殊的例子，因为"人"在道德语境中的翻译非常复杂，这一点在第一章中有所涉及。
② 在我 2019 年发表的论文《美德与概念化问题》（"Virtue and the Problem of Conceptualization"）中，可以用另一种说法来说明该问题，就是说行为主体可以以概念化的方式来关心道德上重要的对象，因此得名。

负有道德责任，因此我们需要回答这个问题，以便完整地说明责任。

在介绍概念化问题时，精神病患者（的例子）特别重要，因为他们说明了概念化问题出现的一些案例既困难又重要。泰比里厄斯和韦罗妮卡的例子很有趣，但并不困难——从直觉上看，韦罗妮卡应受责备，而泰比里厄斯不需要。相比之下，精神病患者是否负有道德责任，从直觉上看并不明显；为了弄清惩罚他们是否公平，我们需要知道这个问题的答案，为了找到答案，我们需要依靠我们对责任问题的最佳理论，而不是直觉。因此，概念化问题具有重要的现实意义——我们需要解决它，以便知道如何对待现实世界中存在的一大群人。

但这是一本关于道德责任的书，而不是一本关于精神病患者的书，所以让我们退一步，在本章的其余部分集中讨论概念化问题的广义版本。我们要想对道德责任的解释更加完整，似乎需要一个程序，这个程序旨在告诉我们，在对道德意义上很重要的行为对象有多种理解方式的时候，我们应该如何评估行为主体。理想情况下，这一程序将被完全推广至在所有情况下都有效——它将始终告诉我们，行为主体需要如何理解一个道德上重要的对象，才能将其态度视为善意或恶意。一旦我们掌握这个程序，我们（至少在原则上）应该能够将它应用到精神病患者身上，以查明他们是否负有道德责任；我们还应该能够根据我们认为已知答案的案例（如泰比里厄斯和韦罗妮卡的案例）测试任何提出的程序，以检查该程序是否产生直观上合理的结果。

阿帕里和施罗德在为他们对意志品质的解释进行辩护时预测到了这个问题的一个版本[1]，他们认为解决办法要么关乎道德事实本身，要么在描述这些事实的规范理论中。如果道德实在论是正确的，那么它就意味着存在关于道德重要性的客观事实，并且有一种理论能够正确描述这些道德事实——正如阿帕里和施罗德所说的一种"正确的规范理论"。也许这种正确的规范理

---

[1] 见他们2013年出版的《欲望颂》，第162—169页。

论在告诉我们哪些对象在道德上是重要的时候，也会以某种方式描述这些对象。因此，例如，正确的规范理论可能会说"疼痛在道德上是重要的"，而不会说"神经状态 P 在道德上很重要"。阿帕里和施罗德建议，在评估一个行为主体的意志品质时，我们应该在与正确的规范理论同样使用的描述下考察他对道德上重要对象的态度。

这里建议的程序如下。首先，确定正确的规范理论，并检查它认为哪些对象在道德上重要，以及它如何描述这些对象。然后，当你想确定一个行为主体是否表现出善意或恶意，或者两者都没有时，检查他是否对正确的规范理论所使用的描述下的道德上重要的对象表现出适当或不适当的态度。

假设正确的规范理论将疼痛描述为"疼痛"，而不是"神经状态 P"，那么这一过程应该在泰比里厄斯和韦罗妮卡的案例中产生正确的结果：根据这一假设，它意味着韦罗妮卡应该受到责备，而泰比里厄斯则不需要。它为我们提供了一种确定精神病患者是否负有道德责任的方法：我们只需要找出正确的规范理论是说"偷别人的东西"是错误的，还是说"侵犯别人的财产权"是错误的。

你可能已经注意到，这个程序的第一步——"确定正确的规范理论"——说起来容易做起来难！经过数千年的哲学探索，对于什么是正确的规范理论，仍然没有达成共识，而且似乎如果我们不知道正确的规范理论，那么我们的程序实际上是无用的。但这并不一定会像你所想的那样造成实际障碍。不同的规范理论之间存在着大量的重叠——也就是说，即使是两个不一致的规范理论也往往会将许多相同的事情认定为道德上重要的东西。要将这一程序应用于实际行为主体的评估，你并不需要真正了解整个正确的规范理论，而只需要知道其中一部分。举例来说：尽管许多不同的规范理论使用不同的框架来解释这种错误，并且可能不同意其他类型行为的错误，但它们都同意造成痛苦是错误的。如果我们能够同意其中一个规范理论是正确的——如果我们能够同意，无论哪一个理论是正确的，它都一定将痛苦描述为"痛苦"——那么我们就可以自信地评估泰比里厄斯和韦罗妮卡。很可能规范理论之间存在足够的重叠，以便我们对精神病患者也能做出合理而自信的判断。

然而，也许情况并非如此——也许没有足够的重叠，并且除非我们知道完整、正确的规范理论，否则该程序对评估精神病患者不会有用。这是令人失望的，因为我们对实际应用感兴趣，但它可能不是一个重大的理论问题。如果能证明程序在原则上是有效的，那么我们对道德责任的解释在原则上是完整的。"正确的规范理论"在我们对道德责任的解释中可能会是不特定的，就像方程式中的一个变量。当理论变得明晰时，我们再去确定它。

我认为问题在于，如果所提出的这套程序，即使在原则上也行不通，我们该怎么办。呈现这些争论需要耗费大量笔墨，限于篇幅，我没法完整呈现这些争论。因此，我将给出一个简化的版本——足以让你们大致了解我的担忧是什么。如果你们感兴趣，简化版也足以让你们独立思考这个问题。①

我认为介绍我的论点最简单的方法是通过科学类比。我们来考虑一个基本化学事实——水在特定温度下结冰。这一事实是宇宙的客观特征，而不是人类的发明；早在人类存在之前，水就在那个温度下结冰了。但描述这一事实的方式多种多样——我们可以把这些不同的方式看作简单的科学理论——这些都是人类的发明。一种描述这一事实的理论可能会说"水在 0 摄氏度结冰"，另一种可能会说"水在 32 华氏度结冰"。因为 0 摄氏度和 32 华氏度是相同的，这两个都是对水凝固温度的正确描述。但无论我们最终使用哪种计量单位，我们都应该意识到，这个单位——不同于水本身，也不同于水结冰的事实——是人类发明的。宇宙既不用摄氏度，也不用华氏度！

在这个类比中，有两个要点需要去除。首先，我们必须仔细区分事实和描述这些事实的理论。事实是宇宙的一部分，而理论是人类为了理解宇宙而发明的。第二，虽然事实构成了客观真实的整体，但事实本身并没有描述什么是真实的。描述是由理论而不是事实本身得出的。因此，尽管水在特定温

---

① 完整的论点见我 2019 年发表的论文《美德与概念化问题》。

度下结冰是一个事实，但只有理论的方式会把该温度描述为"0摄氏度"，而不是"32华氏度"；反之亦然。

正如你可能已经猜到的，我认为这些关于事实和理论之间关系的普遍观察也适用于道德事实和规范理论之间的关系。道德事实是宇宙的一部分——例如，某个现象在道德上是不好的，这可能是一个道德事实。规范理论描述了这些道德事实，但它们是人类的发明，与事实本身并不完全相同。一个给定的规范理论可能将道德上的不良现象描述为"疼痛"，也可能将其描述为"神经状态P"，但这些特定的描述并不是基本事实的一部分。宇宙并没有将这种现象称为"疼痛"或"神经状态P"，就像它不会将水的冰点称为"0摄氏度"或"32华氏度"一样。

也许你已经发现了这对阿帕里和施罗德提出的解决方案造成的问题。正如有多种同样准确的方法来描述水的冰点——一种使用摄氏度，另一种使用华氏度——似乎也可以有多种同样正确的规范理论。一种理论可能将疼痛描述为"疼痛"，另一种理论可能将疼痛描述为"神经状态P"。但只要这两种理论都认为这一现象在道德上是不好的——只要它们在道德上重要的其他问题上达成一致——那么它们的内容就是等同的。这些理论都是对道德事实的准确描述，而且似乎没有任何依据可以声称一个是正确的，而另一个是不正确的。

对此，人们可能会退一步讲，也许我们不应该诉诸正确的规范理论以确定对疼痛等事物的特定描述，也许我们应该转而关注潜在的道德事实。但是，一旦我们正确地将事实与描述它们的理论区分开来，就很难看出这些事实有什么帮助了！毕竟，事实本身并不能描述所讨论的现象——这只是一个事实，即这种现象在道德上是不好的，这取决于我们是否要将这种现象描述为"疼痛"或"神经状态P"。

所以，在我看来，我们不能像阿帕里和施罗德所建议的那样，通过诉诸正确的规范理论或潜在的道德事实来解决概念化问题。当然，可能还有其他解决方案。而且，在排除了一种可能的解决方案之后，我自然会在本节结束时提出我认为正确的解决方案。

然而，我不能这样做，因为我不知道正确的解决方案是什么！不幸的是，也没有太多已发表的备选方案供我们讨论。因为这个问题非常新颖，直到最近才开始引起哲学讨论和关注。①

我自己大部分的哲学研究集中在寻找概念化问题的解决方案上。这就是我在结束本章（以及本书的主要部分）时讨论这个问题的原因之一——这对我来说很有吸引力，并且我希望鼓励其他可能对这个问题感兴趣的人开始思考如何解决这个问题。另一个原因是，我认为以一个非常"开放"的问题来结束这本书在主题上是合适的——没有人知道这个问题的解决方案是什么。这本书中的讨论是以我的观点为主导的，即哲学在根本上是一项科学事业，它试图去了解世界是怎样的。由于我们并不了解（至少现在还没有完全了解）这个世界的一切，因此我们的一些哲学理论仍然不完整。

我认为哲学家应该像科学家一样对这类未解决的问题做出回应，他们应该通过尝试发现更多关于世界的真相来解决问题。即使你们不同意我在本书中为责任辩护的任何具体主张，我也希望你们至少会认同讨论哲学问题的一般方法。答案就在那里，等待着我们去寻找。本着这种精神，我将在本书的下一章（也是最后一章）中描述几个有待解答的哲学问题。

---

① 关于这一主题的另一篇重要的最新论文，请参阅佐伊·约翰逊·金（Zoë Johnson King）2020年发表的《值得称赞的动机》（"Praiseworthy Motivations"）。约翰逊·金讨论了此处描述问题的一个版本，并最终得出结论，我们应该拒绝第七章中对意志品质的解释。对此我并不同意！我仍希望这个问题能被解决，而不需要我们拒绝一个我认为反而非常有吸引力的解释。但是要注意，每当哲学观点产生严重的问题时，这是一种选择。如果你已经对这个问题进行了足够长时间的研究，并开始怀疑它是无法解决的，你可能首先需要考虑拒绝产生问题的观点。

第九章
进一步的问题

本书从一系列思想实验开始，提出了许多关于道德责任的难题。随着本书的展开，我提出并论证了一种特定的责任观点，对上述大部分难题做出了回答。然而，正如第八章末尾所表明的，我没有声称自己知道与道德责任有关的所有问题的答案。鉴于本书的目标之一是向读者引出问题，以便他们随后能够独立思考这些问题，所以在结尾之处，再多介绍几个思想实验及其提出的问题，似乎再合适不过。这一次，我将尽可能减少我的评论——我不会为任何特定的回答进行辩护；至于为什么我们应当对这些案例感到困惑，我会对此中缘由做出充分论述。

错误信念与失败的企图

你可能还记得夏洛特的案例，她试图向她的朋友开枪，但由于双手颤抖而未能成功。我们先来看看另一个因为某种其他原因而失败的杀人未遂者的情况：

> 出于嫉妒，黛利拉（Delilah）决定杀死她的朋友，于是她抄起枪，在朋友的房子外面伏击。当她的朋友出现时，黛利拉扣动扳机——但是

无事发生。黛利拉通常都会给枪装上子弹，并且在她抄起枪时，她相信枪是装了子弹的。但事实证明，这把枪是空的——黛利拉想必是在上一次清洗枪支时，忘记了把子弹装回枪里。

黛利拉杀死朋友的企图之所以会失败，是因为她持有一个**错误的信念**——她相信枪里装有子弹，尽管实际上里面空空如也。那么，这一错误信念的存在，是否意味着黛利拉对她的企图不负有道德责任呢？我想我们大多数人都会给出否定的回答——也就是说，我们会认为黛利拉**确实**在道德上负有责任——而且我们可以对这种回答进行充分的理论证成。姑且不论这把没装子弹的枪是否**真的**有危险，黛利拉**相信**它是危险的，并且相信她的行动会置她的朋友于死地。因此，她表现出对朋友生命漠不关心的恶意。

现在，我们来看看哈罗德（Harold）的例子：

  同样是出于嫉妒，哈罗德也决定杀死他的朋友。与黛利拉不同，哈罗德没有枪，但他**极其**迷信。自打小时候起，他迷信的父母给他的每一个警告都让他颇为上心。譬如说，如果有黑猫穿过你行经之路，如果你从梯子下面走过，如果你打破镜子……凡此种种都会让你倒大霉。他决定在杀死朋友这件事上施展这些知识。在详密的筹谋之后，这位朋友在第二天的上班路上，将会全然暴露在所有霉运之源中——哈罗德已然准备周全。他在朋友一定会踩到的地方放了面小镜子，在朋友一定会走过的地方放了架梯子，他还计划在恰当时机放出一只黑猫，让它精准窜过朋友的必经之路。哈罗德相信，这么多要素混合而成的霉运，肯定能够导致他的朋友立刻死于车祸或类似的事故之中。其实，尽管哈罗德完美实施了这个计划，他的朋友并没有卷入任何事故，也没遭受任何厄运折磨。实际上，他过了相当美妙的一天，甚至一辈子幸福绵长。

我不确定中国的读者是否熟悉这里描述的各种迷信——绝大部分西方人对这些迷信有些模模糊糊的意识，但几乎没人会把它当回事儿。我希望你一下子就能感受到这些迷信的愚蠢——我特意挑选了愚蠢至极的例子。但是，这里的问题并不在于我们应当如何看待哈罗德的信念，而在于我们应当如何看待**哈罗德**。哈罗德负有与黛利拉相同程度的道德责任吗？我们应当以同样的方式责备他吗？他应该受到同样的惩罚吗？

你可能已经发觉，我为什么会认为这个例子有意思。我猜大多数人会凭直觉对上述问题做出否定的回答。我们会觉得，相较于黛利拉的阴险毒辣，毋宁说哈罗德有些愚蠢，故而我们也不会那么严厉地去责备或惩罚他。问题在于，我们区别对待这两位行动者的理由是什么？这似乎并不是一目了然的。

从抽象描述来看，哈罗德和黛利拉（的情形）非常相似。他们都想杀人，并且形成了杀人的意图。他们都将各自的意图付诸行动。而且，他们的计划都落空了，因为他们的某个信念被证明是错误的。唯一的区别似乎是，黛利拉的错误信念关涉的是她的枪是否装有子弹，而哈罗德的错误信念关涉的是镜子、梯子和黑猫的魔力。

值得注意的是，我们并没有明确的理由认为哈罗德展现出的**恶意要少于**黛利拉。哈罗德当然不在乎他朋友的幸福——倘若**在乎**，哈罗德就不会试图杀了他。实际上，我们有理由认为哈罗德展现出了**更多的**恶意。哈罗德实施了一个精心筹备的计划，这个计划需要更周密的安排——比起简单地抄枪伏击受害者显然要周密得多。所以，他需要花费大量时间精心琢磨他要去做的事。（在这一过程中，想必哈罗德是万分清醒的，而且他整个下手之处都运作妥当——所以他肯定不能找跟戴维同样的借口，因为后者是在梦中"企图"谋杀。）

正如先前承诺的那样，我不会在这里试图解决这个问题。但是，如果你决定自己去思考的话，那么这里有些事情，你可能得考虑一下。我们之所以会对哈罗德与黛利拉有不同的直觉，似乎与他们的错误信念的内容有关——相较于黛利拉，哈罗德的错误信念在某种程度上"更愚蠢"，或者说更不切实际。当然，这一事实会对我们的直觉产生影响，但这并不表明它会造成真正的**道德上的**差异。结果可能是，两个行动者应该受到同样的责备、同样的惩罚，而我们的直觉完全是错误的。但是，准确地指出我们的直觉回应了案例的哪些特征，仍然是我们研究中至关重要的第一步。在我们试图确定这些直觉是否能够得到证成之前，**弄**清楚我们的直觉**到底是**什么，将会大有裨益。为此，你可以试着思考一些在这方面介于哈罗德与黛利拉"之间"的案例，看看在是否应该责备相关行动者这一问题上，你的直觉判断是什么。或许你可以设想这样一些行动者：他们的杀人阴谋也因错误的信念而受挫，而这些错误的信念比黛利拉的愚蠢一些，却又没有哈罗德的那么愚蠢。①

改变行动者所应得的

接下来，让我们转向一个关于应得的难题。首先，我们考察一个相当典型的坏的行动者的案例，这个行动者正面临指控：

---

① 我不确定哲学文献中是否对哈罗德这样的行动者有过详细讨论，但是刑法学家的讨论中偶尔会有关涉。参见凯尔·布罗迪（Kyle Brodie）的《明显不可能的尝试：拟修订〈示范刑法典〉》（"The Obviously Impossible Attempt: A Proposed Revision to the Model Penal Code", 1995）。

理查德（Richard）是一个冷酷无情的职业罪犯。迄今为止，他一直能够逃避惩罚，但最终因一项严重的罪行被捕——在抢劫过程中严重伤害他人——并面临长期监禁的指控。理查德的父母非常有钱，他们试图与法官交涉，希望让理查德免于牢狱之灾。他们承诺说，如果理查德被释放，他们会将他隔离在家族庄园的舒适环境中，在那里他无法再伤害任何其他人。法官考虑了这个提议，同时也考虑了理查德长期犯罪的历史和不知悔改的态度。因为理查德似乎不**配过上**隐居的幸福生活——相反，他所应得的是不幸——因此，法官决定判他入狱。

让我们假设这个案例中没有任何隐藏的意外情况——理查德似乎没有患上脑瘤，或者其他什么可以想象得到的、让他免于为自己的不良行为负责的借口。我们假设他确实应该受到惩罚。许多人会有这样的直觉，在判处理查德入狱这件事上，法官做的是正确的；我想你也会有同样的直觉。我之所以举这个例子，是想请大家回顾一下，关于**为什么**我们惩罚像理查德这样的行动者在道德上是正确的，有一个富有前景的解释——这个解释最初是由托马斯·赫尔卡提出的，我们在第三章曾讨论过。

赫尔卡的观点是，我们可以通过诉诸某种特定"匹配"在道德上的意义，来解释应得在道德上的意义。赫尔卡认为，当行动者的生活品质与他的品格品质相匹配时，在道德上是好的；相反，当二者不匹配时，在道德上是坏的。因此，举例来说，一个行动者可能有着非常恶劣的道德品质，但却过着非常幸福的生活；这就代表不匹配，因而（在道德上）是坏的。而通过消除这种不匹配，我们可以使情况得到改善。这就是为什么我们有时有道德上的理由来惩罚人——通过惩罚邪恶却幸福的行动者，我们可以降低他的生活品质，直至与他的品格品质相匹配。

你可以回想一下，我们在第三章讨论这个观点时出现过的一种复杂情况。尽管赫尔卡认为行动者的生活品质应该与他的**品格**品质相匹配，但我认为行动者的生活品质应该与他的**行动**品质相匹配。在某些情况下，这会产生重要的区别，因为我们可以想象，有着非常恶劣的道德品格的行动者没有机会做出任何应受责备的行为。但在其他情况下，这并不会产生什么不同。例如，理查德不但道德品格低劣，**而且**长期从事应受责备的行为，所以无论根据（上述）哪个版本的匹配观点，他都应该过一种不幸的生活。就我将要描述的难题而言，我认为我们使用哪个版本的（匹配）观点并没有太大差别；而且我认为，如果我们使用赫尔卡的版本，会更容易理解这个难题。所以现在让我们假设，当行动者的生活品质与他的品格品质相匹配时，是道德上好的，反之则是道德上坏的。

现在我们来思考以下案例：

> 杰克（Jack）和克劳迪娅（Claudia）刚刚生了一个孩子，他们给他取名叫欧文（Owen）。他们为成为父母而感到兴奋，并且期待将欧文培养成一个有德行的年轻人。但医生注意到欧文的情况不太对劲，并在进行了几次测试后做出了诊断：欧文患有一种进展缓慢的遗传性疾病，顶多能撑到二十出头。而且尽管这种疾病不会影响他的智力或身体发育，但会给他带来持续的疼痛，会随着年龄的增长不断恶化，直到他生命的最后阶段，这种疼痛几乎是无法忍受的。不幸的是，这种疾病无法治愈，而且找不到显著缓解疼痛的方法。

到目前为止，这个案例虽然是悲剧性的，但并没有在哲学层面带来什么困惑。但且看下文：

> 杰克和克劳迪娅希望他们的孩子拥有美好的生活，所以当他们得知没有任何办法能够帮助欧文摆脱不幸的生活时，他们所受到的打击可想而知——这是人之常情。每当杰克想到欧文将要遭受的任何痛苦都不是**他应得的**，他就尤为沮丧。当然，欧文现在只是个婴儿，所以他还不具有任何道德品格，无论是好的还是坏的。但是，如果他被好好抚养长大，

他会成为一个有德行的人，最终应该过上幸福的生活，而不是悲惨的生活。杰克认为，这样的疾病影响到一个将要成为好人的人，这尤为可悲。

当杰克沿着这条思路继续思考时，下面的难题就出现了：

  杰克有了一个认知。虽然他和克劳迪娅无法控制欧文是否会过上幸福的生活——这种疾病必然会造成欧文生活的不幸，但是他们**能够**控制欧文应得什么。他们可以选择如何抚养他，也可以选择**错误地**抚养他。他们可以不把他培养为乐于助人、诚实守信和热爱和平的人，取而代之的是培养他的自私、虚伪和暴力；如果他们这么做的话，他会成长为一个坏人。而一个坏人应该过不幸的生活。所以，杰克得出结论，他们可以让欧文成为那种应该遭受病痛折磨的人，从而使处境变得不那么悲惨——在道德上也不那么糟糕。杰克决心向克劳迪娅提议，他们一起努力，把欧文培养得越坏越好。

我们可以用另一种方式来描述杰克的推理链。行动者的品格品质与他的生活品质相匹配，这在道德上是很重要的。当这种匹配没有自然地发生时，我们有道德理由来**促使它**发生。通常情况下，改变行动者的道德品质非常困难，但是改变他的生活品质则相对容易——至少对像国家这样的强大机构而言是这样的。所以，实现匹配的最简单的方法就是改变行动者的生活品质，直至它与行动者的品格相匹配。理查德的案例说明了这种匹配通常是如何运作的：我们"牢牢"把握理查德道德品格低劣这个事实，然后降低他的生活品质，直至两者相匹配。

欧文的情况则不同。由于欧文的疾病，想要显著地改善他的生活品质已不可能。纵使借助任何现代医学的干预手段，他的生活品质仍然会非常糟糕。但是，杰克认为，这并不意味着他和克劳迪娅不能在欧文的生活品质与他的品格品质之间实现匹配。因为欧文还只是一个婴儿，他们对他的品格有着不同寻常的控制力，所以他们可以选择培养他成长为什么样的人。从本质上讲，杰克的提议是，他和克劳迪娅"牢牢"把握欧文的生活必将悲惨不堪这个事实，通过减损他的道德品格的品质，直至两者相匹配。

但是杰克和克劳迪娅这样做真的是**正确的**吗？大多数人会急切地给出**否定的回答**——实际上，我认为许多人会对杰克的提议感到**震惊**！而我之所以将这个案例表述为是令人费解的，正是因为我认为你们中许多人也会有同样的感受。当然，问题在于我们应该如何做出回应。我们是否应该接受杰克的想法，尽管我们在直觉上抵触这样做？如果我们不接受，那不接受的理由又是什么？他的推理哪里有问题吗？如果杰克的推理没有错，而我们仍然不想接受他的结论，那么这是否意味着，我们应该拒绝的，是作为这个推理前提的"匹配"应得观呢？①

集体行动与责任

在许多情况下，个体行动者的行动可以产生重大的道德影响。但是，也存在每个个体行动者相对无能为力的情况——在这些情况下，结果取决于大量行动者的**集体**行动。在本节的最后，我将讨论其中一个案例。然而，首先，为了方便（进一步）做比较，我将提出一个较为简单的个体行动者的案例：

---

① 维克多·塔德罗斯（Victor Tadros）在《移山：谢利·卡根的主题变奏曲》（"Moving Mountains: Variations on a Theme by Shelly Kagan", 2017）中，提出了像欧文这样的案例的可能性，并且认为这些案例**确实**给了我们拒绝接受匹配应得观的理由。塔德罗斯实际上反对的是谢利·卡根（Shelly Kagan）在其2012年的文章中捍卫的应得观点，参见卡根的《应得的几何学》（*The Geometry of Desert*, 2012）。但是，这个观点在相关方面与赫尔卡的观点相似。请注意，仅仅切换到我所偏好的匹配观，并不能避免得出有问题的结论。按照这种观点，行动者的生活品质应该与他的行动品质相匹配——杰克和克劳迪娅可以很容易地专注于培养欧文，让他做出许多应受责备的行为，而不是专注于培养他的不良道德品质。

腰缠万贯的实业家蒂莫西（Timothy）刚刚下令建造一座工厂，这个工厂将使用一种新方法来制造钢材。这种新方法近期才被蒂莫西手下的科学家研发出来，应该可以让钢材的售出价格低于目前市场价格的十分之一，蒂莫西有望因此获得巨额财富。但是他手下的科学家警告说，这种新的炼钢技术会释放大量的温室气体；实际上，只要他启用这个新工厂，不消几年，将会大大加速全球变暖，并且引发大量的环境灾害。蒂莫西本可以取消这个项目，撤回投资，保护环境。但他最终还是决定，只要能赚得盆满钵满，哪管环境的好坏。所以他按照原计划让工厂开张运转。

蒂莫西不取消该项目的决定应该受到责备吗？我想我们大多数人都会凭借直觉做出判断：他**的确**应该受到责备，而且是严厉的责备。但是，现在让我们考虑一种更为复杂的情况：

　　大多数汽车以汽油为燃料并且释放温室气体，所以会导致全球变暖。**单独一辆**汽车只会造成微小的影响——小到就算单独某个司机放弃开车，或是换成开电动车，也不会带来多大改观。然而，**所有**燃油动力汽车共同运行，将会释放出巨量的温室气体。除非**大多数**燃油动力汽车在未来几年都停止上路，否则，它们的排放总量将大大加速全球变暖，并且引发大量的环境灾害。

　　杰弗里（Jeffrey）开的是燃油动力汽车。如果想换成电动汽车的话，他还是换得起的，但是这总归会多花些钱。他意识到全球变暖带来的威胁，但是他做出了如下推理：大多数其他司机不会太关心全球变暖，更不要说会因此放弃他们的燃油动力汽车。**单独一辆**汽车不会带来多少改观，杰弗里放弃自己的车也不会有什么成效。他这么做只会把自己搞得更穷，并不会给环境带来改善。所以，杰弗里决定继续开他的燃油动力汽车。最后，大多数司机遵循同样的推理，很少有人会放弃他们的汽车。

提请读者注意，尽管我有意让这个案例贴近现实，但还是做了一些重要的简化性假设。例如，我假设杰弗里改用电动汽车**这件事本身**不会带来任何有意义的影响。我们可以设想一些场景，在这些场景中，单个驾驶员的决定可能会带来有意义的影响。例如，也许有某种动物，它可以在十亿辆燃油动力汽车引起的全球变暖中幸存，但是会因第十亿零一辆汽车引起的全球变暖而灭绝。如果杰弗里就是那第十亿零一辆汽车的司机，那么他保留燃油动力汽车的决定将注定会让这种动物灭绝。我不知道这种场景有多大可能会在现实中上演——这是一个经验问题；尽管我的猜测是可能性几乎为零，因为任何特定司机排放温室气体的影响都微乎其微。无论如何，我们会假设杰弗里的情况**并非**如此：他无论选择保留还是不保留他的燃油动力汽车，都不会影响特定物种是否灭绝，特定人们的房屋是否会因海平面上升而被摧毁，等等。

为了简化起见，我也会忽略大型机构在防止全球变暖方面可能发挥（或者未能发挥）的作用。在现实世界中，解决这个问题的一个方法是让政府或其他公共机构采取措施，鼓励人们改用电动汽车。然而，考虑到本案例的目的，还是让我们假设没有任何机构有能力并且有意愿这样做。在这里，我们感兴趣的并不是如何解决全球变暖问题，而是我们是否应该**责备**杰弗里加剧了全球变暖？如果是的话，我们应该**在多大程度上**责备他？

在我看来，有三种可能的回答。第一种是杰弗里应该受到责备，但他只应该**部分**受责备——要比蒂莫西应受的责备**少得多**。第二种是杰弗里根本不应该受到任何责备。第三种是杰弗里应该对全球变暖负有**全部**责任——他和其他所有拒绝放弃汽车的司机，都应该受到与蒂莫西一样的责备。

我猜测大多数人会倾向于第一种回答。对大多数人而言，这种回答似乎是自然和直观的——我们不想说杰弗里可以完全免于受到责备，但也不想说他对最终发生的全球变暖负有全部责任，因为他只对全球变暖做了很小的"贡献"。直觉上的吸引力是人们认为第一种回答正确的一个原因。但是我认为这正确并不是**不容置疑**的。在下文中，我将试图表明，也有支持第二种和第三种回答的论证。

下面的案例将有助于推动第二种回答,即杰弗里根本不应该受到任何责备。

马龙(Marlon)在一个偏远孤绝的临海哨所当海岸警卫队员。他的工作是监测短波无线电信号,及时发现这片海域任何船只发生紧急情况。他通常配备有一艘小船,方便他救援在海上遇险的人。不幸的是,马龙的上司最近执意要他把船送去重新喷漆——马龙对此表示过反对,但无济于事。而正当无救生船可用之时,他收到一艘帆船发出的求救信号,这艘帆船正在距离海岸50公里处下沉。马龙想去营救落水船员,但手头没有船;他唯一能做的就是呼叫更远的海岸警卫队,希望他们能够及时赶到救起下沉中的帆船。马龙鼓励船员们尽其所能地挺住,然后继续监测他的无线电信号,孤独无望地凝望着大海。

马龙应该受到责备吗?在我看来,他不能因为无法救船员而受到责备。毕竟马龙**没有能力**救出船员,因为他的船被夺走了——还不是因为他自己的错。或许有人会说,马龙之所以应该受到责备,是因为他没有**试图**去营救船员。他至少应该以某种方式**试图**去营救他们——例如,他可以跳进大海,奋力游向他们的位置。但是我也不认为这是合理的。诚然,马龙可以尝试游50公里来营救船员,但这样的尝试当然不可能**成功**,马龙对此也心知肚明。如果他纵深跃入大海拼命前游,只会令自己身陷险境,丝毫帮不到那些船员。有人因知道一个行动毫无意义而决定不采取该行动,这总不应该受到责备吧。

现在再来看看杰弗里。如果杰弗里应该受到责备,那么他到底**为了什么**而受责备呢?很难看出他怎么会因为全球变暖本身而受到责备。毕竟,他无法控制全球变暖是否会发生,这是数以亿计的司机的集体决定造成的结果。那么,也许他应受责备,是因为他没有**试图**阻止全球变暖——他至少可以通过放弃自己的汽车来**试图**阻止它。但是杰弗里知道,这种尝试是徒劳的。他知道,为了让他的努力产生效果,其他数以亿计的人必须合作,放弃他们的汽车。基于杰弗瑞对人类心理的现实主义观点,他知道这几十亿人不会合作。而其他人不合作,他自己的努力就毫无意义。因此,也许就像马龙的情况一样,指责杰弗瑞没有尝试是不公平的。

以上意在论证杰弗里**根本不**应该受到责备。现在,我们来思考一下支持第三种回答的论证——杰弗里不仅因为保留自己的车而应该受到责备,而且应该受到**与蒂莫西同样的责备**。和上文一样,我们用一个案例来推动论证:

> 奥维尔(Orville)跟这个城市的犯罪分子有牵连。在一笔黑色交易出现问题后,他的一些同伙决定做掉他。在这种情况下,他们通常会雇佣一名杀手来射杀他,但是为了**确保**万无一失,所以他们雇佣了**两名杀手**。佩内洛普(Penelope)手持一把杀伤力强劲的来复枪潜伏在楼顶,准备等奥维尔一从公寓大楼里走出来就崩了他的头。罗伯特(Robert)潜伏在另一栋楼上,要在同一时间给他一枪穿心。无论哪一枪,都足以让奥维尔当场死亡。
>
> 佩内洛普在等待奥维尔出现时,忽然感觉自己要干的事不太好。如果时光能倒流,她可能会拒绝接受这份工作,甚至会去找警方保护奥维尔的生命安全。但是,现在已是追悔莫及——奥维尔随时都会离开公寓大楼,而她又没随身带着手机。佩内洛普考虑了她的选择。她可以扔下武器,拒绝开枪,但是结果不会有什么不同——她知道罗伯特是一个冷血杀手,**绝对会开枪**。单凭他的一枪就足以致奥维尔于死地。而且,雇佣佩内洛普的犯罪分子也会察觉,奥维尔身上只有一颗子弹,他们会拒绝支付她佣金。既然扔掉武器根本就于事无补,佩内洛普决定,她不妨自己开枪然后获得报酬。①

---

① 多名枪手同时射击一个目标,这样的案例在法律和哲学文献中早已存在。例如戴维·拉格纳多(David Lagnado)与托比亚斯·格斯滕伯格(Tobias Gerstenberg)的《在法律推理和伦理推理中的因果关系》("Causation in Legal and Moral Reasoning", 2017),他们将这类例子称为"教科书式的案例"(p.571)。

设想如果佩内洛普**确实**向奥维尔开了枪，而警方最终在事后逮捕了她。她的律师这样为她辩护：判佩内洛普犯有谋杀罪是不公平的，因为她的行为对奥维尔没有任何影响。奥维尔无论如何都会死在罗伯特的枪下。实际上，如果佩内洛普决定**不**开枪，也将只是一个毫无意义的姿态——只会让自己的处境更糟，而不会给奥维尔带来任何帮助。而因为某人拒绝做毫无意义的事情而惩罚他是不公平的，就像责备马龙没有跳海是不公平的一样。

  我想我们大多数人不会被这种论证说服！我们大多数人会觉得，在佩内洛普开枪那一刻，她的的确确**谋杀**了奥维尔——尽管奥维尔无论如何难逃一死——她应该像杀人犯一样受到**惩罚**。罗伯特的存在似乎不能让佩内洛普免于受到责备，甚至不能显著降低她受责备的程度。① 让我们假设这种直接反应是正确的，看看它如何适用于杰弗里的案例。杰弗里可以争辩说，**他并没有导致全球变暖**——即使他放弃了自己的汽车，全球变暖还是会因为数十亿其他司机的行为而发生。因此，杰弗里可能会声称，放弃自己的汽车是一种毫无意义的姿态，而他继续开车是有道理的。但在佩内洛普的案例中，这不是一个可以接受的借口！那为什么在杰弗里的案例中，这又成了一个可以接受的借口呢？而且，为什么杰弗里应受责备的程度会因为其他导致全球变暖的司机的存在而降低，而佩内洛普应该受到的责备却并未因为罗伯特的存在而减轻呢？

  这些问题很可能有答案，杰弗里的案例与佩内洛普的案例之间也可能存在相关差异，但我将在这里结束我自己对这个问题的讨论。你可能已经注意到，我讨论的三种论证，每一种都是基于对我们直觉的诉求。那么从逻辑上来看，下一步可能就是尝试以更理论化的方式解决这个问题。例如，如果你认为本书对责任的解释是正确的，那么你可以试着弄清楚，当杰弗里决定不放弃自己的汽车时，是否展现出了恶意；如果是的话，你可以试着弄清楚他

---

① 让我们来做一个有趣的练习：面对佩内洛普案例的更为极端的变体，看看你是否有同样的直觉。假设来复枪被设置为有人在网上按下一个按钮就会自动开火。倘若任意一个人按下按钮，来复枪就会开火，奥维尔会随之毙命；碰巧的是，包括佩内洛普在内的**一百万**人同时按下了按钮；试问，佩内洛普还是杀人犯吗？她还应该受到全部的责备吗？

展现出了**多少**恶意。思考马龙和佩内洛普之间的差别可能会是一个有益的起点。马龙决定不跳入大海时，大概并没有表达任何恶意；但佩内洛普在决定开枪时，**确实**展现出了恶意。此中差异又如何解释呢?①

本章的主旨并不在于说服你相信任何特定的哲学主张，而只是想向你提供一些关乎道德责任的、悬而待解的问题的样本。（当然，这样的问题不胜枚举——我们在此讨论的仅仅是冰山一角！）而且，尽管我在本书的写作过程中**的确**试图劝说你接受各式各样的哲学命题，但最重要的不在于你是否赞同我的任何特定观点，而在于你是否已然准备好用正确的心态来对待林林总总的哲学问题。对这些哲学问题的探索或许道阻且长，但是如果我们秉有好奇之心，对客观真理常怀敬重之志，再尽心叩问道德宇宙之全貌，前路虽远，我们终将至焉。

---

① 如果你有兴趣阅读更多内容，不妨从沃尔特·辛诺特-阿姆斯特朗（Walter Sinnott-Armstrong）的《这不是我的错：全球变暖和个体的道德义务》（"It's Not My Fault: Global Warming and Individual Moral Obligations", 2005）一文开始。辛诺特-阿姆斯特朗明确讨论了杰弗里这样的行动者是否有义务放弃他们的汽车的问题。虽然这与他们是否应该为没有放弃汽车而受到责备的问题不同，但他的讨论仍然具有启发性。值得注意的是，辛诺特-阿姆斯特朗在很大程度上依赖于上述假设，即单个司机的温室气体排放量不足以对全球变暖的严重程度产生道德上的重大影响。

参考文献

一、英文著作

American Psychiatric Association. (2013). Diagnostic and Statistical Manual of Mental Disorders (5th ed.).

Arpaly, N. (2002). Unprincipled Virtue: An Inquiry into Moral Agency. Oxford University Press.

Arpaly, N. and Schroeder, T. (2013). In Praise of Desire. Oxford University Press.

Ayer, A. J. (1936). Language, Truth, and Logic. Victor Gollancz Ltd.

Bechtel, W. (2008). Mental Mechanisms: Philosophical Perspectives on Cognitive Neuroscience. Routledge.

Carruthers, P. (2006). The Architecture of the Mind: Massive Modularity and the Flexibility of Thought. Oxford University Press.

Cleckley, H. (1941). The Mask of Sanity. The C. V. Mosby Company. Reprinted (1988) (fifth edition). Private reprinting by Emily S. Cleckley.

Enoch, D. (2011). Taking Morality Seriously: A Defense of Robust Realism. Oxford University Press.

FitzPatrick, W. J. (2000). Teleology and the Norms of Nature. Routledge.

Fodor, J. A. (1983). The Modularity of Mind. The MIT Press.

Foot, P. (2001). Natural Goodness. Oxford University Press.

Gazzaniga, M. S. (1998). The Mind's Past. University of California Press.

Hare, R. D. (1993). Without Conscience: The Disturbing World of the Psychopaths Among Us. The Guilford Press.

Hume, D. (1739). A Treatise of Human Nature. Reprinted (2000) in David Hume: A Treatise of Human Nature. Ed. David Fate Norton and Mary J. Norton. Oxford University Press.

Hurka, T. (2001). Virtue, Vice, and Value. Oxford University Press.

Joyce, R. (2001). The Myth of Morality. Cambridge University Press.

Kagan, S. (2012). The Geometry of Desert. Oxford University Press.

Korsgaard, C. M. (2009). Self-Constitution: Agency, Identity, and Integrity. Oxford University Press.

Kuhn, T. (1957). The Copernican Revolution. Harvard University Press.

Levy, N. (2007). Neuroethics: Challenges for the 21st Century. Cambridge University Press.

Levy, N. (2014). Consciousness and Moral Responsibility. Oxford University Press.

Penrose, R. (1994). Shadows of the Mind: A Search for the Missing Science of Consciousness. Oxford University Press.

Pereboom, D. (2001). Living Without Free Will. Cambridge University Press.

Sher, G. (2009). Who Knew?: Responsibility Without Awareness. Oxford University Press.

Van Inwagen, P. (1983). An Essay on Free Will. Oxford University Press.

Wasserman, R. (2018). Paradoxes of Time Travel. Oxford University Press.

Wegner, D. M. (2002). The Illusion of Conscious Will. The MIT Press.

Zimmerman, M. J. (1988). An Essay on Moral Responsibility. Rowman and Littlefield.

二、英文论文

Aharoni, E., Sinnott-Armstrong, W., and Kiehl, K·A. (2012). "Can Psychopathic Offenders Discern Moral Wrongs? A New Look at the Moral/Conventional Distinction." Journal of Abnormal Psychology 121 (2): 484–497.

Barrett, H·C. (2005). "Enzymatic Computation and Cognitive Modularity." Mind and Language 20 (3): 259–287.

Blair, R. J. R. (1995). "A Cognitive Developmental Approach to Morality: Investigating the Psychopath." Cognition 57: 1–29.

Bourget, D. and Chalmers, D. J. (2014). "What Do Philosophers Believe?" Philosophical Studies 170 (3): 465–500.

Bravinder, T. (2016). "When Is a Table Not a Table?" The Iris. August 29. <https://blogs.getty.edu/iris/when-is-a-table-not-a-table/>. Accessed 15 February 2021.

Brodie, K. S. (1995). "The Obviously Impossible Attempt: A Proposed Revision to the Model Penal Code." Northern Illinois University Law Review 15: 237–256.

Broughton, R., Billings, R., Cartwright, R., Doucette, D., Edmeads, J., Edwardh, M., Ervin, F., Orchard, B., Hill, R., and Turrell, G. (1994). "Homicidal Somnambulism: A Case Report." Sleep 17 (3): 253–264.

Caporael, L. R. (1976). "Ergotism: The Satan Loosed in Salem?" Science 192 (2): 21–26.

Chalmers, D. (1995). "Absent Qualia, Fading Qualia, Dancing Qualia." In Conscious Experience, ed. Thomas Metzinger. Ferdinand Schoningh. pp. 309–328.

Clancy, S. (2016). "Psychopaths, Ill-Will, and the Wrong-Making Features of Actions." Ergo 3 (29): 755–777.

Clancy, S. (2019). "Virtue and the Problem of Conceptualization." The Philosophers' Imprint 19 (22): 1–18.

Clancy, S. (2021). "Positive and Negative Moral Incompetence." The Journal of Value Inquiry 55 (4): 647–667.

Clifford, W. K. (1877). "The Ethics of Belief." In The Ethics of Belief and Other Essays. (1999). Ed. Timothy J. Madigan. Prometheus Books.

DeRose, K. (1999). "Responding to Skepticism." In Skepticism: A Contemporary Reader. Ed. Keith DeRose and Ted A. Warfield. Oxford University Press. pp. 1–24.

Dranseika, V., Berniūnas, R., and Silius, V. (2018). "Immorality and Bu Daode, Unculturedness and Bu Wenming." Journal of Cultural Cognitive Science 2: 71–84.

Fischer, J. M. (1982). "Responsibility and Control." The Journal of Philosophy 79 (1): 24–40.

Frankfurt, H. G. (1969). "Alternate Possibilities and Moral Responsibility." The Journal of Philosophy 66 (23): 829–839.

Griffin, N. (1999). "Emotive conjugation." The Cambridge Dictionary of Philosophy (2nd ed.). Ed. Robert Audi. Cambridge University Press. p. 260.

Horgan, T. and Timmons, M. (1991). "New Wave Moral Realism Meets Moral Twin Earth." Journal of Philosophical Research 16: 447–465.

Hurka, T. (2001). "The Common Structure of Virtue and Desert." Ethics 112 (1): 6–31.

James, W. (1896). "The Will to Believe." The New World 5: 327–347.

Johnson King, Z. (2020). "Praiseworthy Motivations." Noûs 54 (2): 408–430.

Lagnado, D. A. and Gerstenberg, T. (2017). "Causation in Legal and Moral Reasoning." In The Oxford Handbook of Causal Reasoning. Ed. Michael R. Waldmann. Oxford University Press. pp. 565–601.

Levy, N. (2007). "The Responsibility of the Psychopath Revisited." Philosophy, Psychiatry, and Psychology 14 (2): 129–138.

Lewis, D. (1976). "The Paradoxes of Time Travel." American Philosophical Quarterly 13 (2): 145–152.

Libet, B., Gleason, C. A., Wright, E. W., and Pearl, D. K. (1983). "Time of Conscious Intention to Act in Relation to Onset of Cerebral Activity (Readiness-Potential)." Brain 106: 623–642.

Lokhorst, G. (2013). "Descartes and the Pineal Gland." The Stanford Encyclopedia of Philosophy. Ed. Edward N. Zalta. <https://plato.stanford.edu/entries/pineal-gland/>. Accessed 20 March 2021.

Mackie, J. L. (1977). "The argument from queerness." In Ethics: Inventing Right and Wrong. Mackie, J. L. (1991). Penguin. pp. 38–42.

Matthews, G. B. (1981). "On Being Immoral in a Dream." Philosophy 56 (215): 47–54.

McNish, J. "Law Firm Goodman and Carr Shutting Down." Globe and Mail [Toronto], 14 Mar. 2007. <https://www.theglobeandmail.com/report-on-business/law-firm-goodman-and-carr-shutting-down/article1071989/>. Accessed 9 June 2022.

Meyer, P. "If Hitler Asked You to Electrocute a Stranger, Would You?" Esquire, Feb. 1970. Reprinted in Down to Earth Sociology: Introductory Readings. (1999). Ed. James M. Henslin. The Free Press. pp. 186–192.

Milgram, S. (1963). "Behavioral Study of Obedience." Journal of Abnormal and Social Psychology 67 (4): 371–378.

Nichols, S. and Knobe, J. (2007). "Moral Responsibility and Determinism: The Cognitive Science of Folk Intuitions." Noûs 41 (4): 663–685.

Nowell-Smith, P. (1948). "Freewill and Moral Responsibility." Mind 57 (225): 45–61.

Nucci, L. P. and Turiel, E. (1978). "Social Interactions and the Development of

Social Concepts in Preschool Children." Child Development 49（2）：400 – 407.

Pamula, H. （2022）. "Trajectory Calculator." Omni Calculator. ＜ https：// www. omnicalculator. com/physics/trajectory-projectile-motion ＞ . Accessed 17 April 2022.

Ross, J. （2006）. "Rejecting Ethical Deflationism." Ethics 116（4）：742 – 768.

Shapiro, L. （1999）. "Princess Elizabeth and Descartes：The Union of Soul and Body and the Practice of Philosophy." British Journal for the History of Philosophy 7（3）：503 – 520.

Sinnott-Armstrong, W. （2005）. "It's Not My Fault：Global Warming and Individual Moral Obligations." In Perspectives on Climate Change. Ed. Walter Sinnott-Armstrong and Richard Howarth. Elsevier. pp. 221 – 253.

Strawson, P. （1962）. "Freedom and Resentment." Proceedings of the British Academy 48：1 – 25.

Tadros, V. （2017）. "Moving Mountains：Variations on a Theme by Shelly Kagan." Criminal Law and Philosophy 11（2）：393 – 405.

Timmerman, T., and Clancy, S. （2015）. "Book Review of Levy, N., Consciousness and Moral Responsibility." The Philosophers' Magazine 68（1）：109 – 111.

Williams, B. （1981）. "Internal and External Reasons." In Moral Luck. Williams, B. Cambridge University Press. pp. 101 – 113.

Zimmerman, D. （2010）. "The A-Theory of Time, Presentism, and Open Theism." In Science and Religion in Dialogue, Vol. 2. Ed. Melville Y. Stewart. Wiley-Blackwell. pp. 791 – 809.

三、中文著作

A·J·艾耶尔. 语言、真理与逻辑[M]. 尹大贻，译. 上海：上海译文出版社，2006.

罗伯特·D. 黑尔. 良知泯灭——心理变态者的混沌世界[M]. 刘毅，译. 重庆：重庆大学出版社，2011.

托马斯·库恩. 哥白尼革命——西方思想发展中的行星天文学[M]. 吴国盛，张东林，李立，译. 北京：北京大学出版社，2003.

柏拉图. 理想国[M]. 郭斌和，张竹明，译. 北京：商务印书馆，1986.

伯纳德·威廉斯. 道德运气[M]. 徐向东，译. 上海：上海译文出版社，2007.

十　　　　　　　　　后　记

拙著得以付梓问世，离不开华东师范大学哲学系和华东师范大学出版社同仁的鼎力相助。感激之情，难以言表。我的同事刘梁剑教授帮忙组织翻译、联系出版，其间给予不少建议和鼓励。（尤其是早期阶段——正是梁剑教授的敦促激发我开始写作此书！）初稿以英文写就，由李俊飞、任昊睿、张馨月、黄小员、陈雪燕、蔡添阳、陈禹琨、杨超逸诸同学迻译为中文。郁振华、刘梁剑、张容南、何静、郁锋、朱晶、徐竹、王韬洋诸教授不辞辛劳，校改译文。感谢出版社朱华华、王海玲等老师异常高效的工作和热心帮助。

感恩我的父母。他们不仅在全书写作的过程中予以鼓励，而且通读诸章，反馈意见。这些对我来说都是弥足珍贵的。

尤其要感谢蒂默曼，他针对英文书稿的哲学内容给了我大量反馈意见。

书中的想法，它们得以呈现的特定方式，都得益于多年来的课堂教学，以及和其他哲学家的非正式讨论。因此，我也要感谢过去的同事和学生。在这里无法一一列举他们的名字，但他们对于本书的写作无疑做出了实质性的贡献。